Marita Balks
Umweltpolitik aus Sicht der Neuen Institutionenökonomik

Marita Balks

Umweltpolitik aus Sicht der Neuen Institutionenökonomik

Springer Fachmedien Wiesbaden GmbH

Die Deutsche Bibliothek — CIP-Einheitsaufnahme

Balks, Marita:
Umweltpolitik aus Sicht der neuen Institutionenökonomik /
Marita Balks.
(DUV: Wirtschaftswissenschaft)
Zugl.: Köln, Univ., Diss., 1994
ISBN 978-3-8244-0241-0   ISBN 978-3-663-12476-4 (eBook)
DOI 10.1007/978-3-663-12476-4

© Springer Fachmedien Wiesbaden 1995
Ursprünglich erschienen bei Deutscher Universitäts-Verlag GmbH, Wiesbaden 1995

Lektorat: Monika Mülhausen

Gedruckt auf chlorarm gebleichtem und säurefreiem Papier

ISBN 978-3-8244-0241-0

Für Luise,
Geertje und Friedrich Balks

Geleitwort

Marktwirtschaftliche Ansätze der Umweltpolitik beruhen auf dem Grundgedanken, daß für knappe Umweltgüter Preise zustande kommen müssen, die die Wirtschaftssubjekte zum sparsamen Umgang damit veranlassen. Solche Preise können direkt in Form von Steuern von staatlicher Seite festgesetzt werden, sie können aber auch indirekt zustande kommen, indem für die Nutzung von Umweltgütern Zertifikate ausgegeben und gehandelt werden. In beiden Fällen muß der Staat regulierend eingreifen. Eine Regulierungsbehörde steht dabei vor dem Problem, daß sie weder den Nutzen noch die Kosten einer Verbesserung der Umweltqualität kennt. Insbesondere hinsichtlich der Kosten besteht Informationsasymmetrie zwischen der Regulierungsbehörde einerseits und den Nutzern von Umweltgütern, vor allem den Unternehmen, andererseits. Dieses Problem steht im Mittelpunkt der vorliegenden Untersuchung. Es geht darum, wie ein System von Anreizen geschaffen werden kann, das die Unternehmen veranlaßt, ihre Information über die Kosten einer Verbesserung der Umweltqualität offenzulegen und dadurch der Regulierungsbehörde eine Optimierung zu ermöglichen.

Eine formal ähnliche Problemstellung ist in der Literatur für einen anderen Anwendungsfall untersucht worden, nämlich für die Regulierung von Versorgungsunternehmen. Dieser theoretische Ansatz wird in der vorliegenden Arbeit für den Bereich der Umweltpolitik übertragen. Daraus ergeben sich wichtige Einsichten über die Instrumente, mit denen man auch im Bereich der Umweltpolitik die Auswirkungen der Informationsasymmetrie bewältigen kann. Für die Theorie der Umweltpolitik bringt die Untersuchung beachtliche Anregungen.

Herbert Hax

Danksagung

Die vorliegende Arbeit wurde am 22. Dezember 1994 von der Wirtschafts- und Sozial-
wissenschaftlichen Fakultät der Universität zu Köln als Dissertation angenommen. Sie
entstand während meiner Tätigkeit als wissenschaftliche Mitarbeiterin am Lehrstuhl für
Finanzierungslehre bei Prof. Dr. Dr. h.c. Herbert Hax. Meinem verehrten akademi-
schen Lehrer möchte ich für die wertvollen Anregungen und Ratschläge in zahlreichen
Diskussionen sowie die Freiheit bei der Abfassung meiner Arbeit als auch der
Lehrstuhltätigkeit danken. Darüber hinaus gilt ihm meine besondere Hochachtung als
wissenschaftliches Vorbild, das mich menschlich wie auch fachlich stark geprägt hat.
Frau Prof. Dr. Susanne Wied-Nebbeling danke ich für die freundliche Übernahme des
Korreferates.

Für die unermüdliche Diskussion offener Fragen während der letzten Jahre danke ich
insbesondere meinen früheren Kollegen Prof. Dr. Werner Neus sowie Dr. Wolfgang
Breuer. Meinem Kollegen Dipl.-Kfm. Oliver Hampe, der mir die Anfertigung und
vielfache Änderung der Zeichnungen abnahm, sei herzlich für seine Geduld gedankt!
Bei der Erstellung dieser Arbeit stand mir als kontinuierlicher Diskussionspartner,
neben zahlreichen nicht namentlich Genannten, Dr. Christian Kölle in allen Hoch- und
Tiefphasen mit Rat und Tat zur Seite. Auch ihm sei an dieser Stelle mein herzlicher
Dank ausgesprochen.

Da jedoch nicht nur die fachlichen und technischen Voraussetzungen zum Gelingen
einer Dissertation beitragen, möchte ich zuletzt die ideelle und materielle Unterstützung
durch meine Familie hervorheben, die mir stets Rückhalt gegeben hat und die ein
Gelingen dieser Arbeit erst ermöglichte.

Marita Balks

Inhaltsverzeichnis

Abkürzungsverzeichnis

Abb.	Abbildung
Abk.	Abkürzung
Aufl.	Auflage
Bsp.	Beispiel
bspw.	beispielsweise
bzgl.	bezüglich
CAAA	Clean Air Act Amendments
CO_2	Kohlendioxid
d. h.	das heißt
Diss.	Dissertation
Eds.	Editors
EPA	Environmental Protection Agency
erw.	erweiterte
et al.	et alii
etc.	et cetera
EW	Erwartungswert
f.	folgende
ff.	fortfolgende
FB	First-Best
FN	Fußnote
GG	Grundgesetz
GK	Grenzkosten

hrsg.	herausgegeben
Hrsg.	Herausgeber
IC	Individual Compatibility
i. d. R.	in der Regel
IR	Individual Rationality
Jg.	Jahrgang
KR	Konsumentenrente
max	maximiere
min	minimiere
No.	Number
Nr.	Nummer
p.	page
pp.	pages
PR	Produzentenrente
S.	Seite
SB	Second-Best
SO_2	Schwefeldioxid
u. a.	unter anderem
u. d. N.	unter der Nebenbedingung
v.	von
vgl.	vergleiche
Vol.	Volume
z. B.	zum Beispiel
z. T.	zum Teil

Abbildungsverzeichnis

Symbolverzeichnis
Griechische Zeichen

α	Gewichtungsparameter der Produzenteninteressen
β	Diskontfaktor
γ	Zufallsvariable, exogenes Risiko
∂	Ableitungsvariable
ε	Zufallsvariable
$\in$	Element
θ	stochastischer Kostenparameter
θ^-	geringstmögliche Ausprägung des Kostenparameters
θ^+	höchstmögliche Ausprägung des Kostenparameters
θ_t	Kostenparameter im Zeitpunkt t
θ^-_t	geringstmögliche Ausprägung des Kostenparameters im Zeitpunkt t
θ^+_t	höchstmögliche Ausprägung des Kostenparameters im Zeitpunkt t
$\hat{\theta}$	berichteter Kostenparameter
$\hat{\theta}_t$	berichteter Kostenparameter im Zeitpunkt t
Θ	Raum möglicher Parameterausprägungen
λ	Lagrangemultiplikator
π	Unternehmensgewinn, Produzentenrente
π_t	Unternehmensgewinn in Periode t
Π	Gesamtgewinn der Unternehmung
υ	Integrationsvariable
ϕ	Arbeitsleid
Ψ	Nachfragefunktion
φ	Integrationsvariable

Lateinische Zeichen

a	Hintergrundkonzentration eines Schadstoffes
A	Agent
b	verbleibender Schadstoffanteil im Umweltmedium
B(.)	Bernoulli-Nutzenfunktion
C(.)	Gesamtkostenfunktion
D	Investitionskosten
e	effort, Arbeitseinsatz des Agent
e_i	Arbeitseinsatz des Agent i
e^*	First-Best-effiziente Aktion
E	Emissionsniveau
E(.)	Erwartungswertoperator
f(.)	Dichtefunktion
F(.)	Verteilungsfunktion
G	Verschmutzungsniveau eines Umweltmediums
$\bar{G}$	vorgegebenes Verschmutzungsniveau, Umweltziel
h	Wahrscheinlichkeit
i,j	Laufindizes
I	Investitionsniveau
$\bar{I}$	Second-Best-Investitionsniveau
I^*	First-Best-Investitionsniveau
K_t	Summe der Fixkosten in Periode t
M	Regulierungspolitik, Mechanismus
p	Preis
p_t	Preis in Periode t
$\bar{p}$	regulierter Preis
p^*	First-Best-effizienter Preis bei symmetrischer Information
p_M	Monopolpreis
P	Principal
R	Informationsrentenfunktion
s	Transferzahlung, Subvention

s_t	Transferzahlung in Periode t
$\bar{s}$	regulierte Transferzahlung
$s^{\bullet}$	First-Best-Transferzahlung bei symmetrischer Information
S	Steuerzahlung pro Emissionseinheit
t	Zeitpunkt
T	Planungshorizont
U_A	Nutzen des Agent
U_P	Nutzen des Principal
v	Transfer des Agent an den Principal
V	Zahlungsbereitschaft der Konsumenten
w	wage, Entlohnung des Agent
w_i	Entlohnung des Agent i
W	Gesamtwohlfahrt
W_t	Gesamtwohlfahrt in Periode t
x	Produktionsergebnis, Emissionsreduktion
x_i	Produktionsniveau des Agent i
x_t	produzierte Menge in Periode t
$x^{\bullet}$	First-Best-effiziente Vermeidungsmenge
$\bar{x}$	Second-Best-effiziente Vermeidungsmenge
$\bar{y}_\alpha$	Preisaufschlag im dynamischen Modell
$\bar{z}_\alpha$	Preisaufschlag im statischen Modell
Z	Sanktionszahlung bei Vertragsbruch

I   Einleitung

I.1   Problemstellung und Gang der Untersuchung

Angesichts der fortschreitenden Verschmutzung der natürlichen Umwelt sowie der zunehmenden Erschöpfung natürlicher Ressourcen sind die Grenzen der Belastbarkeit der Umwelt in vielen Bereichen erreicht oder bereits überschritten. Aus ökonomischer Sicht läßt sich diese Problematik dergestalt formulieren, daß Umweltmedien, für die in der Vergangenheit keine Knappheit bestand, über ihre Regenerationsrate hinaus genutzt werden und sich somit von bisher freien zu knappen Gütern wandeln. Wird diese gesamtwirtschaftliche Knappheit den Wirtschaftssubjekten nicht in Form von Preisen signalisiert, kommt es als Konsequenz zu einer Übernutzung der Ressource. Aus umweltpolitischer Sicht ist insbesondere die Verschmutzung der Umweltmedien relevant, da hier eine ungeregelte Nutzung zu einer ineffizienten Allokation des öffentlichen Gutes Umweltqualität führt. Aus diesem Marktversagen leitet sich staatlicher Regulierungsbedarf ab. Zentrales Problem jeder Form der Regulierung sind die unterschiedlichen Informationsstände der Kooperationspartner, deren umweltspezifische Formen Gegenstand dieser Untersuchung sind.

Die Analyse der Umweltproblematik aus ökonomischer Sicht ist nicht neu, was durch die Vielzahl der Publikationen in den letzten Jahren deutlich wird. In einigen wirtschaftswissenschaftlichen Abhandlungen wird als Lösungsansatz ein Bewußtseinswandel hin zu einer ökologischen Marktwirtschaft propagiert und zunehmend mit Moral und ethischen Vorstellungen argumentiert.[1] Betrachtet man jedoch die real existierenden Umweltprobleme, zeigt sich, daß diese nicht mit Hilfe von Appellen an die Moral der Emittenten, sondern nur durch einen Handlungsrahmen beschränkt werden können, der individuelle Rationalität der Wirtschaftssubjekte voraussetzt.[2] Soll sich eine an eigennützig handelnden Individuen ausgerichtete Umweltpolitik zum Nutzen der Ge-

---

[1]   Vgl. hierzu bspw. Seidel (1991), S. 186, der eine "umfassende Biologisierung und Ethisierung der Sozialwissenschaften" fordert oder Wicke et al. (1992), S. 635 f. Eine kritische Würdigung dieser Position findet sich in Wagner (1990), S. 298.

[2]   Vgl. zu einer Diskussion der Unternehmensethik Hax (1993).

samtheit auswirken, sind dezentral orientierte Anreizsysteme notwendig, die im folgenden abgeleitet werden.

Einführend wird in dieser Arbeit eine umfassende Perspektive nationaler Umweltpolitik
aus Sicht der Neuen Institutionenökonomik entwickelt. Neben der Darstellung der
grundsätzlichen Probleme im Bereich der Umweltökonomik wird in Kapitel II die Umweltpolitik auf der Basis der Property-Rights-Theorie untersucht. In diesem Zusammenhang werden die Grundlagen der Property-Rights-Theorie dargestellt und Implikationen
für den Umweltbereich abgeleitet. Insbesondere werden die Umweltmedien hinsichtlich
einer möglichen Parzellierung in Property-Rights analysiert. Es wird abgeleitet, daß die
Definition von Verfügungsrechten notwendige Voraussetzung für staatliche Regulierung
ist. Wie sich zeigen wird, kann a priori keine allgemeingültige Aussage über ein
Property-Rights-Regime getroffen werden, welches für ein spezifisches Umweltmedium
anzuwenden ist, da Eigentumsrechte als soziale Konstrukte von den jeweils relevanten
Knappheiten abhängen.

Begreift man Umweltpolitik als Allokation von Property-Rights an natürlichen Ressourcen, stellt sich die Frage nach dem anzustrebenden Niveau der Umweltqualität und dem
verfügbaren Instrumentarium zur Erreichung dieses Zieles. Eine Diskussion der "klassischen" umweltpolitischen Instrumente Auflagen, Steuern und Zertifikate erfolgt in
Kapitel III anhand verschiedener Kriterien. Es zeigt sich, daß der weitverbreitete
Auflagenansatz aufgrund der Informationsasymmetrie zwischen der Umweltbehörde und
den Emittenten hinsichtlich der relevanten Vermeidungskosten den Anforderungen ökonomischer Effizienz nicht genügt. Für die marktwirtschaftlichen Instrumente Steuern
und Zertifikate, die dieses Informationsproblem lösen, gilt dagegen, daß sie aufgrund
mangelnder politischer Durchsetzbarkeit nicht praktikabel sind. Vor diesem Hintergrund
wird untersucht, ob durch einen modifizierten Auflagenansatz, der auf einem verbesserten Informationsstand aufbaut, eine Pareto-superiore Umweltpolitik erzielt werden
kann.

Zur Ableitung eines derartig modifizierten ordnungspolitischen Instrumentes wird in Kapitel IV staatliche Umweltregulierung als Principal-Agent-Beziehung interpretiert.[3] Im Rahmen dieser Argumentation wird in Abschnitt IV.1 aufgezeigt, daß eine Principal-Agent-Beziehung zwischen dem (wohlwollenden) Planer und dem zu regulierenden Emittenten vorliegt. Hieran schließt sich die Diskussion an, inwieweit das in der Literatur zur Agency-Theorie abgeleitete Instrumentarium zur Überwindung von Informationsasymmetrien ebenfalls im Umweltbereich angewendet werden kann. Hierzu werden in Kapitel IV.2 die Regulierungsmodelle von Baron/Myerson und Baron/Besanko in ihrer Grundstruktur unter unterschiedlichen Formen von Informationsasymmetrien vorgestellt und die jeweiligen Wohlfahrtsimplikationen diskutiert.[4]

Auf Grundlage der Agency-Theorie wird im Verlauf der Modelldiskussion eine flexible Auflagenlösung als neues Instrument staatlicher Umweltpolitik abgeleitet, das auf der Verwendung anreizkompatibler Verträge zwischen der Umweltbehörde und dem einzelnen Emittenten beruht. Es wird gezeigt, daß ein derartig modifizierter Auflagenansatz der klassischen Auflagenlösung hinsichtlich der erzielbaren Ressourcenallokationen überlegen ist, da der Regulierende über zusätzliche entscheidungsrelevanten Informationen verfügt.

Ihren Abschluß findet die Arbeit in Kapitel V mit einer Zusammenfasssung und Diskussion der wichtigsten Ergebnisse.

---

[3] Diese Sichtweise und damit die Aufhebung der Prämisse des allwissenden Planers ist in der neueren Literatur zur Regulierungstheorie vorherrschend. Vgl. zu einem umfassenden Überblick über die Entwicklung dieser Theorierichtung Laffont/Tirole (1993).

[4] Vgl. Baron/Myerson (1982) und Baron/Besanko (1984).

4

I.2 Funktionen der Umwelt

Bevor die Umweltökonomik aus der Sicht der Neuen Institutionenökonomik untersucht wird, erfolgt in einem ersten Schritt eine Differenzierung der Umwelt hinsichtlich der von ihr zu erfüllenden Funktionen. Die Umwelt bildet ein natürliches, in sich geschlossenes, komplexes System, das für das künstlich geschaffene System der Ökonomie vier elementare Funktionen, die sogenannten Umweltdienste erfüllt.[5] Die Umwelt dient der Ökonomie und damit verbunden den Individuen als

1   Bodenfläche für ökonomische Aktivitäten und somit als **Standortfaktor**.

2   **Vorrat natürlicher Ressourcen**. Die von der Umwelt bereitgestellten Ressourcen, wie Rohstoff- und Energiequellen werden als Inputfaktoren zur Produktion und erst nachfolgend zum Konsum verwendet.

3   **qualitatives Konsumgut**. Hierunter fällt als Oberbegriff die "Umweltqualität", die die für den Menschen elementaren Lebensstoffe wie die Luft zum Atmen und Trinkwasser aber auch Parks zur Erholung, also alle direkt konsumierten Güter umfaßt.[6]

4   **Aufnahmemedium** für Abfallstoffe. Während die drei zuvor genannten Aspekte die Rolle der Umwelt als Inputfaktor darstellen, umfaßt die vierte Funktion die aus der Produktion und dem Konsum resultierenden Abfallstoffe. Diese werden annahmegemäß keiner anderweitigen Verwendung zugeführt, so daß sie in die Umwelt emittiert werden.

Der Begriff der Emission wird im Rahmen der Arbeit als jede Form des Eintrages von "unerwünschten" Abfallprodukten in die Umweltmedien aufgefaßt. Der zwischen Emission und Immission ablaufende Prozeß wird als Diffusion bezeichnet. Eine Diffusionsfunktion beschreibt, wie sich die Erhöhung einer Einheit der Emission auf die Immission an einer bestimmten Stelle auswirkt.[7] Die Erstellung von Diffusionsmatrizen

---

[5]   Vgl. zu dem folgenden Abschnitt Siebert (1992), S. 10 f.

[6]   Eine weitere Differenzierung hinsichtlich quantitativer und qualitativer Konsumgüter, wie sie bei Siebert (1992), S. 12, getroffen wird, wird nachfolgend nicht vorgenommen.

[7]   Vgl. Siebert (1992), S. 31 ff. Von bestehenden naturwissenschaftlichen Unsicherheiten bzgl. des Wirkungszusammenhanges zwischen Emissionen und Immissionen, d. h. den tatsächlichen Auswirkungen auf das Ökosystem, wird im folgenden abstrahiert.

erfolgt mit Hilfe von meteorologischen Modellen, durch die die ermittelten Immissionswerte in Emissionen zurückgeführt werden können. Dieser Prozeß ist für die Umweltpolitik insofern von Bedeutung, als umweltpolitische Instrumente oder auch Vertragsverhandlungen bei der Emission von Schadstoffen ansetzen müssen, um so wirksam die
Immissionswerte beeinflussen zu können.[8]

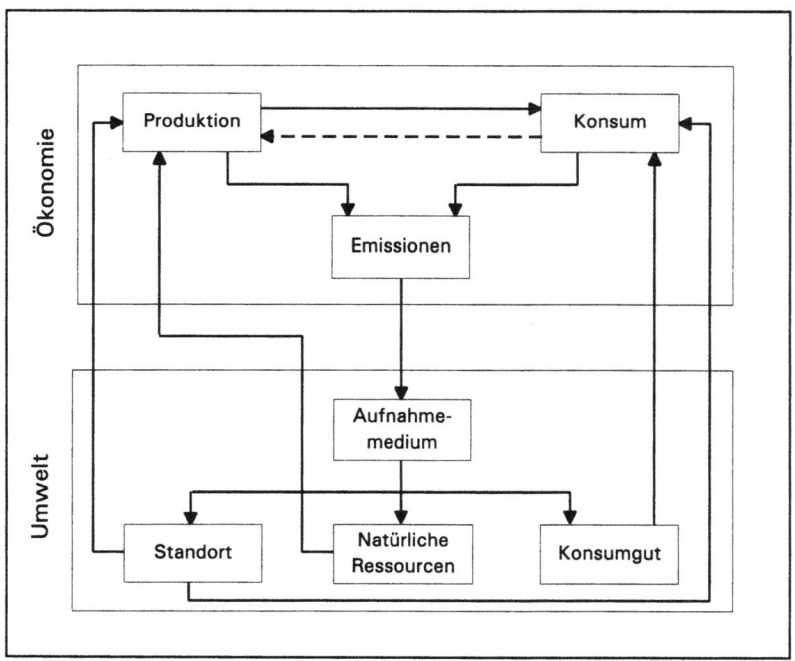

Abbildung 1: Austauschbeziehungen zwischen
Ökonomie und Umwelt[9]

Abbildung 1 verdeutlicht den Zusammenhang zwischen Ökonomie und Umwelt. Dabei
werden die Ökonomie hinsichtlich Produktion, Konsum und Emissionen und das Um-
weltsystem bezüglich der vier angeführten Funktionen unterschieden. Die aus dem

---

[8] Vgl. Weimann (1991), S. 132 f.

[9] In Anlehnung an Siebert (1992), S. 11.

Konsum resultierenden Abfallstoffe, die einer Recyclierung zugeführt werden, finden wiederum als Einsatzfaktoren im Rahmen der Produktion Verwendung, was durch die gestrichelte Linie verdeutlicht wird. Dagegen wurden recyclierbare Abfallstoffe, die innerhalb des Produktionsprozesses anfallen, aus Gründen der Übersichtlichkeit nicht kenntlich gemacht. Es wird demnach davon ausgegangen, daß sie wiederum direkten Eingang in den Produktionsprozeß finden. Die Interdependenzen zwischen den Inputfaktoren und dem Aufnahmemedium werden ebenfalls aus der Abbildung deutlich. Die Emissionen belasten die drei Inputfaktoren insofern, als daß ein Ausstoß oberhalb der natürlichen Regenerationsrate von Ressourcen deren Qualität mindert.

Vor dem Hintergrund dieser naturwissenschaftlichen Problemstellung ist nachfolgend zu untersuchen, ob für Umweltgüter auch die Überlegungen für Marktallokationen gelten, die für andere Güter zutreffen. Bei diesen erfolgt die Bereitstellung idealerweise über Märkte, auf denen Angebot und Nachfrage aufeinandertreffen und sich Gleichgewichtspreise einstellen. Zunächst wird daher die Funktionsweise des Marktsystems skizziert und anschließend dessen Versagen als Preis- und Allokationsmechanismus für Umweltressourcen aufgezeigt.[10]

---

[10] Vgl. Endres (1985), S. 3. Die nachfolgende Darstellung ist kurz gehalten, da hierzu zahlreiche Abhandlungen vorliegen. Vgl. bspw. Bössmann (1979a), (1979b) und Baumol/Oates (1989), S. 14 f.

I.3   Marktversagen bei der Bereitstellung von Umweltgütern

In der ökonomischen Theorie kommt dem Begriff der "Pareto-effizienten Allokation" eine zentrale Bedeutung zu, der in seiner allgemeinen Formulierung besagt, daß dann ein Optimum erreicht ist, wenn durch weitere Reallokation der Ressourcen kein Individuum besser gestellt werden kann, ohne ein anderes Individuum schlechter zu stellen.[11] Solange Preise ihre Funktion als Knappheitsanzeiger erfüllen, werden Ressourcen und daraus erstellte Güter einer bestmöglichen Verwendung zugeführt. Der Marktpreis liefert jedem Teilnehmer die Informationen, die dieser zum Aufstellen seiner individuellen Wirtschaftspläne braucht und macht die Einzelentscheidung für den Tausch am Markt kompatibel. In einer freien Marktwirtschaft koordiniert der Preismechanismus somit alle für den Austausch relevanten Informationen. Voraussetzung hierfür ist jedoch die vollständige Internalisierung von Nutzen und Kosten aus Produktion und Konsum, was insbesondere im Umweltbereich nicht erfüllt ist.

Beeinflussen die Aktivitäten eines Wirtschaftssubjektes die Produktions- und Konsummöglichkeiten eines anderen, ohne daß diese vom physischen Verursacher berücksichtigt werden, da zwischen den Beteiligten keine Rechte auf Entgelt oder Kompensation bestehen, liegen externe Effekte vor.[12] Die Externalitäten beeinträchtigen die Allokationswirkungen von Märkten, da soziale Zusatzkosten entstehen, die als Differenz zwischen gesellschaftlichen und durch Märkte erfaßten, privaten Kosten, gemessen werden.[13] Im Umweltbereich reflektiert der Preis i. d. R. nicht die sozialen Kosten, im Extremfall ist der Einsatz von Umweltressourcen kostenlos. Da der einzelne Produzent oder Konsument seine Faktornutzung bis zu dem Punkt ausdehnt, bei dem seine individuellen Grenzkosten seinem Grenznutzen entsprechen, resultiert eine Übernutzung der Ressource. Aufgrund der fehlenden oder zu geringen Knappheitspreise für

---

[11]   Vgl. Kreps (1990a), S. 153. Zur Kritik der Effizienz als "Maßstab" ökonomischer Transaktionen, vgl. Bromley (1990). Trotz der bestehenden Schwächen dieses Ansatzes, wird dieser aus dem Mangel an alternativen Maßstäben im folgenden verwendet.

[12]   Bössmann (1979a), S. 95, und Bössmann (1979b).

[13]   Zu einer Differenzierung der unterschiedlichen Formen externer Effekte vgl. Bonus, (1980a).

8

Umweltgüter versagt der Markt in seiner Funktion, die Übernutzung der Umwelt einzu-
dämmen.

Ein weiterer Grund für das Versagen des Marktmechanismus wird vielfach in dem
Charakter von Umweltgütern in Form eines öffentlichen Gutes gesehen. Reine öffentliche Güter sind durch mangelnde oder nicht erwünschte Ausschlußmöglichkeit und
Nicht-Rivalität im Konsum gekennzeichnet.[14] Die aufgrund technischer Probleme mangelnde Ausschlußmöglichkeit potentieller Nutzer, trifft für eine Vielzahl von Umweltgütern zu. Durch das Fehlen des Ausschlusses, unerwünscht oder unmöglich, funktioniert die Bereitstellung nicht über den Markt, da keine Marktkontrakte mit individuellen
Konsumenten geschlossen werden können. Das Gut kann nicht an einzelne Konsumenten
verkauft werden, so daß es für einen Produzenten nicht möglich ist, seine angefallenen
Kosten über den Marktmechanismus abzugelten. Obwohl alle Individuen eine Situation
präferieren, in der es zur Erstellung des öffentlichen Gutes kommt, ist es für das
einzelne Individuum eine dominante Strategie[15] seine individuelle Zahlungsbereitschaft
nicht zu offenbaren, so daß es im Extremfall nicht zu einer Bereitstellung des Gutes
kommt.[16] Dieser Zusammenhang wird mit dem Begriff des sozialen Dilemmas bezeichnet.[17]

Der mangelnde technische Ausschluß stellt aus ökonomischer Sicht im Umweltbereich
noch kein Problem dar, wenn auch das zweite Charakteristikum öffentlicher Güter
erfüllt ist. Sind Umweltgüter reine öffentliche Güter, so gibt es keine Umweltprobleme,

---

[14]   Musgrave/Musgrave/Kullmer (1984), S. 62 f. Effiziente Ressourcenverwendung fordert, daß der
        Preis der Nutzung den Grenzkosten der Zulassung eines weiteren Individuums entspricht. Da
        jeder weitere Nutzer keine zusätzlichen Grenzkosten verursacht, ist es unter allokativen
        Gesichtspunkten nicht sinnvoll, diesen von der Nutzung auszuschließen.

[15]   Im Rahmen der Spieltheorie wird eine Strategie als dominant gegenüber anderen bezeichnet,
        wenn diese für einen Spieler immer die beste Antwort darstellt, unabhängig von den Strategien
        der anderen Spieler. Vgl. Rasmusen (1990), S. 28, und Kreps (1990b), S. 26.

[16]   Auch wenn diese strikte Form reinen Freifahrerverhaltens bei der Erstellung öffentlicher Güter
        im Rahmen von empirischen spieltheoretischen Untersuchungen nicht nachgewiesen werden
        konnte, vgl. bspw. Marwell/Ames (1981), wird dieser Annahme im weiteren gefolgt. Zu einer
        Erklärung des bewußten Abweichens von dieser Strategie seitens von Individuen siehe z. B.
        Holländer (1990).

[17]   Vgl. hierzu Weimann (1990).

denn bei Nichtrivialität in der Nutzung können keine externen Kosten entstehen. Umweltprobleme resultieren gerade daraus, daß viele Umweltgüter in der Vergangenheit nicht knapp waren und somit auch keiner Verwendungsbeschränkung unterlagen. Werden Güter gesamtwirtschaftlich knapp, aber einzelwirtschaftlich weiterhin nicht rationiert, also als freie Güter behandelt, kommt es aufgrund rivalisierender Verwendungen zu Raubbau und Zerstörung.[18]

Da der Marktmechanismus versagt, kann staatlicher Handlungsbedarf abgeleitet werden.[19] In einer Marktwirtschaft sind Modifikationen seitens des Staates in den Ordnungsrahmen erforderlich, so daß es zu einer Internalisierung der beschriebenen externen Effekte kommt. Ziel der Internalisierung ist keineswegs das vollkommene Unterbinden der verursachenden Tätigkeit, sondern deren Reduktion auf das wohlfahrtsmaximierende Niveau, bei dem der private Grenznutzen den gesellschaftlichen Kosten entspricht.[20] Im weiteren Verlauf der Arbeit wird der Staat als wohlwollender Planer betrachtet, der Umweltpolitik betreibt.[21] Der Begriff des wohlwollenden Planers wird dabei derart aufgefaßt, daß der finanzpolitische Entscheidungsträger eine soziale Wohlfahrt maximiert.[22]

Im Rahmen dieser Argumentation stellt sich jedoch die Frage, inwieweit es sinnvoll ist, seitens des Staates Maßnahmen zu ergreifen, um externe Effekte zu internalisieren. Sind Eigentumsrechte an den Ressourcen eindeutig definiert, wird von Transaktionskosten

---

[18] Vgl. Prosi (1989a), S. 572.

[19] Die im weiteren untersuchten Ansätze implizieren somit eine Dominanz staatlicher Regulierung gegenüber alternativen Lösungsansätzen. Diese Annahme ist nciht widerspruchsfrei. So argumentieren bspw. Richter/Wiegard (1993), S. 198, daß man aus allgemeinen Spielräumen für effizienzsteigernde Staatseingriffe noch kein unbedingtes Plädoyer für staatliche Maßnahmen ableiten kann.

[20] Auf die hiermit verbundenen Probleme wird in Kapitel II eingegangen.

[21] Von dieser vereinfachenden Annahme wird im folgenden ausgegangen, da im Mittelpunkt der Untersuchung die Auswirkungen alternativer Informationsstände zwischen eigennützig handelnden Individuen und nicht die "Public Choice Theorie" stehen. Siehe zum Stand der ökonomischen Theorie der Politik Mueller (1989).

[22] Als Konsequenz sind die nachfolgenden Empfehlungen stets mit dem Vorbehalt der Umsetzbarkeit durch unvollkommen arbeitende politische Institutionen versehen. Vgl. Richter/Wiegard (1993), S. 174.

abstrahiert und verfügen die Verhandlungspartner über alle relevanten Informationen, so können freiwillige Verhandlungen zwischen dem Verursacher und dem Geschädigten fehlende Märkte ersetzen und effiziente Lösungen erzielt werden. Dieser Zusammenhang wurde von Coase[23] in die Literatur eingeführt. Der von Coase entwickelte freiwillige Verhandlungsfall kann als Idealfall angesehen werden, der in der Realität aufgrund bestehender Transaktionskosten und nicht vollständig informierten Kooperationspartnern nicht anzutreffen ist.[24] Als Folge kann ein regulierender Staatseingriff begründet werden.

Für die weitere umweltpolitische Diskussion ist vor allem festzuhalten, daß bei der Internalisierung externer Effekte beide Parteien berücksichtigt werden müssen, da externe Effekte wechselseitiger Natur sind. Wird der Verursacher gezwungen, den Geschädigten zu kompensieren, entsteht ersterem ein Nutzenverlust, der nicht geringer einzuschätzen ist als der Schaden, den der Geschädigte erleidet.[25] Wer letztendlich an wen Kompensationszahlungen leistet, ist unter Abstrahierung von Transaktionskosten irrelevant, da beide Parteien Verursacher sind.[26] Das Verursacherprinzip verlangt, daß die Verursacher von Knappheitsfolgen mit diesen konfrontiert werden müssen und somit die externen Kosten internalisieren. Das Verursacherprinzip wird in der Literatur oft falsch verwendet, da es häufig mit dem Begriff des physischen Verursachers verwechselt wird. Das ökonomisch relevante Verursacherprinzip besagt, daß beide Parteien die Knappheitsfolgen tragen und somit verzichten müssen. So genügen die von Coase entwickelten Verhandlungslösungen zwischen Schädiger und Geschädigtem in jeder Ausgestaltung dem Verursacherprinzip. Es handelt sich also um eine politische Frage, welcher Lösung der Vorzug gegeben wird.[27]

---

[23]   Vgl. Coase (1960) und die Darstellung bei Bössmann (1981).

[24]   Von der in der Theorie kontrovers geführten Diskussion um die Auslegung des Coase-Theorems wird im folgenden abstrahiert. Vgl. hierzu bspw. d'Arge (1973), Schulze/d'Arge (1974), Randall (1974) und Wegehenkel (1980). Darüber hinaus weist v. Weizsäcker (1993), S. 134, darauf hin, daß das Coase-Theorem als neuer Referenzfall in der Umweltökonomik, in Form des Modells ohne Transaktionskosten, anzusehen ist.

[25]   Coase (1960), S. 2.

[26]   Vgl. Coase (1960), S. 29 ff. Dagegen ist unter Berücksichtigung von Transaktionskosten die Property-Rights-Allokation für das erzielbare Ergebnis relevant.

[27]   Vgl. zu einer Diskussion um das Verursacherprinzip Bonus (1986a) und (1986b).

Notwendige Voraussetzung ist jedoch in jedem Fall die Schaffung institutioneller Rahmenbedingungen, die eine Bewirtschaftung der Umweltgüter als private Güter ermöglichen. Hierzu zählen insbesondere die Schaffung von Eigentumsrechten. Eine wichtige Aufgabe besteht somit darin, die verschiedenen Umweltressourcen und ihre ökonomischen Eigenschaften dahingehend zu untersuchen, inwieweit sie als private Güter für marktwirtschaftliche Lösungen geeignet sind oder ob sie als öffentliche Güter besonderer Verwendungsregeln bedürfen. Die Umweltressourcen sind nach ihren Funktionen in der Ökonomie zu differenzieren, um eine effiziente Verwendung zu ermöglichen.

II Das Umweltproblem aus der Sicht der Property-Rights-Theorie

II.1 Prämissen der Neuen Institutionenökonomik

Unter dem Begriff der Neuen Institutionenökonomik werden verschiedene Forschungsrichtungen subsumiert, denen die Betrachtung von Kooperationsmechanismen sozioöko-
nomischer Austauschbeziehungen gemeinsam ist.[1] Die Forschungsrichtungen versuchen
die Interdependenz zwischen menschlichem Rationalverhalten und institutionellen
Regelungen zu erklären, d. h. wie sich bspw. ein Rechts- und Sanktionensystem entwickelt und unter welchen Bedingungen es Bestand hat.[2] Unter einer Institution wird
dabei im folgenden ein Bündel von Normen sowie deren Garantieinstrumente verstanden, das von der Gesellschaft mit dem Ziel der Effizienzsteigerung aufgestellt wird.[3]
Durch Institutionen werden die Rahmenbedingungen festgelegt, in denen Transaktionen
zwischen Kooperationspartnern stattfinden. Eine Transaktion bezeichnet im folgenden
die Übertragung von Verfügungsrechten an einem Gut.[4] Die mit der Bestimmung,
Übertragung und Durchsetzung der Verfügungsrechte anfallenden Kosten werden unter
dem Begriff der Transaktionskosten subsumiert.[5]

Eine trennscharfe Abgrenzung der drei grundlegenden Theoriezweige in die Trans-
aktionskosten-, Property-Rights- und Principal-Agent-Theorie, die in der Regel in der
Neuen Institutionenökonomik unterschieden werden, kann nicht vorgenommen werden,

---

[1]   Vgl. Picot/Dietl (1990), S. 178.

[2]   Vgl. Hax (1991), S. 55. Von der möglichen Unterscheidung der Forschungsrichtungen in
positive und normative Theorie wird im Rahmen der Arbeit abstrahiert, da sie für den Fortgang
der Arbeit nicht relevant ist.

[3]   Vgl. North (1989), S. 239. Zur Darstellung der Institutionenbildung mit dem Ziel der Erlangung
von monopolistischen Vorteilen einzelner Wirtschaftssubjekte sei auf Williamson (1985), S. 15
ff. verwiesen. Im weiteren wird nur die Institutionenbildung mit dem Ziel der Wirtschaftlich-
keitssteigerung betrachtet. Vgl. hierzu auch den Überblick bei Neus (1989a), S. 8 ff.

[4]   Vgl. Commons (1931). Eine ausführliche Analyse von Verfügungsrechten erfolgt im
anschließenden Unterkapitel.

[5]   Vgl. Picot (1991), S. 145, und Bössmann (1983), S. 107. Hierzu zählen auch die Kosten der
Bereitstellung und Sicherung der staatlichen Gemeinschaft, vgl. Richter (1990), S. 577. Die
Berücksichtigung von Transaktionskosten ist für die Neue Institutionenökonomik von besonderer
Bedeutung, da eine Null-Transaktionskostenwelt "institutionenneutral" wäre, vgl. Richter (1991),
S. 422.

da nicht allen drei Theorien die gleichen Prämissen zugrunde liegen und die Forschungsbereiche in der neueren Literatur zunehmend ineinander übergehen.[6]

Das Ziel der nachfolgenden Kapitel ist es, die Anwendung dieser Theoriezweige und der damit verbundenen Instrumentarien zur Lösung von Umweltproblemen aufzuzeigen. In einem ersten Schritt werden die für die weitere Untersuchung relevanten Prämissen der Theoriezweige aufgelistet, bevor anschließend ausführlicher auf die Property-Rights- und Principal-Agent-Theorie eingegangen wird.[7]

Wie bereits in der Neoklassik wird bei der Neuen Institutionenökonomik von dem methodologischen Individualismus ausgegangen, d. h. der Ausgangspunkt zur Erklärung sozialer Phänomene sind die Präferenzen und die daraus abgeleiteten Verhaltensweisen einzelner Individuen.[8]

Die zu betrachtenden Individuen besitzen konsistente und stabile Präferenzen, die durch individuelle Nutzenfunktionen abgebildet werden können[9], und die Individuen streben nach der Maximierung des Erwartungswertes ihres Nutzens, d. h. sie verhalten sich individuell rational. Die auf Simon zurückgehende Kritik, daß den Individuen nur begrenzte Fähigkeit zur Informationsverarbeitung zur Verfügung steht und sie somit nur beschränkt rational handeln (Theory of Bounded Rationality), wird im folgenden nicht berücksichtigt.[10] Dies ist möglich, da nachgewiesen wurde, daß selbst, wenn der Informationsstand der Entscheidenden unvollständig und variierbar ist, notwendige Informationsgewinnungsaktivitäten seitens der Kooperationspartner entscheidungstheoretisch durch das Bernoulli-Prinzip erfaßbar sind. Die Annahme beschränkt rationalen Verhal-

---

[6]   Verschiedene Autoren haben zwar eine Abgrenzung der Theorierichtungen vorgenommen, doch sind diese nicht überschneidungsfrei, vgl. bspw. Picot (1991), S. 153.

[7]   Die Transaktionskostentheorie, die im Rahmen dieser Untersuchung weniger Beachtung findet, wird vorwiegend im Bereich der Organisation zur Erklärung und Analyse effizienter Organisationsstrukturen eingesetzt. Siehe hierzu vor allem Williamson (1985).

[8]   Vgl. Richter (1990), S. 573.

[9]   Zur Ableitung von Nutzenfunktionen nach dem Bernoulli-Prinzip siehe Franke/Hax (1990), S. 236 ff.

[10]   Vgl. Simon (1972). Im Gegensatz hierzu geht die Transaktionskostentheorie allerdings von dieser Annahme aus, vgl. Williamson (1985), S. 30.

14

tens ("it is precisely in the realm where human behavior is intendedly rational, but only limited so")[11] bedeutet somit keine Abkehr von der Theorie rationaler Entscheidungen auf der Basis des Bernoulli-Prinzips, sondern berücksichtigt nur einen zusätzlichen Engpaß bei der Bestimmung des maximalen Nutzens der Individuen.[12] Durch die Annahme unbegrenzter oder perfekter Rationalität ist es für die Parteien jeweils möglich, von bestehenden Regelungen auf die hieraus resultierenden Handlungen ihrer Kooperationspartner zu schließen.[13]

Des weiteren wird opportunistisches Verhalten als besonders konsequente Form individueller Rationalität unterstellt, so daß die Individuen diskretionäre Handlungsspielräume ausnutzen, um ihren individuellen Nutzen zu steigern. Diese Annahme impliziert, daß Individuen zur Durchsetzung ihrer eigenen Interessen auch Aktionen wählen, die anderen Individuen schaden. Dies bedeutet, daß sie sich auch über vertragliche Verpflichtungen, kooperative Absprachen und allgemeine Normen hinwegsetzen und konsequent eigennützig die in ihrem Einflußbereich stehenden Variablen auswählen, um eigene Vorteile zu erzielen.[14] Williamson charakterisiert dies mit "self interest seeking with guile. This includes but is scarcely limited to more blatant forms, such as lying, stealing, and cheating. Opportunism more often involves subtle forms of deceit."[15] Gegenstand der Neuen Institutionenökonomik ist somit auch die Frage, welche institutionellen Vorkehrungen getroffen werden müssen, um Transaktionen zu ermöglichen. Die Möglichkeit zum opportunistischen Verhalten existiert aufgrund der Annahme bestehender Informationsbeschaffungs- und Abwicklungskosten (Transaktionskosten).[16] Es wird davon

---

[11]   Simon (1976), S. XXVIII.

[12]   Unabhängig davon, ob man unterstellt, daß die Informationsverarbeitung absoluten Grenzen unterliegt oder die Informationsbeschaffung mit Kosten verbunden ist, führen beide Annahmen zu dem gleichen Ergebnis. Der Informationsstand der betrachteten Individiduen ist nicht vollkommen und ungleich verteilt.

[13]   Vgl. Neus (1989a), S. 11. Im Rahmen der Principal-Agent-Theorie findet somit das Bernoulli-Prinzip seine unmittelbare Anwendung.

[14]   Siehe hierzu auch Hax (1993), S. 774 f.

[15]   Williamson (1985), S. 47. Vgl. hierzu ebenso Williamson (1975), Rasmusen (1990) und Hax (1991), S. 56.

[16]   Hierbei ist jedoch zu beachten, daß die Principal-Agent-Theorie von Abwicklungskosten abstrahiert.

ausgegangen, daß diese Informationskosten exponentiell steigen und für einzelne Informationen so hoch sind, daß ihre vollständige Beschaffung im folgenden als technisch nicht möglich angesehen wird.[17] Hieraus wird deutlich, daß Informationsproblemen bei der Abwicklung von Transaktionen und der Ausgestaltung von Verträgen eine wichtige Rolle zukommt.

Im folgenden wird gezeigt, daß notwendige Voraussetzung für jede Form der Umweltpolitik eine klare Abgrenzung von Property-Rights-Strukturen ist und daß bestehende Umweltprobleme auf eine mangelnde Definition von Property-Rights und/oder deren Durchsetzung zurückzuführen sind. Aufbauend auf der Notwendigkeit einer staatlichen Institution wird in Kapitel III die Problematik der Ableitung einer Nachfragefunktion nach dem öffentlichen Gut Umweltqualität analysiert und eine Lösungsmöglichkeit diskutiert. Abschließend werden die in der Diskussion stehenden umweltpolitischen Instrumente aufgezeigt und anhand eines Kriterienkataloges hinsichtlich ihrer Effizienz bewertet.

---

[17] Der Grenzwert der Beschaffungskosten tendiert dann gegen unendlich.

II.2   Grundlagen der Property-Rights-Theorie

Wie zuvor bereits gezeigt wurde, entstehen Umweltprobleme daraus, daß die Regenerationsrate von Umweltmedien überschritten wird. Umweltgüter, die in der Vergangenheit nicht knapp waren und somit auch keiner Verwendungskonkurrenz unterlagen, wandeln sich bei Übernutzung von bisher freien zu knappen Gütern. Die daraus resultierenden Probleme sollen im folgenden aus institutioneller Sicht, insbesondere der Property-Rights-Theorie strukturiert und analysiert werden.[18] Gegenstand der Property-Rights-Theorie ist die Analyse von Effizienzauswirkungen alternativer Ausgestaltungsformen von Verfügungsrechten über Güter und Verhaltensanforderungen in bezug auf andere Individuen. In einer Welt mit Transaktionskosten ist, im Gegensatz zur Coaseschen Lösung, die Ausgestaltung von Property-Rights entscheidend für das erzielbare Ergebnis.[19] Durch die Allokation von Property-Rights und die hiermit verbundenen Nutzungsmöglichkeiten, bestimmen sich Anreize oder auch Abschreckungen für einzelne Individuen.[20]

Im weiteren sollen in einem ersten Schritt allgemein Property-Rights definiert, Property-Rights-Strukturen abgegrenzt und Gründe für Veränderungen bestehender Property-Rights-Strukturen aufgezeigt werden, bevor in einem zweiten Schritt die erzielten Ergebnisse auf den Umweltbereich übertragen werden. Insbesondere wird dargestellt, welche Property-Rights-Allokationen derzeit anzutreffen sind und welche Auswirkungen diese oder alternative Allokationen auf eine effiziente Nutzung unterschiedlicher Umweltmedien haben.

---

[18]   Grundsätzlich befaßt sich die Property-Rights-Theorie mit allokativen Gesichtspunkten, so daß distributive Aspekte allenfalls über die Nebenbedingung des sozialen Konsenses bei der Abstimmung einfließen. Anders sieht dies dagegen Buchanan (1984), bei dem das prozeduale Kriterium Konsens zur Verfahrensregel wird, was im weiteren jedoch vernachlässigt wird. Vgl. zur Problematik der Übernutzung natürlicher Ressourcen Endres (1993).

[19]   Vgl. Furubotn/Pejovich (1972), S. 1139, und Richter (1990), S. 575 f.

[20]   Vgl. Schüller (1985), S. 261, und Richter (1991), S. 422.

II.2.1 Der Begriff der Property-Rights

Vollständig ausgestaltete Verfügungsrechte[21] bestehen aus einem Rechtsbündel, das

- die Nutzung eines Gutes (usus),
- die Einbehaltung der Erträge (usus fructus),
- die Veränderung der Form und Substanz (abusus) und
- den Verkauf oder die Überlassung der Sache an Dritte ermöglicht.[22]

Mit dem Erwerb der Verfügungsrechte an einem Gut wird die Verfügungsgewalt über dieses Gut übertragen, so daß der Wert eines Gutes davon abhängig ist, welches Bündel von Property-Rights übergeben wird.[23] Letztendlich werden somit nicht Güter zwischen Individuen getauscht, sondern Verfügungsrechte, so daß es nicht mehr nur auf die spezifische Beschaffenheit der wirtschaftlichen Objekte ankommt, sondern auf die Art und das Ausmaß der damit verbundenen Handlungsbefugnisse. Schüller spricht in diesem Zusammenhang von "effektiven Gütern".[24]

Bromley formuliert Eigentum und die Rechte daran als: "... Property is not an object but rather ... a social relation that defines the property holder with respect to something of value (the benefit stream) against all others. ... Rights are not relationships between me and an object, but are rather relationships between me and others with respect to that object. Property-Right is a claim to a benefit stream that the state will agree to protect through assignment of duty to others who may covet, or somehow interfere with, the benefit stream."[25] Property-Rights beziehen sich somit nicht nur auf das Eigentum an Sachen im Sinne des §903 BGB sondern auf alle Formen der Kontrolle von Individuen über Ressourcen und zwar direkt in Form der Verfügungsgewalt über

---

[21]   Je nach Ausgestaltung unterscheiden manche Autoren nach Verfügungsrechten, Nutzungsrechten, Eigentum und Besitz, wie bspw. Schüller (1988), S. 168. Im Rahmen dieser Arbeit werden die Begriffe Property-Rights, Verfügungs- und Eigentumsrechte synonym verwandt.

[22]   Vgl. Richter (1990), S. 574 f.

[23]   Vgl. Furubotn/Pejovich (1972), S. 1140.

[24]   Schüller (1985), S. 259.

[25]   Bromley (1991), S. 2, und S. 15.

Gegenstände oder Dienstleistungen und auch indirekt in Form von Rechten wie bspw. Geldforderungen.[26] Property ist jedoch mehr als eine institutionelle Regelung, die festlegt, wer ein Objekt mit Wert nutzen darf, es kontrolliert und das Einkommen aus ihm bezieht. Property beinhaltet darüber hinaus die Legitimation, Kosten auf andere Individuen abzuwälzen.[27]

Bei der Untersuchung von Property-Rights ist zu beachten, daß Rechte erstens nur in Autoritätsstrukturen gegeben sein können, da sie ansonsten seitens des Eigentümers nicht durchgesetzt werden können und zweitens ohne entsprechende Verpflichtungen für andere Individuen keine Bedeutung haben.[28] Property-Rights sind somit als wechselseitige Rechte und Pflichten zwischen Eigentümern und Außenstehenden definiert.

Verdeutlicht werden soll dies an einem Beispiel aus dem Umweltbereich. Verfügt eine Unternehmung über eine Erlaubnis zum Betrieb einer Anlage, so hat sie das Recht, Emissionen in einem bestimmten Umfang an die Luft abzugeben. Für die zugelassenen Emissionen erzielt die Unternehmung einen Nutzen in Form eingesparter Opportunitätskosten. Auf der anderen Seite besteht für die Nicht-Eigentümer die Pflicht dieses Verhalten der Unternehmung zu akzeptieren. Bestand zu einem früheren Zeitpunkt keine Regelung zur Bewirtschaftung der Luft als Aufnahmemedium für Schadstoffe, so hatte die Unternehmung nicht das explizite Recht zur Verschmutzung, sondern sie hatte nur die Möglichkeit des ungeregelten Ausstoßes von Schadstoffen. Bromley charakterisiert diesen Zusammenhang anhand des Begriffspaares "Privilege" und "No Right".[29] Aufgrund der fehlenden Gesetzgebung besitzen die Geschädigten keine Rechte, um ihre Interessen durchzusetzen. Die durch Externalitäten betroffenen Individuen können allerdings versuchen, durch die Veränderung institutioneller Gegebenheiten ihre Position des "No Right" in eine Rechtsposition umzuwandeln.

---

[26]   Vgl. Richter (1991), S. 422.

[27]   Vgl. Bromley (1989), S. 206.

[28]   Vgl. zu dem Konzept von Rechten und damit verbundenen Verpflichtungen Bromley (1989), Kapitel 7 und (1991), S. 15 ff.

[29]   Vgl. Bromley (1991), S. 32. An dieser Stelle ist hinzuzufügen, daß jede Form der Genehmigung von Anlagen eine Übertragung von Property-Rights seitens der Umweltbehörde bedingt, falls das Umweltmedium bewirtschaftet wird.

Sind Property Rights zwar definiert, aber in Anlehnung an die Definition von Richter, aufgrund von Restriktionen unterschiedlicher Art nicht vollständig ausgestaltet, so liegt eine "Verdünnung" (Attenuation) von Property-Rights vor.[30] Derartige Restriktionen stellen Transaktionskosten oder aber auch Nutzungsbeschränkungen für Ressourcen dar, die i. d. R. aus Gesetzen oder Traditionen resultieren. Je höher die Transaktionskosten und je stringenter die Nutzungsbeschränkungen sind, desto "verdünnter" sind die Property-Rights mit der Folge, daß zunehmend externe Effekte auftreten, was in einer Allokationsverzerrung resultiert.

Nach dieser allgemeinen Einführung in die Theorie der Property-Rights wird nachfolgend der Theorieansatz von Bromley vorgestellt und mit Blick auf die umweltspezifischen Konstellationen interpretiert.

II.2.2 Die Property-Rights-Regimes nach Bromley

Ein Property-Rights-Regime[31] ist ein durch die Gesellschaft[32] geschaffenes Konstrukt mit dem Ziel der effizienten Bewirtschaftung knapper Ressourcen und somit keine exogen vorgegebene Ordnung.[33] Voraussetzung für die Bewirtschaftung ist die gesellschaftliche Übereinstimmung, welche Güter als knapp angesehen werden, so daß ihre effiziente Nutzung durch Eigentumsrechte geregelt werden kann. Eine Struktur, durch die eine Ressource bewirtschaftet wird, besteht aus einem Bündel von expliziten und impliziten Rechten und Pflichten, die das Verhältnis zwischen Individuen in bezug auf die betreffende Ressource charakterisieren.

---

[30] Siehe Tietzel (1991), S. 211.

[31] Die Begriffe Property-Rights-Regime und -Struktur werden im folgenden synonym verwandt.

[32] Der Sichtweise von Bromley folgend, wird der Begriff der "Gesellschaft" nachfolgend sehr weit gefaßt. Er ist nicht unbedingt mit einem Staat gleichzusetzen, sondern bezeichnet eine soziale Einheit beliebiger Größe, in der Entscheidungen getroffen werden. Vgl. Bromley (1992), S. 3.

[33] Vgl. Bromley (1991), S. 3.

II.2.2.1 Arten von Property-Rights-Regimes

In Anlehnung an Bromley werden im folgenden vier Property-Rights-Regimes unterschieden:[34]

1 State-Property-Regime

In einem staatlichen Property-Regime ist der Staat Eigentümer der Ressource. Bei der Verwendung des Begriffes "Staat" kann es sich um jede mit Autoritäten ausgestattete Institution handeln, die die Interessen der Gemeinschaft vertritt. Den Mitgliedern einer Gesellschaft ist es möglich, im Rahmen staatlich festgelegter Regeln diese Ressource zu nutzen. Die Mitglieder unterstehen jedoch weiterhin der Kontrolle des Staates, so daß Verfügungsgewalt und Nutzung auseinander fallen. Als Beispiel können die in den USA staatlich geleiteten Nationalparks angeführt werden.

2 Private-Property-Regime

Ein Private- oder Individual-Property-Regime ist dadurch gekennzeichnet, daß die Eigentümer exklusive, individuelle Nutzungsrechte an einem Gut, bspw. an einer landwirtschaftlichen Fläche, haben und somit andere Individuen von der Nutzung ausschließen können.[35] Im Gegensatz zum State-Property sind Eigentümer und Nutzer des Gutes identisch. Der Nutzer muß sich jedoch ebenso wie die Nichteigentümer an bestimmte Regeln des Autoritätssystems halten. Der Eigentümer von Boden muß bspw. Anbaubeschränkungen für verbotene Pflanzen beachten, während die Nichteigentümer verpflichtet sind, die Eigentumsrechte zu achten. Allgemein kann festgehalten werden, daß alle Güter, für die private Property-Rights geschaffen werden, weiteren Verfügungsbeschränkungen unterliegen, so daß eine Verdünnung vorliegt.

---

[34] Vgl. zu den folgenden Ausführungen Bromley (1991), S. 22 ff.

[35] Cheung (1974), S. 14, spricht in diesem Zusammenhang von: "The right to contract is also the right to exclude."

3 Common-Property-Regime

Charakteristikum eines Common-Property-Regimes ist das Gemeinschaftseigentum einer Gruppe an einem Gut.[36] Die Nutzung seitens der Miteigentümer unterliegt genau festgelegten Rechten und Pflichten. Die Gemeinschaft hat wiederum die Möglichkeit des Ausschlusses von Drittnutzern (Nicht-Eigentümern). Common-Property ist in seiner Essenz "privates" Eigentum einer Gruppe. Anders als bei privatem Eigentum kann ein Miteigentümer jedoch nicht einen speziellen Teilbereich des Gutes exklusiv beanspruchen. Als klassische Beispiele seien hier die Allmende, die mittelalterliche Weidefläche eines Dorfes oder Bewässerungssysteme in der Landwirtschaft, die gemeinschaftlich genutzt werden, angeführt. Common-Property unterscheidet sich von State-Property vor allem in der Größe und räumlichen Ausdehnung des betrachteten Gutes oder Umweltmediums. Grundsätzlich ist festzuhalten, daß mit dem Umfang des Umweltmediums auch die Wahrscheinlichkeit für die Etablierung eines State-Property-Rights-Regimes wächst.

4 Open Access

Liegt Open Access vor, so bestehen keinerlei gesetzliche Rahmenbedingungen in Form von Zugangsbeschränkungen zur Nutzung des Gutes, so daß es jedem Individuum uneingeschränkt zur Verfügung steht. Gründe für eine Open Access Situation können in der mangelnden Ausschlußmöglichkeit von Individuen in der Nutzung, dem Zusammenbruch bestehender Property-Rights-Regimes, aber auch in der fehlenden Notwendigkeit der Bewirtschaftung der Ressourcen liegen. Aufgrund ihrer ökonomischen Irrelevanz wird letztere von der nachfolgenden Untersuchung ausgeschlossen.[37] Da keine Eigentumsrechte definiert sind ("everybody's access is nobody's property")[38], wird die Ressource somit von dem Individuum genutzt, welches als erstes über sie verfügen kann. An dieser Stelle wird deutlich, warum bei Ressourcen, für die ein ungeregelter

---

[36] Jeder Zusammenschluß von mindestens zwei Individuen wird als Gruppe bezeichnet. Die Gruppen können hinsichtlich ihrer Mitgliederanzahl, Struktur, Interessenlage und anderer Charakteristika stark differieren. Ihre Gruppenstärke, das Autoritätssystem und die Verhaltensanforderungen innerhalb einer Gruppe sind jedoch jeweils genau spezifiziert.

[37] Ressourcen, für die ein ungeregelter Zugang besteht, unterscheiden sich von reinen öffentlichen Gütern in der Rivalität im Konsum. Vgl. zu dieser Differenzierung Siebert (1992), S. 65.

[38] Bromley (1992), S. 13.

Zugang besteht, der Begriff des Gemeinschaftseigentumes (Common-Property), wie er in der Literatur oft anzutreffen ist, nicht angewendet werden darf.[39] Eigentum ist, wie zuvor angeführt, mit Rechten und Pflichten für Eigentümer und Nichteigentümer verbunden. Bei ungeregelten Ressourcen entstehen weder Rechte noch Verpflichtungen für die Individuen. Vielmehr ist die Situation durch ein "Privilege" für den Nutzer und "No Right" für Nichtnutzer gekennzeichnet. Bromley definiert dies wie folgt: "When access is available - but there is no claim on an income stream that the collectivity will protect - there is no property, there is only access. When that claim exists - when there are expectations - then one has property."[40] Als Beispiel sei die Hochseefischerei außerhalb der 200 Meilenzone genannt, für die keine gesetzlichen Regelungen bestehen.

II.2.2.2   Property versus Liability Rule

Bei der Einführung von Eigentumsregelungen in den vier vorgestellten Property-Rights-Systemen können zwei Ausgestaltungsformen unterschieden werden, die "Property Rule" und die "Liability Rule".[41] Bei ersterer besitzt der Inhaber im Rahmen der festgelegten Rahmenbedingungen die exklusiven Rechte der Nutzung. Andere Individuen (Nicht-Eigentümer) können nur die Ressource betreffende Aktionen wählen, die mit dem Besitzer abgesprochen sind. Dies kann am Beispiel des Angelns an einem Privatsee verdeutlicht werden. Die Angler dürfen nur mit der entsprechenden Erlaubnis des Inhabers der Property-Rights an diesem See angeln. Verursachen die Aktivitäten des Inhabers dagegen externe Effekte, bspw. die Emission von Schadstoffen in den See, können die Angler versuchen, ihm Teile der Property-Rights abzukaufen, um die schädigende Tätigkeit zu verringern oder zu unterbinden.

---

[39]   Der Begriff der Common-Property in Verbindung mit sozialen Dilemmata geht auf Hardin (1968) zurück. Das von ihm aufgezeigte Problem der Überweidung aufgrund individuell rational handelnder Individuen gilt somit nur für Open Access Situationen. Diese Begriffsvermischung ist häufig, bspw. bei Tietenberg (1984), S. 47 f., in der Literatur anzutreffen.

[40]   Bromley (1989), S. 203.

[41]   Vgl. zum folgenden Bromley (1991), S. 43 ff., und Tietenberg (1984), S. 57 f. Im folgenden wird von der Möglichkeit der Veränderung der Autoritätsstruktur, wie sie nachfolgend unter Punkt II.2.3 vorgestellt wird, abstrahiert.

Sind dagegen die Property-Rights in Form einer Liability Rule ausgestaltet, so kann der Inhaber unerwünschte Handlungen seitens der Nicht-Eigentümer selbst nicht unterbinden. Er verfügt lediglich über das Recht, Entschädigungszahlungen für die Folgen der Handlung zu verlangen, was jedoch wiederum Auswirkungen auf die zu wählenden Aktionen des "Verursachers" hat. Beispielhaft kann an dieser Stelle die Chemiekatastrophe in Basel angeführt werden, in deren Folge Sandoz hohe Schadensersatzleistungen tätigte.[42]

Für das erzielbare Allokationsergebnis ist somit die Property-Rights-Aufteilung als auch die gewählte Ausgestaltungsform relevant. Unterstellt sei im folgenden die gleiche Property-Rights-Verteilung unter verschiedenen Ausgestaltungsformen.

Bei einer Property-Rule muß der Nicht-Eigentümer ex ante "aktiv" werden, um die Erlaubnis des Inhabers für eine von ihm gewünschte Aktion einzuholen. Die beiden Parteien müssen Verhandlungen bezüglich der Aktionen aufnehmen und das erzielbare Ergebnis wird von der Verhandlungsmacht der Parteien, der Budgetrestriktion des Nicht-Eigentümers und den jeweiligen Nutzenfunktionen der Individuen abhängen. Unter einer Liability Rule wird der Nicht-Eigentümer dagegen in einem ersten Schritt die Aktion ausüben, so daß der Property-Rights-Inhaber ex post "aktiv" werden muß, um Kompensationszahlungen einzufordern.

Bei der Ausgestaltungsform von Eigentumsrechten ist sowohl die Anzahl der von dieser Regelung betroffenen Individuen als auch die damit verbundene Höhe der Transaktionskosten entscheidend. Liability Rules werden i. d. R. seitens der Umweltbehörde dann den Property-Rules vorgezogen, wenn die Einführung von Property-Rules an der Höhe der Transaktionskosten scheitert. So kann die Umweltbehörde bei der Einführung eines State-Property-Right-Regimes nicht mit allen potentiellen Nutzern und Nichtnutzern ex ante Regeln für alle möglichen Aktionen festlegen. Als Folge werden die Property-

---

[42] Hierbei ist zu beachten, daß das angeführte Beispiel auf einer Property Rule basiert, die darin besteht, daß der ordnungsgemäße Betrieb einer Chemieunternehmung genehmigungspflichtig ist und die Liability Rule lediglich als Ergänzung für unvorhergesehene Ereignisse greift.

Rights im Rahmen einer Liability Rule ausgestaltet und nicht erlaubte Handlungen sind mit Kompensationszahlungen verbunden.

Wie bereits angeführt wurde, werden diese vorgestellten Property-Rights-Regimes von der Gesellschaft entwickelt, um eine effiziente Bewirtschaftung knapper Ressourcen zu erzielen. Im folgenden wird davon ausgegangen, daß diese Property-Rights-Regimes bspw. durch staatliche Gesetzgebung festgelegt werden und somit den Rahmen jeder Transaktion bilden.[43] Die institutionellen Regelungen unterliegen einer kontinuierlichen Weiterentwicklung und Ausgestaltung, die durch Effizienzüberlegungen und Verteilungsaspekte hervorgerufen werden. Es ist demnach nicht möglich, einzelne Ressourcen unmittelbar in eines der vier vorgestellten Property-Rights-Regimes einzuordnen, denn ihre Zuteilung ist abhängig von den jeweils gegenwärtigen Knappheitsrelationen und somit im Zeitablauf variabel. Sprachlich ist daher zu beachten, daß bspw. keine Common-Property Ressource existiert, sondern eine Ressource vorliegt, die derzeit als Common-Property kontrolliert und gemanagt wird. Aus diesem Zusammenhang wird deutlich, daß es keine klassische Abfolge in der Bewirtschaftung von Ressourcen, bspw. in Form zunehmender Ausgestaltung, gibt, sondern die jeweiligen Knappheitsrelationen diese bestimmen.

II.2.3 Gründe für die Entstehung und Veränderung von Property-Rights

Die Allokationsfunktion der Property-Rights liegt in der Internalisierung externer Effekte. Die Internalisierung wird durch die Entstehung neuer und/oder durch die Änderung bestehender Property-Rights-Regimes erreicht. Dieser auf individuellen Kosten-Nutzen Kalkülen basierende Erklärungsansatz für die Entwicklung von Property-Rights geht auf Demsetz zurück.[44] Die Kosten und der Nutzen der Durchsetzung von Property-Rights werden anhand der anfallenden Transaktionskosten und dem Nutzen aus

---

[43] Bromley veranschaulicht diesen Zusammenhang mit: "The state is a party of every transaction." Zitat, aus einem Vortrag, gehalten am 25.03.1993 an der University of Wisconsin, Madison, USA.

[44] Vgl. zum folgenden Demsetz (1967), S. 348 ff.

der Internalisierung externer Effekte gemessen. Wie zuvor bereits definiert, werden unter Transaktionskosten die bei der Definition, Zuordnung und Durchsetzung von Eigentumsrechten anfallenden Kosten verstanden. Diese variieren in Abhängigkeit von den physischen Eigenschaften der zu bewirtschaftenden Ressource. Der Nutzen der zunehmenden Internalisierung der externen Effekte besteht in der Minderung oder Unterlassung der die externen Effekte hervorrufenden Tätigkeit oder einer entsprechenden Entschädigungszahlung.[45] Ein effizienter Grad der Durchsetzung ist dann erreicht, wenn eine Angleichung der Grenzkosten an den Grenznutzen erfolgt.

Zusammenfassend kann demnach festgehalten werden, daß Property-Rights-Strukturen immer dann entstehen oder sich verändern, wenn es für die von externen Effekten Betroffenen lohnend ist, diese zu internalisieren. Die Veränderung von Property-Rights-Regimen hat somit einen spezifischen und vorhersehbaren Einfluß auf die erzielte Allokation der Ressourcen und somit auch auf die Zusammensetzung der erzeugten Güter.[46] Folgende Ursachen können für Veränderungen von Property-Rights im bestehenden institutionellen Rahmen unterschieden werden:

1   Veränderungen von Knappheitsrelationen

Die Veränderung der Knappheitsrelationen der bewirtschafteten Ressource bedingt, bei konstanten Transaktionskosten, eine Veränderung der relativen Preise. Diese Preisänderung kann sowohl auf der Konsum- als auch auf der Produktionsseite verursacht werden. Erreichen diese Preisänderungen ein hinreichendes Ausmaß, erfolgt unter Effizienzgesichtspunkten eine verstärkte Durchsetzung in Form einer differenzierteren Ausgestaltung von Property-Rights oder auch die Neueinführung von Property-Rights für bisher unbewirtschaftete Ressourcen.[47] Insbesondere sind drei Ursachen für die Veränderung relativer Preise anzuführen:

---

[45]   Vgl. Demsetz (1967), S. 348, und Schüller (1988), S. 159.

[46]   Richter (1990), S. 575.

[47]   Vgl. Demsetz (1967), S. 350, und North (1989), S. 241. Von dem Fall der Verringerung von Property-Rights unter Effizienzgesichtspunkten wird im folgenden abstrahiert, da die hier vorgestellte Argumentation spiegelbildlich gilt und die Umweltdiskussion i. d. R. auf zunehmenden Knappheiten basiert.

26

a)   Die **physischen Knappheitsrelationen** variieren, bei gegebenen Präferenzen, aufgrund von Veränderungen in den Ressourcenausstattungen, bspw. durch zusätzliche Vorkommen oder dem Ausfall potentieller Anbieter, der Einführung neuer Produkte oder der Eröffnung neuer Märkte.[48]

b)   **Technischer Fortschritt im Produktionsbereich**, so daß aufgrund verbesserter Produktionsstrukturen, bspw. geringeren Einsatzmengen bei konstantem Output, die Stückkosten der Produktion sinken.

c)   Der Veränderung der Nachfrage aufgrund von **Präferenzänderungen**. Im Gegensatz zu den beiden erst genannten Punkten, bei denen allokative Überlegungen eine Spezifizierung von Eigentumsrechten initiieren, bezieht sich dieser Punkt auf gesellschaftliche Änderungen. Die Verschiebung individueller Präferenzen und die damit einhergehende Neubewertung bestehender Regelungen rufen institutionellen Wandel hervor. Als Beispiele können die Abschaffung der Sklaverei oder auch das Verbot von Kinderarbeit angeführt werden.[49] Durch diese Veränderungen verteuerte sich die Produktion und führte zu einer Verschiebung des effizienten Produktionsniveaus, das die neuen sozialen Werte in bezug auf Arbeitsbedingungen reflektierte.[50] Des weiteren sind in diesem Zusammenhang Nachfrageverschiebungen aufgrund veränderter gesamtgesellschaftlicher Einkommen zu nennen. Dieses läßt sich an den unterschiedlichen Konsumgewohnheiten bspw. des superioren Gutes "Umweltqualität" der westlichen Industrieländer im Vergleich zu den osteuropäischen Staaten belegen.

---

[48]   Vgl. Furubotn/Pejovich (1974), S. 8.

[49]   Bspw. zeigten Fogel/Engerman (1974) auf, daß die Abschaffung von Sklavenarbeit auf Präferenzänderungen zurückgeht, da selbst Sklavenarbeit unter bestimmten Rahmenbedingungen als effiziente Form der Arbeitsteilung angesehen werden kann. Dagegen können für die Abschaffung der Kinderarbeit ökonomische Begründungen angeführt werden, da durch das Verbot die Schaffung von Humankapital gefördert wird.

[50]   Vgl. North (1989), S. 241, und Bromley (1989), S. 144 f.

2 Veränderungen von technischen Möglichkeiten

Technologischer Fortschritt von Kontrolltechnologien resultiert in einer Senkung der Transaktionskosten für die Durchsetzung von Property-Rights. In Anlehnung an die zuvor angeführten Überlegungen ist es somit unter Kosten-Nutzen-Überlegungen sinnvoll, bei gegebenen Knappheitsrelationen die Eigentumsrechte für die Ressource weiter zu spezifizieren.[51]

3 Neue Möglichkeiten der Interessendurchsetzung einzelner Gruppen

Property-Rights-Strukturen werden darüber hinaus durch individuell rational handelnde Individuen oder Gruppen verändert, die versuchen, durch die Beeinflussung staatlichen Handelns, ihre relative Position zu verbessern und dadurch ihre Interessen besser durchzusetzen. Dieses als Rent-Seeking bezeichnete Verhalten umfaßt ausschließlich distributive Überlegungen und resultiert lediglich in einer Umverteilung von Einkommen.[52] Nach Schüller wird Rent-Seeking dadurch ermöglicht, daß in Gruppen oder Verbänden gut organisierte Partialinteressen aufgrund ihres Einflusses Umverteilungen initiieren können, welche i. d. R. der Gesamtwohlfahrt schaden. Beispielhaft für derartige Organisationen seien hier der deutsche Bauernverband in der Agrarpolitik oder die IG Bergbau und Energie in der Kohlepolitik angeführt. Rent-Seeking, definiert als der Versuch, den Staat zur Spezifizierung und Zuordnung entsprechender Rechte zu bewegen, lohnt sich nach dem Kosten-Nutzen-Kalkül, solange die erwartete daraus resultierende Rente die damit verbundenen Transaktionskosten übersteigt.[53] Ebenso können sich Partikularinteressen darin niederschlagen, daß eine Ausdifferenzierung von Property-Rights verhindert wird, z. B. in Form verschärfter Emissionsnormen, wenn deren Einführung zu Lasten der Interessensgruppe ginge.

---

[51] Vgl. Furubotn/Pejovich (1972), S. 1145, und Demsetz (1967), S. 350.

[52] Vgl. Bromley (1989), S. 145. Es sei an dieser Stelle jedoch darauf hingewiesen, daß Rent-Seeking bei einem wohlwollenden Staat keine Chance hat, sondern vielmehr bei individuell rational handelnden Politikern relevant ist.

[53] Vgl. zu dieser Diskussion Schüller (1988), S. 163, und die dort zitierte Literatur.

II.3 Die Umweltproblematik aus der Sicht der Property-Rights-Theorie

II.3.1 Bestehende Property-Rights-Regimes

Nach der Vorstellung der zu unterscheidenden Property-Rights-Regimes wird im folgenden untersucht, wie sich das Umweltproblem aus der Sicht der Property-Rights-Theorie darstellt. Die bisher erzielten Erkenntnisse der Property-Rights-Theorie sollen auf Umweltprobleme übertragen und Gestaltungsansätze für die Umweltpolitik abgeleitet werden.

Im Umweltbereich können Ressourcen unterschieden werden, für die

1. bisher keine gesetzlichen Regelungen (de jure) geschaffen und somit auch keine Property-Rights definiert wurden und

2. solche, für die bereits Property-Rights definiert aber (de facto) nicht vollständig durchgesetzt wurden.

Zu 1:

Liegt kein Gesetzesrahmen zur Bewirtschaftung einer Ressource vor (Open Access), so besteht ein ungeregelter Nutzungszugang. Dieser Zustand herrscht bspw. bei globalen Umweltmedien wie der Ozonschicht oder der Luft als Aufnahmemedium für Kohlendioxid (CO_2). Aufgrund des institutionellen Vakuums bei Ressourcen, für die ein ungeregelter Zugang besteht, werden die Nutzungsraten im Fall der konkurrierenden Nutzung i. d. R. zu hoch sein, so daß eine klassische Fehlallokation in Form von Übernutzung und daraus resultierend Wohlfahrtsverluste die Folge sind.[54] Obwohl eine Knappheitssituation vorliegt, findet diese keinen Ausdruck in positiven Preisen für die Umweltnutzung, so daß soziale Zusatzkosten entstehen. Analog zu den Ausführungen zu sozialen Dilemmata und externen Effekten ist es aus Sicht des einzelnen Individuums individuell rational, seinen Konsum auszuweiten, bis die individuellen Grenzkosten dem Grenznutzen entsprechen. Demnach besteht kein individueller Anreiz zur Bewahrung

---

[54] Tietenberg (1984), S. 48, verdeutlicht diesen Zusammenhang an der früher ungeregelten Jagd auf Büffel, die fast zur Ausrottung dieser Spezies geführt hätte.

der Ressource, da sein Verzicht voraussichtlich nicht dem Indiviuum in zukünftigen Perioden zugute käme.[55]

Zu 2:

Sind Property-Rights in Form von Common-, State- oder Private-Properties an einer Ressource zwar definiert, existiert aber keine oder eine nur unzureichend handelnde staatliche Institution zu deren Durchsetzung, so werden den Individuen im Rahmen der bestehenden Property-Rights-Struktur nicht alle wirtschaftlichen Folgen ihrer Ressourcennutzung eindeutig zugeordnet.[56] De jure sind für die Bewirtschaftung der Ressourcen zwar Property-Rights definiert, de facto liegt jedoch in Ermangelung einer Autoritätsstruktur oder aufgrund hoher positiver Durchsetzungskosten eine (partiell) unbewirtschaftete Ressource im Sinne eines Open Access vor. Beispielhaft kann an dieser Stelle die formale Existenz von Umweltministerien in Entwicklungsländern angeführt werden, die jedoch i. d. R. keine Durchsetzungsinstanz besitzen. Darüber hinaus kann dies anhand der unerlaubten Brandrodung des Regenwaldes in Tropenregionen verdeutlicht werden.

Opportunistisch handelnde Individuen werden aufgrund des geringen Risikos einer Bestrafung weiter ihre Pflichten verletzen. Analog zum ersten Fall entstehen im Falle fehlender Institutionen wiederum Fehlallokationen und damit verbunden Wohlfahrtsverluste, wohingegen der in Kapitel II.2.3 aus ökonomischen Aspekten hergeleitete unvollständige Durchsetzungsgrad effizient ist.[57] Anschließend soll nun überlegt werden, woraus diese Situation resultiert und welche Lösungsansätze zur Paretosuperioren Nutzung von Umweltgütern bestehen.

---

[55] Vgl. bspw. Tietenberg (1984), S. 48 f.

[56] Es handelt sich um eine Situation, die durch negative externe Effekte gekennzeichnet ist.

[57] Vgl. Bromley (1992), S. 12 f. Dies ergibt sich unter Nutzen-Kosten Überlegungen, da, wie zuvor dargestellt wurde, die Durchsetzung von Property-Rights nur bis zu dem Grad effizient ist, bei dem eine Angleichung des Grenznutzen an die Grenzkosten erreicht ist.

II.3.2 Definition und Etablierung von Property-Rights-Regimes für Umweltgüter durch den Staat

Da Umweltqualität den Charakter eines öffentlichen Gutes hat, lohnt es sich für den einzelnen von externen Effekten Betroffenen nicht, Eigeninitiative zu ergreifen, um Property-Rights an Umweltgütern zu schaffen und durchzusetzen. Der für das Individuum zu internalisierende Nutzen ist im Vergleich zu den mit der Definition und Etablierung eines Property-Rights Systems anfallenden Transaktionskosten zu gering.[58] Da private Initiative an zu hohen Transaktionskosten scheitert, besteht die Notwendigkeit des Staatseingriffes, um eine effiziente Bewirtschaftung knapper Ressourcen zu gewährleisten. Es wird im folgenden vorausgesetzt, daß die Nachfrage nach dem öffentlichen Gut Umweltqualität in jedem Fall ausreicht, um die volkswirtschaftlichen Kosten der Einschränkung von Umweltnutzungen zu decken.[59]

Nach der politischen Entscheidung über die staatliche Bewirtschaftung der Umweltmedien wird der Staat mit der gesetzlichen Formulierung und Durchsetzung von Property-Rights an den Umweltgütern beauftragt. Staatliche Regulierung kann allgemein definiert werden als staatlicher Eingriff in die individuelle Vertragsfreiheit. Konkret führt dies im Umweltbereich zu einer direkten Verhaltensaufsicht des Staates über die Emittenten.[60] Im Rahmen der Umweltpolitik geht es nicht um die positive Bereitstellung eines Gutes durch den Staat, sondern um das Unterbinden von Verhalten mit dem Ziel der Steigerung der Umweltqualität. Umweltschutz bedeutet somit immer eine Beschränkung der Umweltnutzung, so daß die Möglichkeit des Ausschlusses notwendige Voraussetzung für Umweltschutz darstellt. Jede Form der Umweltpolitik setzt voraus, daß Nichtberechtigte von der Nutzung ausgeschlossen werden können, also Property-Rights definiert werden können. Auf dieser Basis kann dann das im staatlichen Eigentum befindliche Umweltgut in individuell transferierbare und somit nutzbare Teilrechte

---

[58]   Vgl. Olson (1965).

[59]   Vgl. Bonus (1986a), S. 454.

[60]   Vgl. v. Weizsäcker (1982), S. 326 f., und Stiglitz/Schönfelder (1989), S. 26 f.

zerlegt werden.[61] Umweltpolitik, die das Verhalten der Emittenten mit Hilfe zeitlich befristeter Nutzungsrechte reguliert, nutzt mithin die Möglichkeit der Trennung von Eigentum und aktueller Verfügungsmacht an einer Ressource.[62]

Liegt der Fall eines Open Access vor, so müssen in einem ersten Schritt Verfügungsrechte an einem Gut definiert werden. Seitens des Staates sind Rahmenbedingungen (de jure) festzulegen und in Form von Gesetzen innerhalb des Autoritätssystems zu verankern. Ressourcen, für die bisher ein ungeregelter Zugang bestand, werden in ein reguliertes Ressourcensystem überführt. In Abhängigkeit von der Größe des Umweltmediums werden Common- und State-Property-Regime durch den Staat geschaffen, die die jeweiligen Schattenpreise der bewirtschafteten Ressourcen widerspiegeln.[63]

Die so etablierten Gemeinschaftsrechte werden z. T. weiter ausgestaltet, indem sie in zeitlich befristete private Nutzungsrechte transferiert werden, um ihre individuelle Nutzung zu ermöglichen.[64] Hierbei ist zu beachten, daß das Eigentum prinzipiell bei der Gemeinschaft verbleibt, die Nutzung jedoch durch Wirtschaftssubjekte erfolgt. Aus Property-Rights-theoretischer Sicht ist nun jeweils diejenige Verteilung von Handlungs- und Verfügungsrechten überlegen, welche die Wohlfahrt maximiert.

Die Durchsetzung der neu geschaffenen Property-Rights erfordert in der Regel die Etablierung einer staatlichen Durchsetzungsinstanz, bspw. einer Umweltbehörde, die das Handeln der Individuen kontrolliert und somit die Rechte der Eigentümer gegenüber Dritten sichert.[65] Dieser Schritt entfällt, wenn es nach der rechtlichen Etablierung von

---

61   Im Gegensatz zum öffentlichen Gut-Ansatz unterstellt die Property-Rights-Theorie, daß exklusive Nutzungsrechte an dem öffentlichen Gut Umweltqualität geschaffen werden können. Vgl. Siebert (1992), S. 99 ff., und die Ausführungen unter Punkt I.3.

62   Für eine Diskussion der hiermit verbundenen Problematik vgl. Richter (1991), S. 422.

63   Im weiteren Verlauf wird jedoch stets von der Einführung von State-Property-Rights-Regimen ausgegangen, da sowohl die bewirtschaftete Ressource als auch die Gruppe potentieller Nutzer zu groß ist, um ein Common-Property-Rights-Regime zu etablieren.

64   In Anlehnung an Schüller (1988), S. 169, wird unter Nutzungsrechten im folgenden "die Befugnis, in Abhängigkeit vom Inhalt des zugrundeliegenden Verfügungsrechtes, aus dem Ge- oder Verbrauch eines Gutes Nutzen zu ziehen" verstanden.

65   Hierbei ist, wie bereits angeführt, nicht die Institution des Staates unabdingbar, sondern eine gesellschaftliche Autorität.

Property-Rights für private Eigentümer möglich und rational ist, ihre individuellen Rechte durchzusetzen, da die erzielbaren Nutzengewinne die Transaktionskosten übersteigen. Als Beispiel seien Verhandlungslösungen mit nur zwei Beteiligten angeführt werden, bei denen keine Kontrollinstanz notwendig wäre (Coase-Fall). Liegt dagegen eine Situation vor, die durch viele Geschädigte gekennzeichnet ist, wovon im folgenden ausgegangen wird, so wird die Einrichtung einer Kontrollinstanz notwendig.

Überträgt man die zuvor unter Punkt II.2.2 erläuterten Ausgestaltungsformen von Eigentumsrechten auf den Umweltbereich, so sollten durch die Gesellschaft als der Eigentümerin von Property-Rights im Fall der "Property Rule" Handlungsverbote für bestimmte Schadstoffe erlassen werden. Die Unternehmen haben unter dieser Regelung die Verpflichtung, diese zu beachten. Ausnahmeregelungen können nur durch die zuständige Kontrollinstanz genehmigt werden. Liegt dagegen eine "Liability Rule" vor, so besitzen die Individuen bspw. das Recht auf eine ungeschädigte Umwelt. Da sie die Emissionen unter dieser Regelung nicht direkt unterbinden können, erhalten sie Kompensationszahlungen, falls die Unternehmen durch ihre Handlungen die Umweltbedingungen verschlechtern.

Die nachfolgende Analyse nationaler Umweltpolitik beschränkt sich auf den Property-Rule-Ansatz, da eine staatliche Umweltbehörde bspw. explizite Emissionsvorgaben macht, die nicht überschritten werden dürfen.

II.3.3 Bewirtschaftung der Umwelt durch die Einführung von Property-Rights-Regimes

Nachfolgend soll die Frage diskutiert werden, für welche Eigenschaften der Umweltmedien überhaupt Property-Rights spezifiziert und darauf aufbauend auch kontrolliert werden können.[66] Dabei ist zu beachten, daß keine allgemeine Zuordnung einer Property-Rights-Struktur zu einer Ressource möglich ist, da grundsätzlich, wie zuvor dargestellt wurde, jede Ressource unter den vier vorgestellten Strukturen genutzt werden kann. Es gibt demnach nicht eine beste im Sinne der dominierenden Property-Rights-Struktur, sondern nur eine derzeit bei gegebenen Knappheitsrelationen effiziente Bewirtschaftungsform.

Im Vordergrund der Untersuchung steht somit vielmehr, worauf sich mögliche Property-Rights an Umweltressourcen beziehen und wie die Ressourcen bewirtschaftet werden können. Die anschließende Analyse erfolgt derart, daß eine Differenzierung hinsichtlich der unterschiedlichen Funktionen[67], die durch die Umwelt erfüllt werden, vorgenommen wird und im Rahmen dieser dann jeweils die drei zu unterscheidenden Umweltmedien Boden, Wasser und Luft getrennt betrachtet werden.[68]

Allgemein kann festgehalten werden, daß Property-Rights am Boden, aufgrund der möglichen Teilbarkeit und Ausschlußfähigkeit in Relation zu anderen Umweltmedien, relativ einfach festzulegen sind, was dagegen bei Wasser und insbesondere bei Luft, schwierig oder gar unmöglich ist.

1   Umwelt als Standortfaktor

Für die Funktion der Umwelt als Standortfaktor ist nur das Umweltmedium **Boden** relevant, wofür die zuvor getroffenen Aussagen gelten. Die Parzellierbarkeit des Bodens

---

[66]   Vgl. zu diesem Abschnitt Siebert (1992), S. 104 ff.

[67]   Vgl. zu der Abgrenzung der Funktionen die Ausführungen in Punkt I.2.

[68]   Die nachfolgende Diskussion ist keinesfalls abschließend oder überschneidungsfrei, da für alle möglichen Kombinationen aus Umweltmedien und Funktionen Ausnahmen gefunden werden können.

ermöglicht die Schaffung und Durchsetzung von Property-Rights. In der Realität sind demnach für alle bestehenden Landflächen der Erde, selbst für die Antarktis, Property-Rights definiert. Am Boden existieren sowohl State- als auch Private-Property-Rights-Regimes, die relativ weit ausdifferenziert sind.[69] Im Gegensatz zu anderen Umweltmedien können Individuen auch Eigentümer der Ressource sein, so daß ihre Rechte über reine Nutzungsmöglichkeiten hinausgehen. Die in Form von Grundbüchern verbrieften Property-Rights haben exakt bemessene Grundstücksflächen zum Inhalt und dokumentieren auch das Recht zur Veräußerung.

Allerdings sind in diesem Bereich als "Verdünnung" der Property-Rights auch Reglementierungen anzutreffen, da i. d. R. durch Rechtsnormen, wie bspw. kommunale Satzungen determiniert wird, welcher Nutzung die Flächen zugeführt werden dürfen.[70] Die gesetzten Nutzungsgrenzen können auch für bestehende Property-Rights im Zeitablauf durch Vermerke in der Grundbuchakte seitens der Kommune eingeschränkt werden.[71]

Für das Umweltmedium Boden, in seiner Funktion als Standortfaktor, bleibt demnach festzuhalten, daß die Etablierung von Property-Rights technisch einfach ist und sich umweltrelevante Regulierungsansätze auf das privatisierbare Gut Boden beziehen lassen.

2 Umwelt als Vorrat natürlicher Ressourcen

Für die Funktion der Umwelt als Vorrat natürlicher Ressourcen und somit als Inputfaktor für die Produktion, sind alle drei Umweltmedien relevant. Natürliche Rohstoffe

---

[69] Wie zuvor bereits angeführt wurde, werden Common-Property-Rights-Regime im folgenden vernachlässigt, da eine Übertragung der State-Property-Ergebnisse möglich ist.

[70] Diese Festsetzung erfolgt u. a. durch einen Bebauungs- oder Landschaftsplan, in dem die einzelnen Flächen und ihre entsprechende Nutzung kenntlich gemacht werden. Als Beispiele sind Wohngebiete, Gewerbegebiete oder auch nicht besiedelte Flächen zu nennen. Die genannten Pläne, die durch einen Satzungsbeschluß Rechtskraft erlangen, werden sowohl bei Neuerschließungen von Gebieten als auch bei geplanten Nutzungsänderungen, falls ein Planerfordernis vorliegt, aufgestellt.

[71] Es ist allerdings auch möglich, daß Kommunen durch Bebauungspläne die Grundlagen für Enteignungen schaffen. Dies ist bspw. möglich, wenn Verkehrsflächen oder Gemeindebedarfsflächen benötigt werden. Überregional können diese Grundlagen durch Planfeststellungsverfahren gelegt werden, wie z. B. für den Bau von Kraftwerken oder Abfallanlagen.

sowie Tier- und Pflanzenbestände werden im folgenden dem **Boden** zugerechnet.[72] Für natürliche Rohstoffe, die als Produktionsfaktoren Verwendung finden, z. B. Energieträger oder auch fruchtbare Böden, sind Property-Rights etablierbar. Dies wird dadurch begünstigt, daß ihre Vorkommen lokal relativ leicht abzugrenzen sind.[73]

Dagegen ist die Schaffung und Durchsetzung von Property-Rights für Tier- und Pflanzenbestände nicht direkt möglich.[74] Deren Schutz muß somit indirekt durch Gebietsabgrenzungen und Gesetze zur Erhaltung bestimmter Spezies gewährt werden. Aufgrund der mit der Abgrenzung verbundenen Schwierigkeiten sind die Bewirtschaftungsformen sehr differenziert. National erfolgt die Regelung über das Bundesnaturschutzgesetz, das in bundesländerspezifischen Landespflegegesetzen weiter ausgestaltet wird. Im internationalen Raum kann eine zunehmende Bewirtschaftung seltener Spezies beobachtet werden, die darauf zielt, deren Ausrottung zu vermeiden. Diese finden z. B. in internationalen Artenschutzabkommen ihren Niederschlag.

Betrachtet man das Medium **Wasser** als natürliche Ressource, so ist zwischen dem Wasser selbst und dem Lebensraum für Tiere und Pflanzen zu differenzieren, die jedoch nicht räumlich zu trennen sind. Aufgrund der physischen Eigenschaften des Umweltmediums Wasser können die zu definierenden Property-Rights nicht auf einzelne "Teile" des Umweltmediums bezogen werden. Stattdessen beziehen sich diese auf meßbare Mengengrößen bspw. Entnahmemengen oder das gesamte räumlich abgrenzbare Gebiet.

Die unterschiedlichen Knappheiten für das Medium Wasser spiegeln sich auch in beobachtbaren Regelungen wider, in denen jede Form der (Nicht-)Bewirtschaftung vorzufinden ist. Als Beispiel für Private-Property-Rights kann das Eigentum an Quellen,

---

[72]   Diese Betrachtung ist nicht einwandfrei, da einerseits Tier- und Pflanzenbestände, deren Lebensraum im Wasser ist, eine Ausnahme bilden und insbesondere eine Vielzahl von Tieren und Pflanzen den Konsumgütern zuzurechnen sind.

[73]   Probleme in der Durchsetzung treten jedoch auf, wenn Vorkommen grenzüberschreitend sind. Dies gilt bspw. für Erdgasfelder zwischen Deutschland und Holland.

[74]   Einschränkend muß wiederum angemerkt werden, daß Property-Rights sowohl an Tieren als auch an Pflanzen geschaffen werden können, die bspw. im Rahmen der Landwirtschaft gehalten werden.

bspw. Mineralwasserquellen, für State-Property-Rights Flüsse und das Meer innerhalb und Open Access außerhalb der 200 Meilenzone angeführt werden. Die staatlich bewirtschafteten Ressourcen sind oft zu privaten Property-Rights in Form von Nutzungsrechten weiter ausgestaltet, die sich sowohl auf Entnahmemengen aus Seen und Flüssen, bspw. zur Kühlung für Kraftwerke oder privaten Konsum, als auch Fangquoten für Fische beziehen.

Dagegen ist für die **Luft** als Inputfaktor, aufgrund der mangelnden Parzellierbarkeit keine Bewirtschaftung möglich. Für die frei zugängliche Luft als Produktionsfaktor existiert keine Ausschlußtechnologie, so daß Open Access besteht.

Für die Regulierung der Umwelt als Vorrat natürlicher Ressourcen bleibt festzuhalten, daß Umweltpolitik entweder, analog zur Darstellung des Standortfaktors, an dem immobilen Faktor Boden oder als Nutzungsrecht an dem "mobilen" Faktor Wasser ansetzen kann. Dagegen ist für die Luft, aufgrund der Unmöglichkeit der Parzellierbarkeit ein Open Access Regime zwingend.

3 Umwelt als qualitatives Konsumgut

Für die Funktion der Umwelt als qualitatives Konsumgut ist festzustellen, daß das Umweltmedium **Luft** sowohl isoliert als auch **Kombinationen der drei Faktoren** miteinander betrachtet werden müssen. Für letztere ist insbesondere zu beachten, daß sich diese Güter aus einem Bündel von Umweltgütern wie dem Boden, Tier- und Pflanzenbeständen und möglichen Bodenschätzen, wie Heilquellen, zusammensetzen. Für die gemeinsame Nutzung dieser Güter müssen Property-Rights geschaffen werden, da der Wert des Gutes von der anzutreffenden Zusammensetzung abhängt. Beispiele für den unmittelbaren Konsum sind die Luft zum Atmen und für die Kombination der Umweltmedien Luftkurorte und Seebäder.

Die exklusive Abgrenzung ist mit Ausnahme der Luft bei räumlich abgegrenzten Umweltmedien möglich, so daß ein Transfer von einem öffentlichen zu einem privaten Konsumgut stattfinden kann. Für diese Umweltmedien sind somit Property-Rights etablierbar. Für den Ausschluß sind unterschiedliche Möglichkeiten anzuwenden. Die

Bewirtschaftung setzt erneut am immobilen Faktor Boden entweder als Verhaltensregelungen bspw. für Anrainer an Wasserschutzgebieten oder als Zugangsregulierung zum Umweltgut.

Für den Faktor **Luft** resultiert aus der fehlenden technischen Ausschlußmöglichkeit, daß keine Bewirtschaftung möglich ist, so daß wiederum die bereits oben diskutierte Open Access Struktur anzutreffen ist.

4 Umwelt als Aufnahmemedium

Für die Umwelt als Aufnahmemedium für anfallende Abfallprodukte bei der Produktion und dem Konsum können auf nationaler Ebene Eigentumsrechte seitens des Staates für alle drei Umweltmedien definiert und durchgesetzt werden.[75] Hierbei ist zu differenzieren, um welche Form der Abfallprodukte es sich handelt. Betrachtet man den **Boden**, so können Flächen in Abhängigkeit von ihrer Beschaffenheit als Deponieräume für spezielle Abfallprodukte, bspw. Bauschutt, Hausmüll oder Sondermüll, bestimmt werden. Feste Abfallstoffe, die keiner Verbrennung zugeführt werden, erfahren somit eine Lagerung auf speziell ausgewiesenen Flächen.[76] Es ist möglich, Verfügungsrechte am Boden als Aufnahmemedium von Abfallstoffen zu schaffen und durchzusetzen.

Probleme treten dagegen bei flüssigen oder gasförmigen Abfällen auf, die von der **Luft** und dem **Wasser** aufgenommen werden. Diese können direkt im Rahmen der Produktion anfallen, umfassen aber auch die mit der Verbrennung fester Abfälle entstehenden Emissionen. Aufgrund der mangelnden Parzellierbarkeit der Umweltmedien Luft und Wasser ist eine direkte Abgrenzung von Property-Rights nicht möglich. Zwar kann der Staat als Eigentümer der Luft angesehen und somit die Ressource als State-Property-Rights-Regime bewirtschaftet werden,[77] doch kann die weitere Ausgestaltung in Form

---

[75]   Insbesondere bei den Aufnahmemedien wird die Notwendigkeit der Bewirtschaftung deutlich, da für die unterschiedlichen Umweltmedien Aufnahmegrenzen für Schadstoffe bestehen. Verdeutlicht werden kann dies an "umgekippten" Gewässern oder Gebieten mit Altlasten.

[76]   Diese starke Vereinfachung abstrahiert von mit der Lagerung von Abfallstoffen anfallenden Sickerwassern und Gasen, die im Rahmen des Zersetzungsprozesses entstehen.

[77]   Hierbei ist zu beachten, daß die Institution nur nationale Gesetzgebungsbefugnis besitzt. Aufgrund der mangelnden Abgrenzbarkeit besteht insbesondere bei globalen Schadstoffen nicht

38

übertragbarer Nutzungsrechte sich nicht auf einzelne Mengen dieser Ressource beziehen. Die Spezifizierung kann sich am Beispiel der Luft oder des Wassers auf zulässige Emissionswerte und damit nur indirekt auf das bewirtschaftete Umweltmedium beziehen. Die den Verfügungsrechten zugrundeliegenden Umweltmedien werden somit jeweils als Einheit betrachtet, und den Emittenten wird das Recht auf Nutzung und Veränderung der Ressource in zuvor festgelegten Rahmenbedingungen durch den Ausstoß von Schadstoffen erlaubt.

Im internationalen Bereich können darüber hinaus Abkommen zwischen Staaten bezüglich dieser Größen geschlossen werden. Diese institutionellen Vereinbarungen sind jedoch aufgrund einer fehlenden Durchsetzungsinstanz an andere Kritierien zu knüpfen.[78]

Betrachtet man globale Umweltgüter, wie die Ozonschicht, so wird deutlich, daß die Problematik potentiellen Freifahrerverhaltens durch die nationale Etablierung von Eigentumsrechten eingeschränkt, aber nicht beseitigt wird.[79]

Nach dieser funktionenspezifischen Analyse der Umweltprobleme unter statischen Rahmenbedingungen folgt nun eine Diskussion der in diesem Zusammenhang dynamischen Faktoren, bevor abschließend die wichtigsten Ergebnisse der Umweltproblematik aus Sicht der Property-Rights-Theorie zusammengefaßt werden.

---

die Möglichkeit der Regulierung ausländischer Emittenten. Diese Problematik soll durch die Schaffung internationaler Rahmenbedingungen, wie EU-Standards, abgeschwächt werden, vgl. Siebert (1991).

[78] Im Rahmen dieser Arbeit findet nur die nationale Dimension Beachtung. Im internationalen Bereich muß darüber hinaus aufgrund der fehlenden Durchsetzungsinstanz, die Verwendung des Begriffspaares "Privilege" und "No Right" erfolgen. Vgl. zu der Problematik mangelnder Sanktionen internationaler Abkommen v. Weizsäcker (1993), S. 139 f.

[79] Für eine Beseitigung wäre die Annahme sozial wohlwollender Planer notwendige Voraussetzung, die eine Strategie nationalen Freifahrerverhaltens gegenüber der Völkergemeinschaft ausschließt.

II.3.4 Gründe für Veränderungen von Property-Rights im Umweltbereich

Wie zuvor bereits angeführt wurde, sind die jeweils gegenwärtigen Knappheitsrelationen und die Präferenzen der Individuen einer Gesellschaft maßgeblich für die anzutreffende Autoritätsstruktur im Rahmen derer Ressourcen bewirtschaftet werden. Abschließend werden die oben in allgemeiner Form beschriebenen Ursachen für die Entstehung oder Änderung von Property-Rights mit Blick auf die für Umweltgüter spezifische Situation diskutiert.

1   Veränderungen von Knappheitsrelationen

a)   Umweltgüter wie Wasser, Luft oder Boden, waren lange Zeit freie Güter. Erst die zunehmende Beanspruchung der Umweltmedien in deren unterschiedlichen Formen führte zu einer konkurrierenden Nutzung und dem Entstehen von Schattenpreisen für diese Güter. Die **Variation physischer Knappheitsrelationen** resultiert sowohl aus abnehmenden Ressourcenbeständen als auch aus der sinkenden Assimilationskapazität der Aufnahmemedien für Schadstoffe. Diese auftretenden Knappheiten erforderten die Bewirtschaftung der Ressourcen und damit die Etablierung von Property-Rights. Umweltkatastrophen, aber auch neue technische Erkenntnisse über die Schädigung der betreffenden Ressourcen, bspw. über die Entstehung des Ozonlochs, resultieren in einer weiteren Erhöhung der relativen Preise und unter Allokationsgesichtspunkten in einer zunehmenden Differenzierung von Property-Rights.

b)   **Technischer Fortschritt im Produktionsbereich** bezieht sich bspw. auf den Einsatz von Primärenergien und den Anfall von Abfall- und Schadstoffen. Insbesondere sind an dieser Stelle die seit dem Beginn der ersten Ölkrise zu beobachtende Entkoppelung von Bruttosozialprodukt und Energieeinsatz (Input) sowie die in den 80er Jahren in der Bundesrepublik Deutschland durchgeführten Entschwefelungsprogramme (Emissionen) zu nennen.

c)   Property-Rights sind in jedem Land unterschiedlich weit ausgestaltet. Dies liegt neben den technischen Möglichkeiten und dem Vorhandensein von Erkenntnissen über bestehende Umweltbelastungen vor allem auch an den in der jeweiligen Gesellschaft vorherrschenden **Präferenzen** begründet. Das hohe Umweltbewußtsein ist vorwiegend in wohlhabenden Industrienationen zu beobachten, da es sich bei dem Gut "Umweltqualität" um ein superiores Gut handelt.[80] Oftmals fehlt es den ärmeren Staaten an finanziellen Mitteln zur Etablierung staatlicher Institutionen im Umweltbereich, da andere, i. d. R. kurzfristigere Probleme als vorrangig betrachtet werden. Dies wird anhand des derzeit zu beobachtenden Transformationsprozesses in Osteuropa deutlich. In Deutschland ist die Umweltdiskussion vor ungefähr 20 Jahren angeregt worden, und seitdem ist eine Sensibilisierung der Konsumenten und eine Zunahme des Umweltschutzgedankens in der politischen Diskussion auszumachen. So wurde auch bei gegebenem Einkommen aufgrund neuer naturwissenschaftlicher und medizinischer Erkenntnisse die Nachfrage nach Umweltschutz erhöht.[81] Diese Forderungen finden ihren Niederschlag in einer sich verschärfenden Gesetzgebung, bspw. dem Abfallgesetz oder der TA-Luft.[82]

2 Veränderungen von technischen Möglichkeiten

Technischer Forschritt, der zu einer Ausgestaltung von Property-Rights führt, ist vor allem im Bereich der Überwachungstechnologie wichtig. Erst die Möglichkeit des Nachweises von Schadstoffkonzentrationen in den unterschiedlichen Aufnahmemedien der Umwelt ermöglicht die Kontrolle und, damit verbunden, die Durchsetzung von Property-Rights durch Autoritätstrukturen, bspw. ein Umweltamt. Aufgrund der zunehmenden technischen Möglichkeiten, auch geringe Schadstoffmengen zu erfassen und zu analysieren, ist es aus Transaktionskostengründen sinnvoll, auftretende externe Effekte seitens

---

[80] Die Nachfrage nach Umweltqualität besitzt eine hohe Einkommenselastizität und somit wird im Rahmen des wirtschaftlichen Wachstumsprozesses der Umweltschutz ausgebaut, vgl. bspw. v. Weizsäcker (1982), S. 339 f.

[81] Vgl. v. Weizsäcker (1982), S. 339.

[82] Darüber hinaus führt v. Weizsäcker (1982), S. 340 f., an, daß es im Umweltbereich zu einer Property-Rights-induzierten Präferenzverschiebung kommt, da es eine beidseitige Abhängigkeit zwischen der Property-Rights Verteilung und den individuellen Präferenzen gibt. Diese findet darin ihren Niederschlag, daß erfolgreiche Aktionen Ansporn zu weiteren Aktivitäten geben, wohingegen wahrscheinliche Mißerfolge, in Anlehnung an das Konzept der kognitiven Dissonanz, einen überproportionalen Abschreckungseffekt haben.

der Emittenten zunehmend zu internalisieren, solange der zusätzliche Nutzen die entstehenden Kosten übersteigt. Alternativ führt eine Verbesserung der Meßtechnologie zu einer Senkung für die bereits zuvor regulierten Schadstoffe, so daß nun ein höherer Internalisierungsgrad effizient ist. Dies wird besonders an dem steigenden Auf- und Ausbau von Meßstationen durch die Umweltbehörden vor allem für Wasser- und Luftmessungen, aber auch zunehmend für Bodenkontaminationen, deutlich.

3 Neue Möglichkeiten der Interessendurchsetzung einzelner Gruppen

Nicht nur die Änderung von Präferenzen auf der Konsumentenseite, sondern auch der Zusammenschluß von einflußreichen Interessensgemeinschaften auf der Produzentenseite führt zu einer Änderung der Property-Rights im Sinne eines ökologisch etikettierten Rent-Seeking. Illustriert werden kann dies an der Festlegung institutioneller Rahmenbedingungen für den "Grünen Punkt". Ausgehend von der geplanten Rücknahmepflicht jedes einzelnen Produzenten und Händlers, die eine Veränderung der Property-Rights implizierte, propagierten deren Interessenverbände das System des "Grünen Punktes". Dieser ist im Gegensatz zur individuellen Rücknahmepflicht dadurch gekennzeichnet, daß nicht jedes einzelne Unternehmen zur Rücknahme und damit zur Entsorgung verpflichtet wird, sondern eine Institution (Duales System Deutschland) hierzu gegründet wurde. Deren Aufbau kann somit als Ausweichhandlung gesehen werden, um die seitens des Umweltbundesamtes festgesetzte Rücknahmepflicht zu entschärfen und die zu Erreichung der geforderten Rahmenbedingungen erforderlichen Technologieinvestitionen zu vermeiden.

Zum Abschluß der Umweltproblematik aus Sicht der Property-Rights-Theorie folgt eine Zusammenfassung der wichtigsten Ergebnisse, die wiederum die Basis der im nachfolgenden Kapitel diskutierten Instrumente nationaler Umweltpolitik darstellt.

II.4   Zusammenfassung der Zwischenergebnisse

In diesem Kapitel wurden Umweltprobleme aus Sicht der Property-Rights-Theorie analysiert. Es wurde gezeigt, daß die notwendige Voraussetzung für jede Form der Umweltpolitik die Schaffung von Eigentumsrechten an den betrachteten Umweltressourcen ist. Da die zu schaffenden Rechte ohne entsprechende Verpflichtungen für andere Individuen keine Bedeutung haben, bedürfen Property-Rights einer Autoritätsstruktur. Die zu schaffenden Eigentumsrechte können sowohl hinsichtlich ihrer Eigentümer in Private-, Common- und State-Property-Rights als auch hinsichtlich ihrer Ausgestaltungsformen in Property und Liability Rules differenziert werden.

Für die vier zu unterscheidenden Funktionen, die der Umwelt zukommen, bleibt festzuhalten, daß Umweltregulierung aus technischer Sicht, d. h. mit Blick auf die Parzellierung und Spezifizierung der Ressource, am einfachsten für den Faktor Boden und am schwierigsten für das Medium Luft erfolgen kann. Wie gezeigt wurde, kann bei mangelnder Teilbarkeit einer Ressource eine indirekte Bewirtschaftung stattfinden. Hierzu muß in einem ersten Schritt ein State-Property-Rights-Regime eingeführt werden, das dann in private Nutzungsrechte weiter differenziert wird, um eine effiziente Bewirtschaftung auf der Grundlage derzeitiger Knappheitsrelationen zu ermöglichen.[83]

Darauf aufbauend wurde dargestellt, daß Gründe für Variationen bestehender Property-Rights in der Veränderung von Knappheitsrelationen und von technischen Möglichkeiten sowie neuen Möglichkeiten der Interessendurchsetzung einzelner Gruppen zu sehen sind.

Jede Form der Umweltnutzung setzt die Allokation von Property-Rights voraus. Umweltpolitik bedeutet somit immer eine Veränderung von Property-Rights in Form einer

---

[83]   Die von Weimann (1991), S. 157, getroffene Aussage, daß "Umweltgüter öffentliche Güter darstellen, so daß das Ausschlußprinzip nicht funktioniert und Eigentumsrechte nicht durchsetzbar sind," ist somit zu pauschal. Nicht alle Umweltgüter haben den Charakter eines öffentlichen Gutes, und wenn Rivalität in der Nutzung vorliegt, ist es bei der Vielzahl der Umweltgüter notwendig und auch möglich, in der beschriebenen Form Property-Rights zu definieren.

Reallokation oder veränderten Ausgestaltung. Ausgehend von einem Status quo ist zu entscheiden, welche Umweltziele verfolgt werden sollen. Diese spezifizieren die Nutzungsgrenzen der jeweiligen Ressourcen. Die Umsetzung der Umweltziele umfaßt dann den Transfer von Property-Rights zwischen der emittierenden Unternehmung und der Institution.

Notwendige Voraussetzung für jede Form der Umweltpolitik ist jedoch die Kenntnis der Umweltbehörde über die Präferenzen der Konsumenten. Nur wenn die Institution weiß, welchen Nutzen die Individuen aus dem Konsum oder der Existenz natürlicher Ressourcen haben, kann eine effiziente Bewirtschaftung erfolgen. Diese Quantifizierung der Umweltziele auf Basis der individuellen Präferenzen der Gesellschaftsmitglieder und deren Umsetzung durch umweltpolitische Instrumente sind Gegenstand des nachfolgenden Kapitels.

III	Ziele und Instrumente der Umweltpolitik
III.1	Quantifizierung der Umweltziele
III.1.1	Bestimmung des Kompensationsmaßes

Ausgehend von der zuvor dargestellten Property-Rights-Perspektive der Umweltproblematik soll im folgenden untersucht werden, wie der Staat Informationen über die
Präferenzen der Individuen für das Gut Umweltqualität erhalten kann, um auf dieser
Grundlage die Umweltziele abzuleiten. Im Rahmen dieser Zielbestimmung muß differenziert werden, ob eine Verbesserung oder eine Verschlechterung der Umweltqualität
betrachtet wird, da in Abhängigkeit davon unterschiedliche Kompensationsmaße untersucht werden müssen.

Als Schadensmaß wird im folgenden die "Compensating Variation" unterstellt, durch
die Wohlfahrtsänderungen von Individuen gemessen werden können. Ausgehend von
einer gegebenen Umweltqualität und einem daraus resultierenden Nutzen der einzelnen
Individuen bedingen Veränderungen der Umweltqualität ceteris paribus Veränderungen
des Nutzenniveaus. Die "Compensating Variation", die auf der Hicksschen Nachfragefunktion basiert[1], mißt die monetären Größen, die einem Individuum nach einer
Verschlechterung der Umweltqualität gezahlt werden müssen, damit es sein altes
Nutzenniveau erreicht. Diese Geldzahlung entspricht einer Entschädigungszahlung
("Willingness To Accept"). Für eine Verbesserung der Umweltqualität bemißt die
Compensating Variation dagegen den Betrag ("Willingness To Pay"), der dem Individuum entzogen werden kann, um ihm das ex ante Nutzenniveau zu sichern. Anders
formuliert bemißt sie den Betrag, den das Individuum maximal zu zahlen bereit ist, um
die bessere Umweltqualität zu genießen.[2]

---

[1] Hierbei ist zu beachten, daß die Hickssche Nachfragekurve von konstantem Nutzen, während
die Marshallsche Nachfragekurve von konstantem Einkommen ausgeht. Diese beiden entsprechen sich unter der Annahme, daß der Grenznutzen der Individuen für monetäre Größen
konstant ist, vgl. Mitchell/Carson (1989), S. 23 f.

[2] Ein zweites Entschädigungsmaß stellt die "Equivalent Variation" dar, die jedoch von einem
alternativen Wohlfahrtsniveau bspw. nach der Veränderung der Umweltqualität ausgeht. Da die
Ex-ante-Sichtweise im Umweltbereich anschaulicher ist, wurde die "Compensating Variation"
ausgewählt. Vgl. zu einer Darstellung dieser Konzepte Boadway/Bruce (1984), Chapter 7, und
Keppler (1991).

Für den Tausch sicherer Güter müssen sich diese beiden Kompensationsmaße entsprechen, da die aus dem Kauf oder Verkauf eines Gutes resultierenden Güterbündel auf der gleichen Indifferenzkurve liegen.[3] Empirischen Analysen zufolge bestehen jedoch gravierende Differenzen zwischen diesen beiden Maßen, die theoretisch nur schwer zu begründen sind, da sie, auch unter unsicheren Erwartungen, nicht aus Einkommenseffekten resultieren.[4] Aus den hierfür bestehenen Erklärungsansätzen können die nutzentheoretischen von den "irrationalen" unterschieden werden. Vertreter der ersten Gruppe ist u. a. Hanemann[5], der gezeigt hat, daß der Unterschied zwischen der Willingness To Accept and Willingness To Pay in direktem Zusammenhang zur Substituierbarkeit des betrachteten öffentlichen Gutes steht. Gibt es mindestens ein privates Gut, das ein perfektes Substitut für das untersuchte öffentliche Gut darstellt, so entsprechen sich die beiden Kompensationsmaße. Ist dagegen keine Substitution durch private Güter möglich[6], nimmt die Willingness To Pay maximal das verfügbare Einkommen an, während die Willingness To Accept gegen Unendlich tendiert.

Die Willingness To Accept übersteigt die Zahlungsbereitschaft umso mehr, je geringer die Substitutionsmöglichkeit ist. Unterstellt man nun, daß Umweltqualität ein schwer zu substituierendes Gut ist, folgt, daß wesentliche Differenzen zwischen den beiden Kompensationsmaßen durchaus auf rationalen Entscheidungen der Individuen beruhen können.

Eine "weniger rationale" Erklärung für ein Auseinanderfallen dieser beiden Größen kann darin gesehen werden, daß die Individuen die Befragung als "Sprachrohr ihrer Kritik" ansehen und somit unverhältnismäßige, oft unendliche Größen angeben.[7]

---

[3]   Vgl. Weber (1993), S. 480.

[4]   Vgl. bspw. Randall/Stoll (1983), Mitchell/Carson (1981) und Cummings/Brookshire/Schulze (1986).

[5]   Vgl. Hanemann (1991).

[6]   Hanemann (1991) veranschaulicht dies am Beispiel des Yosemite-Nationalparks.

[7]   Diese Erklärung gilt nur für Mechanismen, die nicht anreizkompatibel sind. Darüber hinaus wurde angeführt, daß Individuen in der Regel nicht gewohnt sind über Kompensationszahlungen zu entscheiden (Starting Point Bias). Crocker/Shogren (1991), S. 78, verdeutlichen dies daran, daß Individuen keine exakten Vorstellungen über die Quantität von Umweltschäden haben. Diese Hypothese konnte bei konstanten Willingness To Pay-Angaben im Zeitablauf bestätigt werden.

Empirischen Untersuchungen zufolge lag der Anteil derartiger Protestantworten bei über 50 Prozent.[8] Darüber hinaus wird als Erklärungsansatz die Prospect-Theory herangezogen, nach der Individuen in ihrem Besitz befindliche Güter höher schätzen als zu erwerbende.[9]

Abschließend sei der Zusammenhang zwischen der bestehenden Property-Rights-Allokation und dem anzuwendenden Kompensationsmaß verdeutlicht. Ist der Staat als Vertreter der Konsumenten im Besitz der Property-Rights, so wird unter Anwendung der Willingness To Accept das Nutzungsrecht in Form der Genehmigung zur Emission an den Emittenten verkauft. Ist dagegen die Property-Rights Allokation dergestalt, daß der Emittent bereits Besitzer ist, wird bei der Betrachtung der Willingness To Pay das Nutzungsrecht vom Staat zurückerworben.

Für die Berechnung der Compensating Variation ist die Kenntnis der Präferenzen der Individuen notwendig.[10] Unter Aufhebung dieser Prämisse vollständiger Information ist zu unterscheiden, ob es sich bei dem betrachteten Gut um ein marktfähiges Gut handelt oder nicht. Existieren Märkte, können aus diesen Daten die Präferenzen der Konsumenten für das betrachtete Gut abgeleitet werden. Das Gut Umweltqualität ist in seiner Funktion als qualitatives Konsumgut, bspw. als öffentlicher Park, nicht marktfähig. Hieraus resultiert, daß die mit der Regulierung beauftragte Institution nur begrenzt oder gar nicht auf derartige Daten zur Ableitung der Nutzengrößen zurückgreifen kann. Die Institution muß somit auf die Erhebung anderer Daten ausweichen, um die Präferenzen der Individuen für öffentliche Güter zu erfahren.

Da i. d. R. keine Ausschlußmöglichkeit zu individuellem Konsum besteht, werden Individuen ihre Präferenzen nicht offenbaren. Wie bereits in Kapitel I.3 aufgezeigt wurde, ist es somit individuell rational, die Freifahreroption wahrzunehmen und keinen Beitrag zur Erstellung des Gutes zu leisten. Hieraus resultiert, daß die Nachfrage nach diesem

---

Siehe bspw. Brookshire/Coursey/Schulze (1986) und Boyce et al. (1992).

[8] Vgl. bspw. Bishop/Heberlein (1979) und (1980).

[9] Vgl. hierzu auch Weber (1993).

[10] Vgl. zu einer Herleitung Boadway/Bruce (1984), S. 102 ff.

Gut, gemessen durch die Zahlungsbereitschaften, für den Planer eine a priori nicht verfügbare Größe ist und es somit nicht zu einer effizienten Bereitstellung kommt.

In der neueren Literatur zur Umweltökonomik wird zu diesem Zweck die Kontingenzwertmethode vorgeschlagen, mit deren Hilfe der Regulierende die Präferenzen von Individuen für das öffentliche Gut bestimmen kann. Der darüber hinaus in der finanzwissenschaftlichen Literatur diskutierte Clarke-Groves-Mechanismus soll an dieser Stelle vernachlässigt werden, da er die Kenntnis des Regulierenden bezüglich der Bereitstellungskosten voraussetzt.[11] Wie nachfolgend jedoch gezeigt wird, stellt eben diese Informationsanforderung ein zentrales Problem in der Umweltpolitik dar.

Zur Vermeidung der angesprochenen Probleme bei der Abgrenzung der Kompensationsmaße beschränkt sich die Arbeit auf die nachfolgend dargestellte Kontingenzwertmethode. Um darüber hinaus im Rahmen der Befragungsmethode zu konsistenten Ergebnissen zu gelangen, beschränkt sich die Arbeit auf die Willingness To Pay. Diese monetäre Größe wird unabhängig von der Property-Rights-Allokation als Grundlage für die Berechnung von Transferzahlung zwischen den Unternehmen und dem Staat herangezogen, auch wenn sprachlich weiterhin zwischen den beiden Konzepten differenziert wird.[12]

III.1.2   Die Kontingenzwertmethode

Im Rahmen der Kontingenzwertmethode werden Befragungen spezieller Gruppen zur Ermittlung der Zahlungsbereitschaft für das Gut Umweltqualität durchgeführt. Die auf diesem Wege erfaßten Größen entsprechen der Willingness To Pay oder Accept der Individuen, auf deren Grundlage dann Kosten-Nutzen-Analysen bspw. für die Bereitstellung öffentlicher Güter durchgeführt werden können.[13]

---

[11]   Siehe zu einer Darstellung Kreps (1990a), S. 661 ff., und Feldman (1980), S. 122 ff.

[12]   Diese Annahme wird grundsätzlich auch in neueren Arbeiten zur Kontingenzwertmethode getroffen. Vgl. bspw. Carson et al. (1992).

[13]   Vgl. Mitchell/Carson (1989), S. 17.

48

Im folgenden soll kurz auf die Vorgehensweise bei der Anwendung dieser Methode eingegangen werden, bevor sie anschließend diskutiert wird.[14] Ausgangspunkt jeder i. d. R. mündlich durchgeführten Befragung ist die Abgrenzung des relevanten Szenarios, für das Nutzengrößen ermittelt werden sollen. Die Umweltszenarien beziehen sich sowohl auf räumlich abgrenzbare Bereiche, wie z. B. die Erhaltung des Grand Canyons als Nationalpark als auch ökologisch wertvoller Gebiete innerhalb von Naturschutzgebieten, die für Besucher unzugänglich sind. Darüber hinaus ist ebenfalls der Schutz spezieller Tier- oder Pflanzenarten denkbar. Bei der Darstellung des Szenarios muß den befragten Gruppen die derzeitige Allokation der Property-Rights an der beschriebenen Ressource verdeutlicht werden.

Um den Informationsstand und die Annahmen von Individuen zu erfahren, werden im Vorfeld i. d. R. Diskussionen durchgeführt, auf deren Grundlage die erforderlichen Informationen für die Kontingenzwertmethode abgeleitet werden. Bei der Entwicklung des endgültigen Fragebogens ist es besonders wichtig, daß die Befragung den Individuen möglichst umfangreiche und objektive Informationen über das betrachtete Umweltszenario zur Verfügung stellt, auf die sie ihre Zahlungsbereitschaft stützen können. Die bereitgestellten Informationen müssen darüber hinaus auch für Laien verständlich sein. Nur wenn diese Daten von den Befragten akzeptiert werden, ist mit realistischen Antworten zu rechnen. Die Erstellung des der Befragung zugrundeliegenden Fragebogens stellt somit bis zur letztendlichen Erhebung einen kontinuierlichen Prozeß der Weiterentwicklung dar.[15]

Daran anschließend muß die Gruppe der zu befragenden repräsentativen Individuen abgegrenzt werden.[16] Bei der Auswahl der Individuen oder Haushalte ist entscheidend,

---

[14]   Vgl. zum folgenden Carson et al. (1992).

[15]   Arrow et al. (1993), S. 19, zeigen die Notwendigkeit der sorgfältigen Auswahl von Fragen auf das erzielbare Ergebnis auf. Ebenso wie Bishop/Heberlein (1990), S. 85 ff., diskutieren sie die alternative Verwendung von offenen Fragen, Rangfolgen, Auktionen und Dichotomiefragen. So führt bpsw. die Verwendung offener Fragen i. d. R. zu geringeren Werten als die Auktionierung.

[16]   Um dem Leser einen Eindruck zu vermitteln, sei die Studie von Carson et al. (1992) zum Exxon Valdez-Unglück im Jahr 1989 genannt, in der 1.403 Interviews im Distrikt von Columbia durchgeführt wurden.

daß sie in ihrer Zusammensetzung der Gesellschaft entspricht, für die letztendlich der Nutzen bemessen werden soll. Hierbei kann es sich auch um Teilgruppen einer Gesellschaft handeln, für die nur die Bereitstellung des öffentlichen Gutes einen Nutzen darstellt, wie bspw. die Gruppe der Angelsportler eines Gewässers oder die Anwohner stark verschmutzter Regionen. Aus den angeführten Beispielen wird deutlich, daß für die Zusammensetzung der Gruppe insbesondere der Wohnsitz der Gruppenteilnehmer relevant ist, wenn das betrachtete öffentliche Gut regional abgegrenzt ist. Es ist damit zu rechnen, daß die ermittelten Nutzengrößen mit der Entfernung von diesem Gut sinken, da die Wahrscheinlichkeit einer zukünftigen Nutzung abnimmt.

Die im Rahmen der Kontingenzwertmethode durchgeführten Befragungen versuchen einen Markt zu simulieren, in dem nicht nur das Gut Umweltqualität sondern auch der verwendete Zahlungsmechanismus (Payment Vehicle) zum Kauf dieses Gutes von Bedeutung sind. Verdeutlicht werden kann dies an der Definition von Bishop, Heberlein und Kealey: "Contingent valuation employs personal and telephone interviews and mail surveys to ask people about the values they would place on non-market commodities if markets did exist or other means of payment such as taxes were in effect. That is, subjects are asked about willingness-to-pay or compensation demanded contingent on the creation of a market or other means of payment. All payments and receipts are purely hypothetical."[17]

Wichtig bei der Auswahl der Zahlungsweise ist, daß den befragten Individuen die Wirkungsweise und Erhebungsform eingängig ist und realistisch erscheint.[18] Die befragten

---

[17] Bishop/Heberlein/Kealey (1983), S. 619. Hierauf ist auch der Name dieser Methode zurückzuführen, da die berichteten Nutzengrößen in Abhängigkeit von dem beschriebenen Markt erfolgen. Vgl. Carson et al. (1992), S. 1-5 f.

[18] Die Wahl der Zahlungsweise hat signifikanten Einfluß auf die erzielbaren Ergebnisse, insbesondere dann, wenn die Individuen glauben, daß ihre Antworten einen Einfluß auf die später zu entrichtende Zahlung hat. Dann gilt, ähnlich wie beim Clarke-Groves-Mechanismus, daß ein Anreiz besteht, die individuelle Zahlungsbereitschaft zu gering anzugeben. Vgl. bspw. Groves (1973). Dagegen kann ein Anreiz zu einer zu hohen Angabe bestehen, falls das beschriebene Umweltszenario realitätsfern wirkt. Durch den Einsatz monetärer Größen, wie es in der experimentellen Spieltheorie üblich ist, bei der die Individuen die präsentierte Zahlungsbereitschaft auch einsetzen müssen, kann dieses Problem jedoch reduziert werden oder wie es Bishop/Heberlein (1990), S. 93, formulieren: "Taken together, these studies suggest that under most circumstances, strategic bias is not a major threat to contingent valuation."

50

Individuen sollten somit bspw. in ihre Zahlungsbereitschaft nicht zusätzlich ihre Bewertung bezüglich des derzeitigen Steuersystems einfließen lassen.[19]

Dieses vorgestellte Verfahren wird zunehmend in den USA zur Bewertung von Umweltschäden eingesetzt und wurde 1990 im "Oil Pollution Act" festgeschrieben.[20] Den wohl bekanntesten Fall stellt die von Carson et al. im Auftrag des Staates Alaskas entwickelte Studie über die Messung des zu kompensierenden Schadens dar, der mit dem Tankerunglück der Exxon Valdez im Prince William Sound am 24.03.1989 verbunden war.[21]

Gegen den Einsatz der Kontingenzwertmethode zur Bewertung öffentlicher Güter können unterschiedliche Kritikpunkte angeführt werden, auf deren wichtigste im folgenden eingegangen wird.

Die durch die Anwendung der Kontingenzwertmethode ermittelten Zahlungsbereitschaften können inkonsistent zu der Annahme rationaler Enscheidender sein.[22] Unabhängige Studien zeigten auf, daß die marginale Zahlungsbereitschaft des Angebots von öffentlichen Gütern ab bestimmten Grenzen gleich Null ist. Mit der Annahme rationaler Entscheidungen ist es vereinbar, daß die Grenzrate abnimmt, doch eine Zahlungsbereitschaft von Null ist theoretisch nicht zu erklären.[23]

Im Rahmen der Kontingenzwertmethode wird die Zahlungsbereitschaft für einzelne Umweltszenarien gemessen. Implizit wird hierbei unterstellt, daß nur dieses Projekt existiert, so daß die Berücksichtigung zusätzlicher Projekte zu Abweichungen von der

---

[19]   Vgl. Bishop/Heberlein (1990), S. 83 f.

[20]   Vgl. Arrow et al. (1993), S. 1.

[21]   Um dem Leser eine Vorstellung dieses Unglücks zu geben, sei angemerkt, daß ungefähr 41,5
         Tausend Tonnen Rohöl ausliefen und bis August 1989 schätzungsweise 10.000 Quadratmeilen
         Wasser verschmutzt waren.

[22]   Vgl. Arrow et al. (1993), S. 9.

[23]   In der Studie von Desvousges et al. (1992) entsprach die Zahlungsbereitschaft für die Rettung
         von 2.000 bedrohten Vögeln der von 200.000 Vögeln der gleichen Gattung. Ähnlich waren auch
         die Ergebnisse von Diamond et al. (1992).

zuvor geäußerten Zahlungsbereitschaft für das gleiche öffentliche Gut führen kann. Werden jeweils alle möglichen Projekte einzeln bewertet, kann deren Aufsummierung zu unrealistisch hohen Beträgen führen, da die Budgetrestriktion verletzt wird.[24]

Die letztendlich ermittelte Größe gilt nur für bestimmte Mengen im Angebot des öffentlichen Gutes, so daß die Konstruktion einer kontinuierlichen Nachfragefunktion nicht eindeutig möglich ist. Da im Rahmen staatlicher Umweltpolitik die Erreichung bestimmter Mengenziele festgeschrieben wird, kann diese Kritik teilweise entkräftet werden, da i. d. R. nicht die Kenntnis der gesamten Nachfragefunktion notwendig ist. Sollte diese trotzdem abgeleitet werden, wie es in Kapitel IV.2 der Fall ist, ist die hier geäußerte Kritik zu beachten.

Als letzter Punkt ist darauf hinzuweisen, daß die Anwendung dieser Befragungsform mit hohen Kosten verbunden ist, so daß sie unter dem Gesichtspunkt der Kosten-Nutzen-Analyse nur bei der Betrachtung umfangreicher Programme zur Bereitstellung öffentlicher Güter durchgeführt werden sollte.[25]

Trotz der hier angeführten Kritikpunkte kommen sowohl die unabhängigen Studien[26] als auch die in den USA beauftragen Studien zur Emittlung der Wirksamkeit von Kontingenzwertmethoden[27] zu dem Ergebnis, daß der methodische Ansatz geeignet ist, die Zahlungsbereitschaft von Indiviuden für Umweltgüter zu ermitteln. Durch die Anwendung dieses Verfahrens können, unter Berücksichtigung von Handlungsempfehlungen, beachtliche Resultate erzielt werden.[28] Der Informationsstand der Umweltbehörde,

---

[24] Dieses Problem trifft auch auf die Clark-Groves-Methode zu, da auch in dieser jeweils einzelne öffentliche Güter berücksichtigt werden. Die Frage nach dem gesamten Bündel scheitert an der Komplexität des notwendigen Zusammenhanges, der von den Individuen erfaßt werden müßte.

[25] Vgl. auch Arrow et al. (1993), S. 24.

[26] Vgl. bspw. Mitchell/Carson (1989) und Bishop/Heberlein (1990).

[27] Siehe Arrow et al. (1993) sowie Carson et al. (1992).

[28] Die Bewertung der Kontingenzwertmethode ist darüber hinaus abhängig von den Eigenschaften des öffentlichen Gutes, da es für Individuen leichter ist ihre Zahlungsbereitschaft auszudrücken, wenn es sich um Nationalparks statt um die Luftreinigung eines Gebietes handelt. Siehe hierzu Bishop/Heberlein (1990), S. 101, und Mitchell/Carson (1989), S. 296.

hinsichtlich der Zahlungsbereitschaft von Individuen für die Bereitstellung von öffentlichen Gütern, kann somit signifikant verbessert werden.

Im folgenden wird davon ausgegangen, daß der mit der Regulierung im Umweltbereich beauftragten Institution die Zahlungsbereitschaft der Individuen auch für nicht marktfähige Güter bekannt ist. Auf dieser Grundlage kann die Institution festlegen, welche und in welchen Grenzen Ressourcen bewirtschaftet werden sollen.

Aus Gründen der Anschaulichkeit konzentriert sich die Untersuchung im weiteren auf das Umweltmedium Luft als Aufnahmemedium von Schadstoffen, die bei den Unternehmen anfallen und damit verbunden auf die Luft als qualitatives Konsumgut, das von den Konsumenten nachgefragt wird. Der Untersuchungsgegenstand wird nicht jedoch auf einen speziellen Schadstoff konkretisiert, da dieser für die nachfolgend erzielten Ergebnisse nicht relevant ist. Der Begriff der Emission wird daher durchgehend als Oberbegriff für luftverunreinigende Stoffe verwandt und kann durch jeden beliebigen Schadstoff ersetzt werden, dessen Emission grundsätzlich erlaubt ist.

Da die Luft als Aufnahmemedium unter einem State-Property-Right-Regime bewirtschaftet wird, müssen die emittierenden Unternehmen somit Property-Rights, in Form von Emissionsrechten vom Staat erwerben, um die Ressource zu nutzen.[29] Voraussetzung hierfür ist eine weitere Ausgestaltung der Property-Rights in Form der Etablierung von Privaten Property-Rights für Teile des Umweltmediums.

Gegenstand der Betrachtung sind dafür im folgenden die individuellen Schadstoffemissionen in ihrer Eigenschaft als staatlicher Eingriffs- und Überwachungsparameter und damit verbunden als Maßgröße der Property-Rights.[30]

---

[29] Diese Argumentation berücksichtigt jedoch nur eine Seite des Verursacherprinzips, da in Abhängigkeit von der gegebenen Property-Rights-Allokation auch ein konträrer Transfer betrachtet werden kann.

[30] Im Rahmen dieser Arbeit erfolgt keine weitere Differenzierung von Schadstoffen hinsichtlich ihrer räumlichen Ausbreitung in globale Schadstoffe, die sich horizontal ausbreiten und Oberflächenschadstoffe, die sich vertikal ausbreiten. Da bei Globalschadstoffen die gleichmäßige Ausbreitung in den oberen Schichten der Atmosphäre stattfindet, ist der Ort der Emission für die Schäden nicht relevant. Anderes gilt jedoch für Oberflächenschadstoffe, deren Ausbreitung

Nach diesen Ausführungen zur Quantifizierung der Umweltziele folgt nun die Darstellung und Diskussion des umweltpolitischen Instrumentariums. Bevor untersucht wird, welche Instrumente der staatlichen Durchsetzungsinstanz zur Erreichung ihrer Ziele zur Verfügung stehen, sollen erst die Kriterien vorgestellt werden, anhand derer das Instrumentarium beurteilt wird.

---

vorwiegend an der Erdoberfläche erfolgt und örtliche Konzentrationen hervorruft, vgl. hierzu auch Kemper (1989), S. 75 f. Ein weiteres Problem ergäbe sich aus der Unterscheidung von Schadstoffen in abbaubare und nicht abbaubare. In der Realität resultiert aus diesen Differenzierungen, daß gleiche Emissionsmengen in Abhängigkeit von dem Standort, klimatischen Einflüssen und der bisherigen Gesamtimmissionsmenge des betrachteten Umweltmediums zu unterschiedlichen Schädigungen führen.

III.2 Kriterienkatalog zur Beurteilung staatlicher Umweltpolitik

Für die Beurteilung bestehender umweltpolitischer Maßnahmen werden die vier Kriterien

1   der statischen Allokationseffizienz,

2   der dynamischen Allokationseffizienz,

3   der ökologischen Effektivität und

4   der politischen Durchsetzbarkeit gewählt.

In der Literatur werden weitaus umfangreichere Kriterienkataloge vorgeschlagen, doch ist diese Wahl im Hinblick auf die weitere Schwerpunktsetzung der Arbeit hinreichend.[31]

1   statische Allokationseffizienz

Unter statischer Allokationseffizienz wird im folgenden die Erreichung einer umweltpolitisch angestrebten Emissionsminderung mit minimalem gesamtwirtschaftlichen Ressourcenverzehr, gemessen durch die Gesamtkosten, verstanden.[32] Grundsätzlich lassen sich zwei Zielbestimmungsmodi unterscheiden. Erstens solche, die mittels des expliziten ökonomischen Kriteriums der Gesamtwohlfahrtsmaximierung (Marginalprinzip) operieren und zweitens solche, deren Zielbestimmung außerhalb des ökonomischen Systems, bspw. auf der Grundlage naturwissenschaftlicher Empfehlungen, stattfindet. Eine Übereinstimmung beider Zielvorgaben ist lediglich zufällig möglich.

Das im folgenden untersuchte Kriterium der statischen Allokationseffizeinez ist unabhängig von dem Modus der Zielbestimmung, da es nur auf die Umsetzung des Zieles

---

[31]   Vgl. bspw. Kemper (1989), S. 65 ff., der die einzelnen Kriterien weiter differenziert oder auch Endres (1985), S. 75, der wettbewerbs- und strukturpolitische Aspekte untersucht. Da diese Diskussion jedoch nicht den Schwerpunkt der Arbeit bildet, sondern dem Leser nur einen Überblick verschaffen soll, werden weitere Kriterien nicht berücksichtigt.

[32]   In der Literatur wird darüber hinaus noch distributive Effizienz unterschieden vgl. bspw. Gawel (1991), S. 21 f. Zur Diskussion statischer Effizienz vgl. Endres (1994), S. 118 f, und Tietenberg (1984), S. 21. Dagegen definiert Kemper (1989), S. 85, ein Instrument als ökonomisch effizient, wenn es "die sichere Einhaltung des ökologischen Ziels ... zu insgesamt geringeren Kosten gewährleistet."

und nicht dessen Herleitung abstellt. Es ist demnach für die Beurteilung irrelevant, ob das vorgegebene Umweltziel die Gesamtwohlfahrt maximiert.[33] Wie im folgenden gezeigt wird, ist das Ziel statischer Allokationseffizienz dann erreicht, wenn es zu einer Angleichung der Grenzvermeidungskosten aller Emittenten kommt.[34] Betrachtet man ein einzelnes Umweltmedium, so setzt sich dessen Verschmutzungsniveau (G) aus der natürlich vorhandenen Hintergrundkonzentration (a) des Schadstoffes, bspw. den natürlichen Staubteilchen in der Luft, zuzüglich der emittierten Schadstoffe zusammen. Die Funktion zwischen dem Verschmutzungsniveau und dem (Brutto)-Emissions- (E_j) sowie dem Reduktionsverhalten (x_j) der einzelnen Emissionsquellen ($j=1,..,J$) lautet somit

$$G = a + b \sum_{j=1}^{J} (E_j - x_j).^{35} \tag{1}$$

Der konstante Faktor b ($0<b<1$) bezeichnet in diesem Zusammenhang den in dem - Umweltmedium verbleibenden Schadstoffanteil, der berücksichtigt, daß ein bestimmter Teil (1-b) der Schadstoffe von der Natur abgebaut wird. Um das vorgegebene Verschmutzungsniveau (G) kostenminimal zu erreichen, muß gelten

$$\min_{x_j} \sum_{j=1}^{J} C_j(x_j), \tag{2}$$

wobei $C_j(x_j)$ die konvex verlaufende Vermeidungskostenfunktion des j-ten Emittenten bezeichnet. Folgende Nebenbedingungen sind im Rahmen des Minimierungsproblems

---

[33] Ohne den späteren Ergebnissen vorzugreifen, sei bereits hier angeführt, daß eine wohlfahrtsmaximierende Zielvorgabe bei den klassischen Instrumenten (Auflagen, Steuern, Zertifikate) i. d. R. nicht erzielt werden kann, da hier die Vorgabe exogen erfolgt. Dagegen ist für die in Kapitel IV abzuleitenden anreizkompatiblen Umweltinstrumente festzustellen, daß trotz eines wohlfahrtsorientierten Ansatzes lediglich unter spezifischen Rahmenbedingungen eine effiziente Zielbestimmung stattfindet.

[34] Zu dieser Herleitung siehe Tietenberg (1985), S. 16 ff.

[35] Im Rahmen dieser Formulierung zur kostenminimalen Allokation der Reduktionen wurde die Prämisse einer ortsunabhängigen Diffusionsfunktion des Schadstoffes unterstellt.

56

zu beachten: Die insgesamt von dem Umweltmedium aufgenommenen Schadstoffe, dürfen das festgelegte Verschmutzungsniveau nicht übersteigen

$$a + b \sum_{j=1}^{J} (E_j - x_j) \leq \bar{G}^{36}. \tag{3}$$

Außerdem darf das Reduktionsverhalten jedes einzelnen Emittenten nicht negativ sein

$$x_j \geq 0 \qquad\qquad \forall\, j. \tag{4}$$

Die Lösung des Problems ergibt sich durch die Anwendung des Lagrange-Ansatzes.
Der Lagrange-Multiplikator λ läßt sich als die Opportunitätskosten der Verbesserung
der Umweltqualität interpretieren. Die notwendigen und hinreichenden Bedingungen für
eine kostenminimale Reduktionsverteilung sind also dann gegeben, wenn alle Emittenten die gleichen Grenzkosten der Vermeidung $[C_j'(x_j) = \lambda b]$ aufweisen:[37]

$$C_j'(x_j) - \lambda b \geq 0 \qquad\qquad \forall\, j \tag{5}$$

$$x_j(C_j'(x_j) - \lambda b) = 0 \qquad\qquad \forall\, j \tag{6}$$

$$a + b \sum_{j=1}^{J} (E_j - x_j) \leq \bar{G} \tag{3}$$

$$\lambda\, [a + b \sum_{j=1}^{J} (E_j - x_j) - \bar{G}] = 0 \qquad \lambda \geq 0. \tag{7}$$

---

[36] Für mehrperiodige Betrachtungen stellt a in den Perioden $t > 1$ nicht mehr die natürliche
Hintergrundkonzentration dar, sondern den jeweiligen Anfangsbestand bestehender Schadstoffkonzentrationen im betrachteten Umweltmedium.

[37] Vgl. Tietenberg (1985), S. 18. Um diese Kuhn-Tucker-Bedingung zu erfüllen, muß entweder
der Schattenpreis λ oder der Klammerausdruck gleich Null sein. Ist der zweite Ausdruck gleich
Null, so wird das Umweltziel $\bar{G}$ gerade erreicht, die Lösung weist demnach einen positiven
Schattenpreis auf, wohingegen $\lambda = 0$ impliziert, daß die Emissionsquelle die Anforderungen
erfüllt, so daß keine Regulierung notwendig ist.

Auf die Umweltinstrumente übertragen heißt das, daß Kosteneffizienz gegeben ist, wenn individuelle Emissionsreduktionen $x_j \geq 0$ induziert werden, deren Grenzvermeidungskosten dem Schattenpreis der Umweltrestriktion entsprechen.

2 dynamische Allokationseffizienz

Der Begriff der dynamischen Allokationseffizienz bezieht sich auf die Eignung eines Instrumentes technischen Fortschritt im Umweltbereich zu initiieren.[38] Durch dieses Kriterium wird somit untersucht, ob durch die Anwendung dieses Instrumentes Anreize für eine Unternehmung gesetzt werden, umwelttechnische Innovationen zu bewirken und auch schnell einzuführen. Technischer Fortschritt in Emissionsvermeidungstechnologien erlaubt i. d. R. die Zielerreichung der statischen Effizienz zu geringeren Kosten oder zu gleichen Kosten höhere Emissionsreduktionen. Er ermöglicht somit langfristig ceteris paribus die Reduktion der Inanspruchnahme der Umwelt als Aufnahmemedium bei gegebenem Bruttoemissionsniveau.

3 ökologische Effektivität

Das Kriterium der ökologischen Effektivität bezeichnet die Eignung eines umweltpolitischen Instrumentes zur Erreichung eines vorgegebenen Mengenzieles. Dabei ist es für die Bewertung unerheblich, wie die gesetzte Höchstmenge festgelegt wird und ob diese aus gesamtwirtschaftlicher Sicht das optimale Verschmutzungsniveau darstellt.

4 politische Durchsetzbarkeit

Durch die Berücksichtigung des Kriteriums der politischen Durchsetzbarkeit soll untersucht werden, welche Chancen ein umweltpolitisches Instrument hat, politische Akzeptanz zu erfahren.[39] Der Begriff der politischen Akzeptanz wird hierbei definiert als die Akzeptanz der politischen Entscheidungsträger als Vertreter der Gesellschaft. Dieses Kriterium berücksichtigt, daß die ökonomisch abgeleiteten Handlungsempfehlungen einer Umsetzung im Rahmen der staatlichen Umweltpolitik bedürfen.

---

[38] Vgl. Prosi (1989b), S. 261, und Endres (1994), S. 131 f.

[39] Vgl. hierzu Gawel (1991), S. 22, und Kemper (1989), S. 100 f.

58

Im folgenden wird dieser Kriterienkatalog jeweils herangezogen, um sowohl die "klassischen" umweltpolitischen Instrumente als auch die im Rahmen dieser Arbeit entwickelte flexible Auflagenlösung zu bewerten. Dabei wird bei der Beurteilung der umweltpolitischen Instrumente hinsichtlich statischer Allokationseffizienz und ökologischer Effektivität nur beachtet, ob durch deren Anwendung diese Kriterien erfüllt sind.[40] Dagegen gibt es bei den beiden vorgestellten Kriterien der dynamischen Effizienz und der politischen Durchsetzbarkeit keinen eindeutigen Maßstab.

---

[40] Aufgrund der Ermangelung weiterer Maßstäbe erfolgt keine Differenzierung hinsichtlich unterschiedlicher Erfüllungsgrade.

III.3 Umweltpolitische Instrumente

Die Lösung bestehender Umweltprobleme durch den Einsatz umweltpolitischer Instrumente geht auf A. C. Pigou zurück, der bereits 1920 einen Vorschlag zur Internalisierung externer Effekte mit Hilfe von Steuern unterbreitete.[41] Eine Fortführung der Diskussion um umweltpolitische Instrumente erfolgte 1968 von J. H. Dales und T. D. Crocker durch die Einführung des Zertifikatansatzes.[42] Im Rahmen dieser Arbeit soll auf eine ausführliche Darstellung umweltpolitischer Instrumente verzichtet werden, da deren Abhandlung bereits an anderer Stelle in ausreichendem Maße vorgenommen wurde.[43]

Diese Arbeit konzentriert sich auf die Analyse der Umweltregulierung seitens des Staates anhand einer flexiblen Auflagenlösung. Um die Möglichkeit der Vergleichbarkeit mit bisherigen Instrumenten zu gewährleisten, werden an dieser Stelle die grundlegenden Charakteristika der "klassischen Umweltinstrumente" dargestellt.[44] Umweltinstrumente lassen sich in marktorientierte Instrumente (Steuern und Zertifikate) und ordnungspolitische Ansätze (Auflagen) unterscheiden. Beide Instrumentenbündel knüpfen beim Verursacher an, da sie emissionsorientiert sind.[45]

Um die Vergleichbarkeit sicherzustellen, wird im folgenden in Anlehnung an Endres angenommen, daß die alternativ vorgestellten Instrumente zur Erreichung des gleichen

---

[41]   Vgl. Pigou (1932).

[42]   Siehe Dales (1968a), (1968b) und Crocker (1966).

[43]   Für Darstellungen siehe die Arbeiten von Baumol/Oates (1989), Tietenberg (1984), Siebert (1992) und Weimann (1991).

[44]   Dabei wird im folgenden jeweils nur der isolierte Einsatz dieser Instrumente untersucht. Für die Analyse von Instrumentenbündeln vgl. Gawel (1991).

[45]   Anzumerken ist jedoch, daß diese beim Emittenten ansetzende Politik letztlich nicht dem Verursacherprinzip gleichzusetzen ist, da der Emittent lediglich für die Einhaltung des Umweltinstruments und nicht für alle entstehenden Schäden verantwortlich gemacht werden kann. Vielmehr geht durch die Einhaltung der umweltpolitischen Anforderung die Haftung vom Emittenten auf den Staat über, so daß sich der Emittent auf die Rechtmäßigkeit seiner Handlung berufen kann. Vgl. Karl (1987), S. 223, und zu einer Diskussion des Verursacherprinzips Kabelitz (1977), S. 12.

60

ökologischen Zieles eingesetzt werden.[46] Als einheitliches Ziel wird unterstellt, daß in einer abgegrenzten Region eine vorgegebene absolute Emissionshöchstmenge für einen bestimmten Schadstoff einzuhalten ist.[47] Die Diskussion um umweltpolitische Instrumente setzt somit immer implizit voraus, daß der staatlichen Institution eine Kontrolltechnologie zur Verfügung steht, die kostenloses und perfektes Monitoring der Emissionen an der Quelle ermöglicht. Nur wenn diese Prämisse unterstellt wird, ist ein Funktionieren der Instrumente in der im weiteren beschriebenen Form sichergestellt.[48]

III.3.1 Ordnungspolitische Maßnahmen (Auflagen)

III.3.1.1 Darstellung

Unter **Auflagen** versteht man Ge- und Verbote, die vom Staat direkt für einzelne Emissionsquellen festgelegt werden.[49] Die Möglichkeiten der Festlegung von Auflagen differieren von der Forderung der Anwendung bestimmter Technologien, über die Emissionshöchstmengenbestimmung von Schadstoffen bis hin zur Input- oder Outputbegrenzung. Im Rahmen dieser Möglichkeiten stellt das Totalverbot der gefährdenden Tätigkeit den Grenzfall dar, der der Umweltbehörde zur Verfügung steht. Im folgenden wird jedoch ausschließlich die direkte Beschränkung von Emissionen in Form der Emissionshöchstmengenfestlegung untersucht.[50]

Durch das Setzen von Höchstwerten für Schadstoffe wird für die einzelne Unternehmung spezifiziert, welche Emissionsmengen sie an das entsprechende Umweltmedium

---

[46]   Vgl. Endres (1994), S. 97.

[47]   Die damit verbundenen Auswirkungen auf den Produktionsprozeß werden im Rahmen dieser Arbeit vernachlässigt.

[48]   Diese Annahme wird zwar in anderen Abhandlungen nicht explizit genannt, sondern es wird unterstellt, daß sich die Emittenten an die entsprechenden staatlichen Anordnungen halten oder daß ihre Einhaltung überwacht und ihre Übertretung geahndet wird. Siehe Endres (1994), S. 101. Da jedoch bei weiteren Analysen jeweils von Transaktionskosten abstrahiert wird, erscheint die hier getroffenen Annahme als vertretbar.

[49]   Vgl. Oates/Cropper (1992), S. 687.

[50]   Dies umfaßt jedoch auch das Verbot der emissionenverursachenden Tätigkeit. Zu einem Überblick über die Wirkungsweise der anderen Varianten siehe Weimann (1991), S. 186.

maximal abgeben darf. Im Rahmen dieser ordnungspolitischen Maßnahme wird der Unternehmung das Recht eingeräumt, die Umwelt bis zu den durch die Auflage vorgegebenen Grenzen kostenlos zu nutzen.[51] Dagegen hat die Unternehmung die Kosten der Vermeidung von Emissionen oberhalb dieser Grenzen zu tragen. Dem Emittenten werden somit Private-Property-Rights an dem zu bewirtschaftenden Umweltmedium überlassen,[52] die die begrenzte Nutzung in Form vorgegebener Emissionsmengen aber nicht das Eigentum an der Ressource beinhalten. Unter den gegebenen Restriktionen bestimmt die Unternehmung die kostenminimale Kombination von Vermeidungstechnologien zur Erreichung der vorgegebenen Emissionsmengen.

Ordnungspolitische Maßnahmen in Form von Auflagen dominieren sowohl die nationale als auch die Rechtsordnungen anderer Länder. Als Beispiele sind im nationalen Bereich Rechtsverordnungen bspw. wie die Großfeuerungsanlagenverordnung und Verwaltungsvorschriften wie die TA-Luft zu nennen, die den im BundesImmissionsSchutzgesetz gesetzten Rahmen ausfüllen sollen. Im internationalen Vergleich sind vor allem die bestehenden Wasser- und Luftreinhaltemaßnahmen in der US-amerikanischen Rechtsordnung hervorzuheben.[53]

III.3.1.2   Beurteilung anhand des Kriterienkataloges

1   statische Allokationseffizienz

Da die staatliche Durchsetzungsinstanz nicht die individuellen Vermeidungskostenfunktionen der einzelnen Emittenten kennt, werden die speziellen Auflagen unabhängig davon festgelegt, so daß i. d. R. statische Effizienz durch den Einsatz von Auflagen nicht erreicht werden kann. Sobald unterschiedliche Anlagen mit den gleichen Auflagen belegt werden, ist Kosteneffizienz nur unter der Bedingung identischer Vermeidungs-

---

[51]   Vgl. Prosi (1989b), S. 264.

[52]   Vgl. Bonus (1984a), S. 323.

[53]   Vgl. hierzu Siebert (1992), S. 131 f., und Kemper (1989), S. 104.

kostenverläufe gesichert.[54] Hieraus resultiert, daß durch die Einführung von Auflagen keine optimale Allokation der neu geschaffenen oder bestehenden Property-Rights erzielt wird.

2 dynamische Allokationseffizienz

Ebensowenig wird durch den Einsatz von Auflagen dynamische Effizienz erreicht. Für den Betreiber besteht aufgrund der kostenlosen Überlassung von Nutzungsrechten kein Anreiz zur kontinuierlichen Emissionsminderung durch technischen Fortschritt, da die Unterschreitung von Emissionshöchstgrenzen keine positiven monetären Auswirkungen hat. Vielmehr besteht für die Unternehmung ein Anreiz, Informationen über neue Technologien zurückzuhalten, um sich nicht der Gefahr einer Verschärfung der Auflagen auszusetzen.[55] Zur Lösung dieses Problems könnte diskutiert werden, bestehende Auflagen in der Form zu dynamisieren, daß eine fortschreitende Verschärfung von Auflagen im Zeitablauf stattfindet. Diese Anhebung der gesetzlichen Regelungen orientiert sich zwangsläufig an dem gegebenen Stand der Technik, der einerseits nur schwer zu prognostizieren ist und dessen technische Durchführbarkeit andererseits jeweils von der Umweltbehörde nachgewiesen werden muß.[56]

3 ökologische Effektivität

Der Vorteil von Auflagen ist in der Erreichung ökologischer Effektivität zu sehen, denn unter der Voraussetzung, daß die Qualitätsstandards eindeutig festgesetzt werden und sich die Emittenten an die bestehenden Regelungen halten,[57] wird das vorgegebene Mengenziel erreicht.[58]

---

[54] Weimann (1991), S. 181, weist darüber hinaus darauf hin, daß nur beim völligen Emissionsverbot Auflagen statisch effizient sind, da für diese Form der Anwendung keine Informationsanforderungen bzgl. der Kostenfunktion seitens der Umweltbehörde bestehen.

[55] Bonus (1981), spricht in diesem Zusammenhang vom "Schweigekartell der Oberingenieure".

[56] Siehe hierzu auch Gawel (1991), S. 31, und zu einer Diskussion des "Stands der Technik" Kemper (1989), S. 106, Weimann (1991), S. 193 und Endres (1988).

[57] Zur entscheidungstheoretischen Betrachtung der Befolgung von Umweltschutzauflagen, wenn die in dieser Arbeit getroffene Prämisse des kostenlosen und perfekten Monitorings der Emissionen nicht gilt, vgl. Terhart (1986).

[58] Siebert (1992), S. 131.

4   politische Durchsetzbarkeit

Trotz der bestehenden Mängel herrschen Auflagen, wie oben bereits angeführt, in der Praxis der umweltpolitischen Instrumente vor. Dies liegt in der hohen politischen Akzeptanz von Auflagen begründet. "Sie stellen die intitutiv unmittelbar einleuchtende Reaktion auf die Wahrnehmung eines Mißstandes dar..., in der der Verursacher in der Rolle des Gemaßregelten auftritt, der sich einer Anordnung im Sinne des Gemeinwohls zu fügen hat."[59]

III.3.2   Marktwirtschaftliche Regelungen

Im Gegensatz zu ordnungspolitischen Maßnahmen sind marktwirtschaftliche Instrumente geeignet, dezentrale Entscheidungen über die Vermeidungsmenge jedes einzelnen Emittenten zu ermöglichen. Dies erfolgt im Rahmen der Steuerlösung durch das Setzen von Preisen und bei der Zertifikatlösung durch die Vorgabe von Gesamtmengen.

III.3.2.1   Steuern
III.3.2.1.1   Darstellung

Bei der Einführung von Emissionssteuern wird jede Einheit eines Schadstoffes mit einem positiven konstanten Steuersatz (S) belegt, so daß der relative Preis des verwendeten Inputfaktors ceteris paribus im Vergleich zu den Substitutionsgütern erhöht wird.[60] Aus Property-Rights-theoretischer Sicht wird den emittierenden Unternehmen das private Recht auf mengenmäßig unbeschränkte Nutzung des Umweltmediums übertragen, doch wird diese Nutzung mit einem - künstlichen - Preis für jede emittierte

---

[59]   Endres (1985), S. 100. Darüber hinaus weist Prosi (1989b), S. 264, darauf hin, daß die Lobbyistentätigkeit der Industrie zur Erzielung möglichst leicht zu erfüllender Auflagen und damit verbunden Rent-Seeking bei den Umweltbehörden verstärkt anzutreffen sind. Aus dieser resultiert, daß eine weitere "Verwässerung" des Effizienzkriteriums stattfindet.

[60]   Unterstellt man eine preiselastische Nachfrage nach dem Inputfaktor, resultiert diese Preiserhöhung in einer Verringerung des Einsatzes und somit ceteris paribus in einer Verbesserung der Umweltqualität. Es ist allerdings möglich, daß es zu einer erhöhten Emission anderer Schadstoffe kommt, falls die Substitutionsgüter nicht besteuert werden. Vgl. Siebert (1992), S. 135.

Schadstoffeinheit belegt.[61] Durch die Festlegung eines Nutzungsentgeltes entsteht für den einzelnen Emittenten der Anreiz zur Auffindung seiner kostenminimalen Kombination von Steuerzahlung und Einsatz von Rückhaltetechnologien. Es findet somit ein Transfer von Nutzungsrechten und monetären Größen zwischen der Institution und der Unternehmung statt.

Vereinfachend kann das Kalkül des Verschmutzers wie folgt dargestellt werden. Der Emittent versucht seine mit den positiven Emissionen verbundenen Gesamtkosten $C_j(E_j)$ zu minimieren, die sich aus der Steuerzahlung für jede Emissionseinheit $S \cdot (E_j - x_j)$ und den Kosten der Vermeidung $C_j(x_j)$ zusammensetzen[62]

$$\min C_j(E_j) = S \cdot (E_j - x_j) + C_j(x_j) \tag{8}$$

u. d. N.

$$C_j'(x_j) > 0 \text{ und} \tag{9}$$

$$C_j''(x_j) > 0. \tag{10}$$

Die Minimierungsfunktion ist dann erfüllt, wenn die individuellen Grenzvermeidungskosten dem festgesetzten Steuersatz entsprechen

$$C_j'(x_j) = S. \tag{11}$$

Da die Einführung einer Pigou-Steuer an zu hohen Informationsanforderungen hinsichtlich der Grenzvermeidungskostenverläufe scheitert[63], wird der auf Baumol und Oates zurückgehende Preis-Standard-Ansatz verwendet. Dieser Ansatz pretialer Steuerung

---

[61]   Dieser politisch gesetzte Preis entspricht i. d. R. nicht dem Schattenpreis der Umweltnutzung. Bisher findet diese Form staatlicher Umweltpolitik in der Abwasserabgabe ihren Niederschlag. Des weiteren steht sie in der Diskussion im Rahmen der Einführung einer kombinierten CO_2- und Energiesteuer. Siehe hierzu Kommission der Europäischen Gemeinschaft (1991); Ressing (1993) und Buttgereit (1992).

[62]   Vgl. hierzu die Darstellung bei Tietenberg (1985), S. 19, die sich jedoch auf die Zertifikatlösung bezieht.

[63]   Vgl. zu einer ausführlichen Darstellung Weimann (1991), S. 110 ff.

setzt einen von der Umweltbehörde unterstellten funktionalen Zusammenhang zwischen Steuersatz und gesamtwirtschaftlichem Emissionsverhalten voraus, um so durch gezielte Abgabensätze vorgegebene Umweltstandards zu realisieren.[64]

Da der Umweltbehörde der genaue Zusammenhang nicht bekannt ist, muß der optimale Steuersatz (siehe Gleichung 11) im Rahmen eines langfristigen Trial-and-Error-Verfahrens festgesetzt werden, womit hohe Implementierungskosten verbunden sind. Der Planer setzt in diesem Fall einen Steuersatz S fest und muß die daraus resultierende Gesamtemissionsmenge beobachten. Übersteigt diese die geplante Menge zur optimalen Umweltnutzung, wird eine Korrektur des Steuersatzes nach oben vorgenommen und vice versa. Die Anzahl der von der Umweltbehörde implizit erteilten Property-Rights ist somit nicht mengenmäßig beschränkt.

III.3.2.1.2   Beurteilung anhand des Kriterienkataloges

1   statische Allokationseffizienz

Durch den Einsatz von Steuern wird statische Effizienz erreicht. Da alle Emittenten die oben beschriebene firmenindividuelle Kostenoptimierung vornehmen, kommt es zur Angleichung der Grenzvermeidungskosten der Emittenten. Das Instrumentarium bietet individuelle Freiräume für jede Unternehmung zur Ergreifung von Emissionsminderungsmaßnahmen, da sie ihre Aktivitäten so lange ausdehnt, bis die Grenzkosten der Vermeidung dem Steuersatz entsprechen.

2   dynamische Allokationseffizienz

Im Gegensatz zur Auflagenlösung bestehen für den Verursacher aufgrund der Besteuerung jeder Emissionseinheit Anreize zur kontinuierlichen Senkung der Schadstoffemissionen. Innovationen in Umwelttechnologien ermöglichen neben der kostengünstigeren Erreichung des bisherigen Emissionsvolumens auch die Reduktion der Steuerlast durch

---

[64]   Vgl. Baumol/Oates (1971).

Verminderung der Emissionsmenge.[65] Im Zeitablauf werden sich somit ceteris paribus die Gesamtemissionen bei konstantem Steuersatz vermindern.

3   ökologische Effektivität

Der Nachteil dieses Ansatzes liegt darin, daß aufgrund des unbekannten Zusammenhangs zwischen Steuersatz und Emissionsmenge die Erreichung der qualitativen Umweltziele nicht garantiert ist.[66] Ökologische Effektivität kann somit aufgrund der ungleichen Informationsverteilung bezüglich der Grenzvermeidungskosten nicht erreicht werden. Die Kenntnis dieser Information ist für den Planer jedoch notwendige Voraussetzung für die richtige Festsetzung des Steuersatzes in bezug auf das Umweltziel. Als Folge kann das emittierte Gesamtemissionsvolumen ex ante nur geschätzt werden, so daß das Erreichen des vorgegebenen Standards zufällig wäre.

Dieses in der statischen Betrachtung bestehende Informationsproblem wird im dynamischen Rahmen durch Inflation, technischen Fortschritt, Wirtschaftswachstum etc. verschärft und verlangt nach einer fortlaufenden Anpassung des Abgabensatzes zur Aufrechterhaltung des "richtigen" Schattenpreises. Mit der Einführung dieses Verfahrens ist somit auch die Notwendigkeit der kontinuierlichen Datenbeschaffung und fortlaufenden Intervention seitens des Staates verbunden.

4   politische Durchsetzbarkeit

Durch die Transaktionskosten des politischen Prozesses wird die Möglichkeit der politischen Durchsetzbarkeit von Emissionsteuern stark begrenzt. Des weiteren besteht bei diesem Verfahren die Gefahr der politischen Willkür, und die Planer sind, wie auch bei der Auflagenlösung, Beeinflussungsversuchen ausgesetzt. Aus Sicht der Wähler kommt dagegen die Zusatzbelastung für Emittenten dem Gefühl entgegen, daß Umweltsünder im Sinne der physischen Verursacher bestraft werden müssen.[67]

---

[65]   Vgl. Milliman/Prince (1989), S. 247.

[66]   Vgl. Prosi (1989b), S. 265.

[67]   Vgl. hierzu auch Weimann (1991), S. 155, und Bonus (1984b), S. 171. Bei letzterem Argument ist allerdings zu beachten, daß die Wähler je nach "persönlicher Betroffenheit" unterschiedliche Maßstäbe ansetzen. Beispielhaft sei an dieser Stelle die Einführung von Energiesteuern angeführt, bei denen die Wähler als betroffene Konsumenten zwar die ökologische Notwendigkeit

III.3.2.2   Zertifikate

III.3.2.2.1   Darstellung

Im Rahmen der Zertifikatlösung werden zeitlich und quantitativ begrenzte Umweltnut-zungsrechte (Zertifikate) von einer staatlichen Instanz ausgegeben, die frei übertragbar sind.[68] Somit wird ein "künstlicher" Markt erzeugt, auf dem die Umweltbehörde das Angebot determiniert, das die Emittenten nachfragen.[69] Durch die Loslösung der Rechte zur Umweltnutzung von den emittierenden Anlagen soll sich die Umweltpolitik von der impliziten Vergabe der Property-Rights zum Nulltarif, wie dies bei der Aufla-genlösung geschieht, entfernen und diese explizit vergeben.[70]

Durch die staatliche Vorgabe eines maximal zulässigen Emissionsvolumens für ver-schiedene Schadstoffe ist der Umfang der Property-Rights genau festgelegt. Das Gesamtemissionsvolumen wird in beliebig viele Stücke aufgespalten und in Form von Zertifikaten an die Emittenten verteilt. Die Erstverteilung erfolgt i. d. R. mittels eines Grandfatheringverfahrens, in dem die bisherigen Emittenten ihre Rechte verbrieft bekommen[71], während die anschließenden Reallokationen über den Marktmechanismus erfolgen. Dabei bildet sich ein Schattenpreis für Umweltnutzung im Gleichgewicht des fixen Angebots an Emissionsrechten und der variablen Nachfrage. Der Verkaufspreis der Zertifikate entspricht somit einer Benutzungsgebühr für die Umweltressourcen, die deren Knappheit widerspiegelt[72].

Das betrachtete Umweltmedium wird weiterhin als State-Property bewirtschaftet oder von einer unbewirtschafteten Ressource in eine geregelte überführt. Ihre Nutzung wird

---

sehen, diese aufgrund der eigenen Betroffenheit jedoch nicht umsetzen.

[68]   Zu Zertifikaten und deren vielfältigen Ausgestaltungsmöglichkeiten siehe Kölle (1992).

[69]   Vgl. Siebert (1992), S. 138.

[70]   Vgl. Bonus (1980b), S. 14 ff.

[71]   Zu den Möglichkeiten der Erstvergabe vgl. Endres (1985), S. 34 ff.

[72]   Vgl. Bonus (1972), S. 349. Die formale Darstellung entspricht der Steuerlösung, nur daß S durch den Zertifikatpreis pro emittierter Schadstoffeinheit ersetzt werden muß, den der Emittent für notwendige Zertifikate zahlen muß oder für überschüssige erhält. Darüber hinaus wird deutlicht, daß sich die Steuer- und Zertifikatlösung unter vollständiger Information entsprechen. Siehe Oates/Cropper (1992), S. 682.

68

in den vorgegebenen Mengen an Emittenten überlassen, so daß eine Aufspaltung zwischen Eigentum und Nutzung erfolgt.[73]

III.3.2.2.2 Beurteilung anhand des Kriterienkataloges

1 statische Allokationseffizienz

Der Einsatz von Zertifikaten ermöglicht die Erzielung von statischer Effizienz. Durch die Beschränkung auf Mengenvorgaben wird der relevante Schattenpreis der Umweltnutzung generiert und als Signal an die Marktteilnehmer ausgesendet. Die ausgegebenen Nutzungsrechte werden somit über den Marktmechanismus optimal alloziert. Die durch die Verbriefung gesicherte Fungibilität ermöglicht die jederzeitige Reallokation zwischen den Emittenten und ist somit Voraussetzung einer effizienten Lösung.[74]

2 dynamische Allokationseffizienz

Ebenso wie bei Steuern induziert der Zertifikatansatz technischen Fortschritt, da nicht genutzte Minderungspotentiale Kosten verursachen. Diese entstehen entweder in Form von Opportunitätskosten bei ihrer Nichtrealisierung oder tatsächlich anfallender Kosten.[75] Sich wandelnde wirtschaftliche Rahmenbedingungen führen zu einer modellendogenen Anpassung des Zertifikatpreises, ohne eine zeitliche Verzögerung. Der Preis reflektiert somit in jedem Zeitpunkt die relevanten Knappheitsrelationen, so daß dynamische Effizienz ebenfalls erreicht wird.

---

[73] "... in any event: no ideology! No "private property"! Just "Property Rights", by whomever exercised." Dales (1968a), S. 61.

[74] Zu den mit der Zertifikatslösung verbundenen Probleme der Entstehung von Marktmacht vgl. bspw. Weimann (1991), S. 179, und Endres (1985), S. 80.

[75] Hierbei ist zu beachten, daß die Veräußerung von nicht mehr benötigten Zertifikaten in Abhängigkeit von dem zugrundeliegenden Markt zu Kursabschlägen führen kann. Aus Sicht eines einzelnen Emittenten kann diese Unsicherheit auf der Erlösseite die Anreizwirkung zu technischem Fortschritt mindern. Dies gilt allerdings nur, wenn von der Annahme eines kompetitiven Marktes abgewichen wird und der Emittent, aufgrund seiner Größe und der damit verbundenen Anzahl von Zertifikaten, den Kurs beeinflussen kann.

3 ökologische Effektivität

Im Gegensatz zur Steuerlösung genügt der Zertifikatansatz darüber hinaus dem Kriterium der ökologischen Effektivität. Hinsichtlich des erzielbaren Umweltstandards besteht aufgrund der quantitativen Begrenzung des Gesamtemissionsniveaus keine Unsicherheit. Darüber hinaus kann einer dynamischen Verminderung der Emissionsmengen entweder durch eine zeitliche Begrenzung der Verschmutzungsrechte oder einen Eingriff der Umweltbehörde in den Markt Rechnung getragen werden.

4 politische Durchsetzbarkeit

Zertifikatlösungen fanden bisher keinen Eingang in die nationale Umweltgesetzgebung. Dieses liegt vor allem an ihrer mangelnden politischen Durchsetzbarkeit, da der Erwerb des expliziten Rechtes von Umweltverschmutzung als unmoralisch angesehen wird.[76] Dieses Argument verkennt zwar, daß dieses Recht auch implizit bei der Genehmigung einer Anlage und ebenso explizit bei Steuern gewährt wird, ist jedoch politisch dominant. Die Akzeptanz dieser Idee wird darüber hinaus dadurch vermindert, daß Emittenten durch den Verkauf von Nutzungsrechten Gewinne erzielen können und sich vor allem finanzstarke Unternehmungen von ihrer Verpflichtung zum Schutz der Umwelt beizutragen "freikaufen" können.

---

[76] Vgl. zu diesem Absatz Endres (1985), S. 104. Es sei an dieser Stelle darauf hingewiesen, daß sich diese Aussage mangelnder politischer Durchsetzbarkeit auf die gegenwärtige umweltpolitische Lage in der Bundesrepublik Deutschland bezieht. Dagegen sieht bspw. die in den USA verabschiedete Fassung des Clean Air Acts eine ausdrückliche Verbriefung der SO_2-Emissionen von Kraftwerken und deren zukünftigen Handel an der Chicago Board of Trade vor. Vgl. Clean Air Act Amendments (1990), Sec. 401, b und Kete (1991).

III.4 Zusammenfassung der Zwischenergebnisse

Gegenstand dieses Kapitels war die Bestimmung eines Kompensationsmaßes zur Erfassung von individuellen Wohlfahrtsänderungen. Dieses Maß ist für den Regulierenden insbesondere für die Quantifizierung der Umweltziele relevant. In diesem Zusammenhang wurden die Willingness To Pay und Willingness To Accept vorgestellt, die den Betrag bemißt, den ein Individuum maximal zu zahlen bereit respektive minimal zu akzeptieren bereit ist, um eine spezifizierte Umweltqualität zu genießen.[77] Die Zahlungsströme zwischen der Umweltbehörde und den Emittenten sind von der bestehenden Property-Rights-Allokation abhängig. Ausgehend von dem Status quo entspricht eine gewünschte Verbesserung der Umweltqualität seitens der Konsumenten einem Rückkauf von Property-Rights durch die Institution, so daß die Unternehmung zur Minderung ihrer emissionenverursachenden Tätigkeit Geldzahlungen erhält. Diese Zahlung würde durch die Willingness To Pay bestimmt. Ist dagegen das effiziente Emissionsniveau größer als bisher, so daß eine Verschlechterung der Umweltqualität stattfinden könnte, muß die Unternehmung Property-Rights, in Form von Nutzungsrechten, vom Staat kaufen. Die Höhe der Zahlungen ergibt sich aus der zuvor abgeleiteten Willingness To Accept.

Diese theoretisch abgeleiteten Kompensationsmaße können mit Hilfe der Kontingenzwertmethode erfaßt werden, die in Kapitel III.1.2 dargestellt wurde. Trotz bestehender Kritikpunkte hinsichtlich der erzielbaren Ergebnisse der Methode wird im folgenden von ihrer Wirksamkeit ausgegangen, so daß unterstellt wird, daß der Regulierende über die Information der Nachfragefunktion nach dem Gut Umweltqualität verfügt.

Die Arbeit konzentriert sich dabei im weiteren Verlauf auf das Umweltmedium Luft, das den Individuen sowohl als Aufnahmemedium als auch als qualitatives Konsumgut zur Verfügung steht. In diesem Zusammenhang wurden die "klassischen" umweltpolitischen Instrumente zur Bewirtschaftung der Luft vorgestellt sowie anhand eines abgeleiteten Kriterienkataloges bewertet. Aus Property-Rights-theoretischer Sicht

---

[77] Die nachfolgende Modellierung beschränkt sich partialanalytisch auf die Nutzenveränderungen von Individuen durch Variation des Gutes Umweltqualität.

werden bei Auflagenlösungen Property-Rights von der Umweltbehörde zum Emittenten frei transferiert, während der Staat bei marktwirtschaftlichen Instrumenten Nutzungsgebühren erhebt. Die obige Diskussion umweltpolitischer Instrumente hat gezeigt, daß die marktwirtschaftlichen Ansätze Steuern und Zertifikate die Auflagenlösung sowohl hinsichtlich statischer als auch dynamischer Effizienz dominieren. Allerdings ist für den Steueransatz zu konstatieren, daß aufgrund des unbekannten Zusammenhanges zwischen Steuersatz und Gesamtemissionsvolumen das Ziel ökologischer Effektivität lediglich zufällig erreicht wird und beide marktwirtschaftlichen Instrumente mit Schwierigkeiten im politischen Entscheidungsprozeß konfrontiert werden.

Gawel formuliert die grundsätzlichen Probleme des marktorientierten Instrumentariums sowohl von Steuern als auch von Zertifikaten wie folgt: "Ökonomische Ansätze, die auf einer Reduzierung der allokativen Einflußmöglichkeiten hoheitlicher Instanzen zugunsten marktlicher Selbststeuerung basieren, stehen in offensichtlichem Konflikt zum Geltungsbedürfnis exekutiver Organe."[78]

Ausgehend von dem Ergebnis, daß marktorientierte Umweltinstrumente, insbesondere der theoretisch überlegene Zertifikatansatz, auf möglicherweise unüberwindliche Hindernisse treffen, stellt sich die Frage, ob nicht eine Verbesserung der Umweltpolitik in Form einer Effizienzsteigerung des gegenwärtig praktizierten Auflagensystems möglich ist.[79] Diese potentielle Verbesserung müßte dann am Hauptdefizit des Auflagenansatzes, der ungleichen Informationsverteilung über die Verminderungskosten zwischen den Emittenten und dem Regulierenden ansetzen. Gegenstand der Untersuchung ist daher die Analyse der Eignung einer flexibleren Auflagenpolitik in Form anreizkompatibler Verträge zur Minderung der Informationsasymmetrie zwischen Emittenten und Umweltbehörde.

---

[78] Zur Diskussion der mit der administrativen Implementation verbundenen Probleme vgl. Gawel (1991), S. 9 ff., und Hansmeyer (1993), S. 77.

[79] Die marktwirtschaftlichen Instrumente werden daher im weiteren vernachlässigt. Die Arbeit konzentriert sich vielmehr auf den Vergleich des "klassischen" ordnungspolitischen Ansatzes mit der nachfolgend entwickelten Auflagenlösung.

IV   Umweltpolitik aus der Sicht der Principal-Agent-Theorie

IV.1   Die Principal-Agent-Theorie

In den vorherigen Kapiteln wurde gezeigt, daß die Umweltpolitik als Regulierungsproblem zu begreifen ist. Als Voraussetzung für eine Umweltpolitik müssen Property-
Rights an den Umweltmedien seitens des Staates etabliert werden. Im Rahmen der bisherigen Diskussion wurde deutlich, daß ein zentrales Problem im Umweltbereich die
ungleichen Informationsstände zwischen den kooperierenden Parteien sind. Ziel der
Regulierung ist die Erreichung des effizienten Verschmutzungsniveaus. Zur Festlegung
dieses Verschmutzungsniveaus gilt es einen hypothetischen Markt zu betrachten, in dem
in Analogie zu mikroökonomischen Untersuchungen Nachfrage- und Angebotsfunktio-
nen für ein spezielles Gut gegenübergestellt werden. Annahmegemäß erstellen die zu
regulierenden Unternehmen ein homogenes Gut, das vermiedenen Emissionen entspricht.

Die Nachfragefunktion wird im weiteren als gegeben angenommen, sie basiert bspw.
auf der Kontingenzwertmethode. Auf der Grundlage der alleinigen Kenntnis der Zahlungsbereitschaft der Individuen kann die Umweltbehörde zwar ein bestimmtes Umweltziel und damit verbunden ein Bruttoemissionsniveau festlegen, doch weiß sie nicht,
ob dieses aus gesamtwirtschaftlicher Sicht das optimale Umweltziel darstellt. Das
effiziente Umweltziel ist dadurch gekennzeichnet, daß sich hier die Grenzvermeidungskosten für Emissionen, im Sinne einer "Angebotsfunktion für Emissionsminderungen"
und der Grenznutzen (die Nachfragekurve) angleichen.

Das zentrale Problem der folgenden Untersuchung ist die Ableitung dieser Angebotsfunktion. Die hiermit verbundene Problematik besteht darin, daß die Emittenten über
private Informationen hinsichtlich ihrer individuellen Vermeidungskosten verfügen. Die
Informationsasymmetrie ist dadurch bedingt, daß der Regulierende zwar über Informationen bzgl. der Anschaffungskosten der Vermeidungstechnologie besitzt, jedoch keine
Kenntnisse über die Installations- und Umsetzungskosten und die Effektivität der

beschafften Anlage hat.[1] Der Regulierende weiß demnach nicht, zu welchen Kosten Emissionsminderungen bei gegebener Technologie durchgeführt werden können. Der regulierten Unternehmung sind diese Faktoren bekannt, und sie verfügt somit über private Informationen. Die Effektivität der Vermeidungstechnologie hängt auch von der Qualität der verwendeten Inputfaktoren, deren Kombination und der Anpassung dieser Faktoren an die bestehende Technologie ab. Zur beispielhaften Interpretation sei angenommen, daß der Regulierende die Höhe der verwendeten Faktorpreise kennt, nicht jedoch deren spezifische Kombination im Produktionsprozeß. Bei den Faktorpreisen handelt es sich um Produktionskosten wie bspw. Kosten für den Einsatz von Roh-, Hilfs- und Betriebsstoffen oder menschliche Arbeitskraft und damit verbunden Gehälter und Löhne.

Da die Kenntnis der Vermeidungskosten notwendige Voraussetzung für eine effiziente Umweltpolitik ist, bestehen für den Regulierenden zwei Möglichkeiten. Einerseits könnte er durch die Einführung marktwirtschaftlicher Instrumente den Emittenten die jeweilige Kostenoptimierung überlassen. Diese Verfahren sind jedoch mit den diskutierten ökologischen und politischen Problemen behaftet. Darüber hinaus ist bei Anwendung dieser Lösungen das Umweltziel wiederum exogen vorgegeben und entspricht daher i. d. R. nicht dem effizienten Emissionsniveau.

So besteht andererseits im Rahmen von ordnungspolitischen Maßnahmen die Möglichkeit, daß der Regulierende die Emittenten nach der Höhe ihrer individuellen Kosten befragt. Diese auf den ersten Blick sehr einfache Lösungsmöglichkeit ist allerdings ebenfalls problematisch. Aus gesamtwirtschaftlicher Sicht ist es effizient, die Emittenten dahingehend zu separieren, daß die unternehmensspezifischen Auflagenlösungen in Abhängigkeit von ihren individuellen Vermeidungskosten bestimmt werden. Je geringer die Kosten der Vermeidung sind, desto höher ist somit die vorgeschriebene individuelle Reduktionsmenge. Unternehmen mit gleichen Vermeidungstechnologien aber unterschiedlichen Kostenparametern erhalten auch differenzierte Vermeidungsauflagen. Je höher die Unternehmungen ihre Vermeidungskosten angeben, desto geringer werden

---

[1]   Vgl. zu diesen Überlegungen auch Baron (1985), S. 212.

ihre Auflagen ausfallen, da die aus gesamtwirtschaftlicher Sicht optimale Emissionsreduktion aufgrund der fallenden Nachfragefunktion in den Kosten sinkt.

Wissen die Emittenten, daß die zu implementierende Auflage von der Angabe der
Kostenhöhe abhängt, so werden die rational handelnden Individuen bei gegebener Ver-
meidungstechnologie die höchstmöglichen Kosten als ihre individuellen Vermeidungs-
kosten benennen. Dieser Fall ist dann relevant, wenn die Emittenten die gesamten
Vermeidungskosten selbst tragen müssen. Gilt dagegen, daß die Umweltbehörde den
Emittenten die Vermeidungskosten erstattet, folgt ein Anreiz zu einer überhöhten
Angabe der Kosten, die nicht notwendigerweise der maximal möglichen entsprechen
muß, da die Unternehmung nun die Differenz zwischen erstatteten und angefallenen
Kosten maximiert. Diese auf den ersten Blick eher ungewohnte Sichtweise, daß der
Staat für den Rückkauf von Emissionsrechten zahlt, steht im Mittelpunkt der nachfol-
genden Untersuchung. Aus Sicht der Property-Rights-Theorie spiegelt sich hierin das
Streben des Staates nach einer Verbesserung der Umweltqualität wider, die jedoch von
einer aus den Vorperioden resultierenden Verteilung der Nutzungsrechte zugunsten der
Emittenten ausgeht.

Überhöhte Kostenangaben haben zur Folge, daß eine zu geringe Emissionsmenge vermieden und eine nicht optimale Umweltqualität realisiert wird. Der Regulierende steht
demnach vor dem Problem, eine Befragungsmethode zu entwickeln, die dem einzelnen
Emittenten den Anreiz zur wahrheitsgemäßen Offenbarung seiner Kosten gibt. Kennt
der Regulierende die Vermeidungskosten, kann er auf dieser Grundlage die effiziente
Umweltqualität endogen bestimmen. Im folgenden wird aus theoretischer Sicht diskutiert, welchen strukturellen Anforderungen eine derart modifizierte Umweltpolitik, die
auf einem verbesserten Informationsstand aufbaut, genügen muß.

Im Umweltbereich sind zur Lösung derartiger Regulierungsmodelle bisher noch keine
Ansätze entwickelt worden. Die Struktur der Problematik ist jedoch aus der Regulie-
rungspraxis bei natürlichen Monopolen, bspw. in der Elektrizitätswirtschaft, bekannt.
Gegenstand der folgenden Untersuchung ist die Analyse, inwieweit die dort abgeleiteten
Mechanismen auf den Umweltbereich übertragen werden können. Hierbei ist insbeson-

dere die neuere Regulierungstheorie relevant, denn in ihr wird die Annahme eines allwissenden Planers aufgehoben und die daraus resultierenden Probleme aus agency-theoretischer Sicht analysiert.[2] Die neuere Regulierungstheorie kann somit als eine Sonderform der Principal-Agent-Theorie aufgefaßt werden.[3]

Übertragen auf die zu untersuchende Umweltpolitik, liegt eine Principal-Agent-Beziehung vor, in der der Staat als wohlwollender Planer aufgefaßt wird.[4] Der Principal versucht das hier als Beispiel verwendete Umweltmedium Luft mit Hilfe ordnungsrecht-
licher Maßnahmen einer effizienten Verwendung zuzuführen. Ausgangspunkt dafür sind
jeweils bilaterale Kooperationsbeziehungen zwischen dem Regulierenden und dem einzelnen Emittenten. Demnach werden nicht globale Auflagen, die für einen spezifischen
Schadstoff verbindlich sind, sondern individuelle Lösungen betrachtet. Im Rahmen der
Kooperationsbeziehungen setzt die Umweltbehörde individuelle Emissionsbegrenzungen
für die Unternehmen in Abhängigkeit von ihren Grenzvermeidungskosten fest. Diese
Vorgehensweise liegt darin begründet, daß die einzelnen Emittenten unterschiedliche
Kosten für die Vermeidung des gleichen Schadstoffes aufweisen und somit globale
Lösungen nicht dem Kriterium der statischen Allokationseffizienz genügen können.

Diese individuellen Auflagenlösungen werden nachfolgend als "Verträge" bezeichnet.
Die Verträge haben die Emissionsregulierung in Form von Vermeidungsaktivitäten zum
Inhalt. Die Unternehmen erfahren jedoch insofern eine Gleichbehandlung, als daß sie
dem gleichen Prozedere gegenüberstehen, d. h. Unternehmen, die die gleichen Technologien einsetzen, können innerhalb eines bestimmten Vertragsmenüs wählen. Im folgenden ist zu beachten, daß sich die auszuhandelnen Verträge nicht auf die eigentliche Produktion des Emittenten beziehen, da bestehende Rückkopplungen der Emissionsregulie-

---

[2]   Beispiele für die Erwähnung der Übertragbarkeit der Agency-Theorie auf Umweltschutzpro-
bleme finden sich u. a. bei Shavell (1979), Arrow (1985) und Rückle/Terhart (1986). Es
erfolgten jedoch keine näheren Untersuchungen. Eine erste Anwendung findet sich in Ströbele
(1992), der aber Verhandlungen zwischen privaten Agents modelliert.

[3]   Vgl. Berg/Tschirhart (1989), S. 507 ff.

[4]   Diese Annahme ist sehr restriktiv, da im Rahmen dieser Arbeit von Interessenkonflikten innerhalb des Staates und einem individuell nutzenmaximierenden Planer, der sich opportunistisch
verhält, abstrahiert wird. Somit gibt es keine Agency-Beziehung zwischen dem Staat als Agent
und der Gesellschaft als Principal.

rung auf das Produktionsniveau vernachlässigt werden. Für die weitere Modellierung ist diese vereinfachende Annahme notwendig, da ansonsten Implikationen der Produktionsseite auf die Wohlfahrtsfunktion berücksichtigt werden müßten.[5]

Zur Ableitung der Ergebnisse wird folgende Darstellungsweise gewählt: In einem ersten Schritt werden die Grundlagen der Agency-Theorie vorgestellt, die für das Verständnis der nachfolgend dargestellten flexiblen Auflagenlösung notwendig sind. Ziel des ersten Abschnittes ist die Einführung in die modelltheoretische Analyse von Informationsproblemen. Diese umfaßt jeweils die Ableitung von Referenzfällen unter symmetrischer Information, die Darstellung des Instrumentariums der Agency-Theorie und das Aufzeigen von Wirkungszusammenhängen unterschiedlicher Parameter. Das gesamte Kapitel basiert vorwiegend auf englischsprachiger Literatur, in der feststehende Begriffe verwendet werden, die nur schwer zu übersetzen sind. Im weiteren werden daher diese Originaltermini direkt verwendet oder als Verweis in Form von Klammerausdrücken angeführt.

IV.1.1   Definition einer Principal-Agent-Beziehung

In der Literatur existiert keine einheitliche Definition einer Principal-Agent-Beziehung. So gibt es eine Bandbreite von Definitionen, die sowohl allgemeine als auch enger ausgestaltete Formulierungen umfaßt. Als Beispiel für erstere kann die Definition von Pratt/Zeckhauser: "Whenever one individual depends on the action of another, an agency-relationship arises"[6] und für letztere die von Jensen/Meckling angeführt werden: "We define an agency relationship as a contract under which one or more persons

---

[5]   Diese Prämisse erscheint mit Blick auf die Vergleichbarkeit des Ansatzes mit bestehenden Instrumenten vertretbar. Im Rahmen der umweltpolitischen Diskussion wird zwar darauf hingewiesen, daß der Produktionsprozeß über die Festlegung der effizienten Emissionsmengen oder das Verbot von Schad- oder Einsatzstoffen beeinflußt wird, dies wird bei der Bewertung der Instrumente jedoch nicht berücksichtigt.

[6]   Pratt/Zeckhauser (1985), S. 2.

(the principal(s)) engage another person (the agent) to perform some service on their behalf which involves delegating some decision making authority to the agent."[7]

Da die im weiteren zu untersuchende Regulierungsbeziehung zwischen einer staatlichen Institution als Principal und einem Emittenten als regulierter Unternehmung nicht unter der differenzierten Definition subsumiert werden kann sowie die zuerst genannte zu allgemein ist, soll der Untersuchung die folgende Definition zugrunde gelegt werden: Unter einer Principal-Agent-Beziehung wird eine Kooperationsbeziehung zwischen mehreren Individuen verstanden, die mit dem Ziel der individuellen Wohlfahrtssteigerung eingegangen wird und nach dem Grundschema von Leistung und Gegenleistung vollzogen wird.[8] Durch den Leistungsaustausch beeinflussen die Parteien den Nutzen der kooperierenden Partei, so daß externe Effekte auftreten. Bezogen auf die Regulierung im Umweltbereich heißt dies, daß die emittierende Unternehmung von der Umweltbehörde mit der Aufgabe der Emissionsminderung beauftragt oder besser hierzu verpflichtet wird. Die "Gegenleistung" des Staates erfolgt für den Fall einer Verbesserung der Umweltqualität in Form einer monetären Kompensation für die Minderungsanstrengungen des Emittenten. Die angeführten externen Effekte entstehen insofern, als daß die Unternehmung durch Emissionsvermeidungen direkten Einfluß auf die Umweltqualität nimmt, die den Nutzen der Bürger, repräsentiert durch den Staat, beeinflußt.

Begreift man nun die Beziehung zwischen Staat und emittierender Unternehmung als "Zug-um-Zug-Geschäft" von Emissionsminderungsleistung und Erstattung der entstehenden Kosten, ohne daß der Principal letztere a priori kennt oder ex post beobachten kann, resultiert hieraus ein Interessenkonflikt zwischen den Kooperationspartnern. Der Principal ist daran interessiert, die wahren Kosten zu erfahren, um so die gesamtwirtschaftlich effiziente Vermeidungsmenge bestimmen zu können und insbesondere Emittenten mit geringen Kosten zu einer "großen" Vermeidungsanstrengung zu verpflichten. Demgegenüber gilt für den Emittenten, daß er einen Nettonutzen in Höhe der Differenz zwischen den erstatteten und tatsächlichen Kosten erhält. Für diesen ergibt sich also ein

---

[7]   Jensen/Meckling (1976), S. 308; ähnlich auch Ross (1973), S. 134.

[8]   Vgl. Spremann (1990), S. 564.

Anreiz die Vermeidungskosten ceteris paribus zu hoch anzugeben, da diese eine Erhöhung der Kostenerstattung und damit des erzielbaren Nettonutzens bedeutet. Darüber hinaus ist es für die Unternehmung individuell rational, keine freiwilligen Vermeidungsaktivitäten vorzunehmen, wenn von Reputationseffekten durch das Betreiben von Umweltschutzmaßnahmen und dem Nutzen des Unternehmens aus Umweltqualität abstrahiert wird.[9] Es kann gezeigt werden, daß die Agency-Theorie geeignet ist, derartige Interessenkonflikte bei gegebenen Informationsasymmetrien zu analysieren und Lösungsmöglichkeiten anzubieten.

Obwohl die Parteien im Laufe der Untersuchung auf den Staat und die emittierenden Unternehmen spezifiziert werden, erfolgt die Darstellung der Grundproblematik hiervon losgelöst.[10] Anschließend erfolgt eine Interpretation der Ergebnisse mit Bezug auf die hier skizzierte Problematik im Umweltbereich.

Aufgrund der gewählten Definition einer Kooperationsbeziehung bedarf es zur Untersuchung von diesen mit Hilfe der Agency-Theorie einer Spezifikation der jeweiligen Verhandlungssituation. Diese soll anhand der nachfolgenden vier Oberpunkte gegliedert werden.

1   Verhandlung

- Wie ist die Verhandlungsmacht zwischen den Kooperationspartnern aufgeteilt, und wer übernimmt die Ausgestaltung des Vertrages?

---

[9]   Die Unternehmung, respektive ihre Manager, erfahren in Anlehnung an die zuvor dargestellten Nutzenkonzepte ebenfalls eine Nutzensteigerung aus einer verbesserten Umweltqualität. Diese ist jedoch im Vergleich zu der betrachteten Gesellschaft marginal, so daß sie im weiteren aus Vereinfachungsgründen vernachlässigt wird.

[10]   Annahmegemäß werden in der Agency-Theorie repräsentative Individuen unterstellt, und beide Parteien können durch natürliche oder juristische Personen, sowie Interessengemeinschaften mehrerer Personen verkörpert werden. Problematisch bei der Betrachtung von Gruppenentscheidungen ist allerdings, daß hier die Festlegung von Agent und Principal situationsabhängig erfolgt, da die Beteiligten teilweise beide "Rollen" simultan innehaben. Jeder Agent stellt gleichzeitig einen Principal in bezug auf die anderen Gruppenteilnehmer dar. Die Modelle werden unter dem Begriff der Teamproduktion gefaßt. Vgl. hierzu insbesondere die Modellierung der Teamarbeit bei Holmström (1982). Im Rahmen der vorliegenden Untersuchung wird allerdings von diesen Problemen abstrahiert und homogenes Verhalten innerhalb einer Gruppe unterstellt.

- Zu welchen Zeitpunkten finden Verhandlungen im Rahmen der Kooperationsbeziehung statt, d. h., werden neben der vorvertraglichen auch Wiederverhandlungen berücksichtigt?
- Welche Alternativen bestehen für die Partner außerhalb der Kooperationsbeziehung?

2 Information

- Welche Informationen stehen den Kooperationspartnern jeweils im Zeitablauf zur Verfügung?
- Existiert eine dritte unabhängige Partei, bspw. ein Gericht, zur Durchsetzung der jeweiligen Ansprüche bei Nichterfüllung einer Partei? Notwendige Voraussetzung hierfür ist, daß das Gericht die kontrahierten Größen ebenfalls beobachten kann und diese somit verifizierbar sind.

3 Aktionen

- Welche Partei hat während des Ablaufs der Kooperationsbeziehung Entscheidungen zu treffen, und wie hängt die Wohlfahrt der jeweils anderen Partei von dieser Entscheidung ab?
- Hinsichtlich welcher Größen herrscht Unsicherheit?

4 Nebenbedingungen

- Wird die Kooperationsbeziehung durch bestehende Restriktionen, bspw. gesetzliche Rahmenbedingungen, eingeschränkt?

Anhand der Fülle der zugrunde liegenden Annahmen wird deutlich, daß das zu erzielende Ergebnis von der getroffenen Prämissenkonstellation abhängig ist. Bei der Behandlung der nachfolgenden Modelle wird jeweils zu Beginn spezifiziert, welche Prämissen den einzelnen Modellen zugrunde liegen.

Zur weiteren Untersuchung erfolgt zunächst eine Differenzierung von Principal-Agent-Beziehungen hinsichtlich Aktions- oder Produktionsmöglichkeiten in statische und dynamische Kooperationsbeziehungen. Der Begriff "statisch" wird im folgenden mit "einperiodig" gleichgesetzt und bezeichnet eine Kooperationsbeziehung, in der nur eine Produktionsmöglichkeit existiert.[11] Dagegen wird bei dynamischen (mehrperiodigen) Beziehungen eine Serie von Produktionsmöglichkeiten betrachtet. Darüber hinaus werden Veränderungen vertragsrelevanter Parameter bei der Vertragsausgestaltung einbezogen.[12] Dynamischen Kooperationsbeziehungen können langfristige Verträge, bei denen alle relevanten Informationen bereits zu Beginn der Kooperationsbeziehung antizipiert werden, oder eine Abfolge kurzfristiger Verträge zugrunde liegen. Bevor auf die Ausgestaltung dieser Verträge in Kapitel IV.2.2 eingegangen wird, soll zuerst anhand statischer Kooperationsbeziehungen die Grundproblematik dargestellt werden, die jedoch auch für alle Erweiterungen Gültigkeit besitzt.

Dem Principal wird annahmegemäß die gesamte Verhandlungsmacht übertragen, so daß seine Aufgabe zu Beginn der Kooperationsaufnahme darin besteht, einen Vertrag für den Agent festzulegen.[13] Es handelt sich um eine Situation, in der der Principal dem Agent einen Vertrag (das Entlohnungsschema) auf einer Take-It-Or-Leave-It-Basis unterbreitet. "Man verstehe hier den Begriff des Vertrages nicht im juristischen Sinn, sondern als eine Formel, die geschrieben oder nur implizit mitgeteilt ist und in Abhängigkeit gewisser Schlüsselgrößen regelt, wieviel der Agent nach Realisation der Umweltzustände erhält".[14] Die Verteilungsregel bestimmt somit die Kompensationszahlung oder Entlohnung des Agent für jedes mögliche Produktionsergebnis. Als vertragsrelevante "Schlüsselgrößen" können nur Parameter gewählt werden, die von beiden Parteien beobachtet werden können (Public Information). Da das Produktionsergebnis

---

[11] Vgl. hierzu Baron (1989), S. 1391: "When there is a sequence of production decisions, information may become available over time as uncertainty is resolved and technology and demand evolve."

[12] Hierbei kann es sich bspw. um zusätzliche Informationen, verringerte Unsicherheit oder Änderungen exogener Parameter, wie der verfügbaren Produktionstechnologie, handeln.

[13] Diese Annahme ist im Hinblick auf später zu diskutierende Regulierungsmodelle sinnvoll, da dem Staat kraft Gesetz die gesamte Verhandlungsmacht zufällt. Die Problematik bilateraler Vertragsverhandlungen, von der im Rahmen der Agency-Theorie in der Regel abstrahiert wird, kann somit auch an dieser Stelle vernachlässigt werden.

[14] Spremann (1987b), S. 342. Der Begriff des Umweltzustandes bezieht sich hier nicht auf die Umwelt im ökologischen Sinne, sondern wird im Sinne des "State Dependent Pay Off's" verwandt.

x beiden Vertragsparteien bekannt ist, wird im folgenden die Entlohnung des Agent w(x) in Abhängigkeit von der Ergebnishöhe erfolgen.[15]

Darüber hinaus muß "außer dem Einverständnis der Parteien über ihre Beziehung .... auch das Vorhandensein rechtlicher Sanktionen (des Rechtszwangs) als Charakteristikum des Vertrages hervorgehoben" werden.[16] Nach Vertragsabschluß erbringen beide Parteien ihre Leistungspflichten. Bei Nichterfüllung wird ein Gericht die vereinbarte Leistungspflicht kostenlos durchsetzen. Der Vertrag gilt als vollständig, denn in ihm erfolgt ex ante eine Festlegung der Leistung und Gegenleistung für alle denkbaren Umweltzustände und eine eindeutige Bestimmung der Kooperationsdauer.[17]

Bei allen folgenden Ausführungen werden Entscheidungen unter Unsicherheit betrachtet. Unsicherheit bedeutet in diesem Fall, daß äußere Umweltzustände einen Einfluß auf die Gegenleistung haben und somit das Ergebnis nicht nur von der gewählten Aktion, sondern auch von der Realisation einer exogenen Größe, dem eingetretenen Umweltzustand, abhängt.[18]

---

[15] In diesem Zusammenhang hebt Holmström (1982), S. 330, FN 5, jedoch hervor: "It's not necessarily enough, as the literature frequently suggests that the output is observable to the principal and the agent for w(x) to be enforceable. Legal enforceability requires that the enforcing authorities are also able to observe x when needed". Diese Forderung entspricht der Annahme, daß die Vertragskomponenten "observable" und "verifiable" sind.

[16] Richter (1990), S. 580 f., und Macaulay (1963), S. 56.

[17] Sollten trotzdem Vertragslücken entstehen, so werden diese annahmegemäß durch das Vertragsrecht abgedeckt. Vgl. hierzu Richter (1990), S. 583, und die dortige Darstellung der Literaturdiskussion zu diesem Thema. Von einem unvollständigen Vertrag wird gesprochen, wenn aufgrund von Transaktionskosten nicht alle kontrahierbaren Tatbestände bei der Vertragsausgestaltung Berücksichtigung finden. Davon wird im folgenden jedoch abstrahiert.

[18] Zum Begriff der "Unsicherheit" und seiner Abgrenzung vgl. Neus (1989a), S. 15 ff. Im weiteren werden die Begriffe Unsicherheit und Risiko synonym verwandt.

IV.1.2 Die Betrachtung der Principal-Agent-Beziehung unter Informations-asymmetrie

Da jeder der Kooperationspartner den Erwartungswert seines individuellen Nutzens und nicht den gemeinsamen Nutzen maximiert, entsteht ein Interessenkonflikt, der im folgenden als Agency-Problem definiert wird. Agency-Probleme entstehen, wenn zusätzlich zu der Prämisse unsicherer Erwartungen die Informationen zwischen beiden Parteien nicht symmetrisch verteilt sind, da die kooperierenden Individuen einen unterschiedlichen Zugang zu Informationen haben. Dies führt dazu, daß die schlechter informierte Partei (im folgenden jeweils der Principal) nicht deterministisch von dem Ergebnis der Kooperationsbeziehung auf den unbekannten Sachverhalt zurückschließen kann.[19] Man spricht in diesem Zusammenhang von privaten Informationen zugunsten der besser informierten Partei.

In Anlehnung an Arrow werden im folgenden vor- und nachvertragliche Informations-asymmetrien unterschieden.[20] Auf Kooperationsbeziehungen, die sowohl vor- als auch nachvertragliche Informationsasymmetrien aufweisen, wird in Kapitel IV.3 eingegangen.

---

[19] Es ist zu beachten, daß dies jedoch kein Spezifikum der Agency-Beziehung unter Unsicherheit ist, da dies auch bei sicheren Erwartungen bspw. im Rahmen der Teamproduktion vorliegen kann, falls nur der Gesamtoutput beobachtbar ist. Siehe hierzu Holmström (1982), S. 326 ff.

[20] Vgl. zu den folgenden Ausführungen Arrow (1985), S. 37 ff. Dagegen unterscheidet Spremann (1990), S. 565 f., die Grundtypen der asymmetrischen Informationsverteilung anhand des Kriteriums des Verhaltensmerkmals des Agent. Unter dem Sammelbegriff "Verhalten" faßt Spremann alle Faktoren, "die das Ergebnis der Kooperation beeinflussen und die man gemeinhin als Fähigkeit, Kompetenz, Fleiß, Anstrengung, Sorgfalt, Fairness, Offenheit, Ehrlichkeit, Entgegenkommen und Kulanz bezeichnet."

IV.1.2.1.   Vorvertragliche Informationsasymmetrie

IV.1.2.1.1   Darstellung der Problematik

Ist eine Kooperationsbeziehung durch vorvertragliche Informationsasymmetrie gekennzeichnet, so verfügt der Agent bereits zum Zeitpunkt der Kooperationsaufnahme über einen Informationsvorsprung hinsichtlich eines relevanten Parameters θ, $\theta \in [\theta^-,\theta^+]$. Diese privaten Informationen beziehen sich auf Eigenschaften des Agent in Form seiner Fähigkeiten, seines Fleißes oder aber auch auf Charakteristika, die für den Principal im Rahmen der Kooperationsbeziehung wichtig sind, wie bspw. die verfügbare Technologie oder die Qualität der vom Agent angebotenen Produkte. Diese Charakteristika werden unter den Begriffen "Qualitätsmerkmal" oder "Typ" subsumiert und es wird angenommen, daß diese exogen vorgegeben werden.[21]

Die vorvertragliche Informationsasymmetrie ist im Umweltbereich von entscheidender Bedeutung, denn, wie zuvor angeführt wurde, verfügt die Unternehmung zum Zeitpunkt der Regulierung über private Informationen. Die Umweltbehörde hat jedoch keine Kenntnis darüber, wie hoch die Grenzvermeidungskosten der Unternehmung zur Emissionsreduktion sind. Aufgrund der bestehenden Genehmigungspflicht von Anlagen verfügt die Umweltbehörde lediglich über Informationen hinsichtlich der Technologie, die die Unternehmung anwendet.

Der Ablauf einer bilateralen Kooperationsbeziehung zweier risikoneutraler Kooperationspartner, die durch vorvertragliche Informationsasymmetrie gekennzeichnet ist, kann anhand des Zeitstrahls veranschaulicht werden.[22]

---

[21]   Rasmusen beschreibt diesen Zusammenhang mit "nature begins the game by choosing Smith's (the agent's, Anmerkung der Autorin) type..." Rasmusen (1990), S. 133.

[22]   Die Prämisse risikoneutraler Kooperationspartner wird, wie in der Regulierungstheorie üblich, während der gesamten Untersuchung beibehalten, vgl. bspw. Laffont/Tirole (1993). Diese Annahme ist auch in der Analyse vorvertraglicher Informationsasymmetrie im Rahmen der Agency-Theorie anzutreffen, da i. d. R. eine deterministische Produktionsfunktion unterstellt wird und somit, nach der Realisierung der Unsicherheit zu Beginn der Kooperationsbeziehung, kein zusätzliches Risiko alloziert wird. Letzteres gilt jedoch nicht für Versicherungsmärkte, vgl. Spence (1973) oder Kreditverträge, vgl. Bester (1985).

84

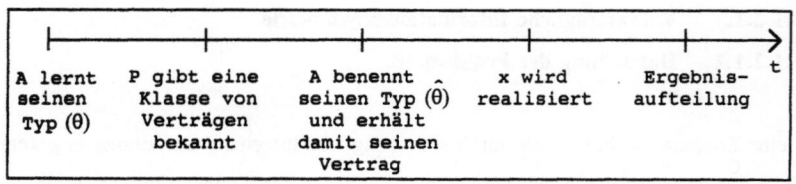

Abbildung 2: Ablauf einer statischen Kooperationsbeziehung bei vorvertraglicher Informationsasymmetrie

Nach der Realisierung von θ unterbreitet der Principal dem Agent ein Entlohnungs-schema.[23] Entscheidet sich der Agent für die Annahme des Vertrages, berichtet er dem Principal seinen individuellen Typ $\dot{\theta}$ und legt damit das von ihm nachfolgend zu produzierende Ergebnis $x(\dot{\theta})$ und seine Entlohnung $w[x(\dot{\theta})]$ fest. Aus Vereinfachungs-gründen wird angenommen, daß neben der Realisierung von θ kein zusätzlicher Zu-fallsterm das erzielbare Produktionsergebnis bestimmt. Hat der Agent dem Principal seinen Typ $\dot{\theta}$, $\dot{\theta} \in [\theta^-, \theta^+]$ genannt, so ist er auch in der Lage, das damit vertraglich festgelegte Produktionsergebnis zu erstellen. Im Rahmen dieser Modellierung wird somit nicht zwischen einer von dem Agent zu wählenden Aktion und dem Produktions-ergebnis unterschieden, sondern diese werden gleichgesetzt. Verbunden mit der Erstel-lung des Ergebnisses ist jedoch eine monetär bewertete Arbeitsanstrengung, die im weiteren als Arbeitsleid bezeichnet wird und deren konvexer Funktionsverlauf dem Principal, bei gegebenem $\dot{\theta}$, bekannt ist.[24]

Das erstellte Produktionsergebnis $x(\dot{\theta})$ ist annahmegemäß von beiden Kooperationspart-nern beobachtbar. Der Principal kann allerdings ex post nicht nachvollziehen, ob der Agent seinen wahren Typ θ angegeben hat. Nachfolgend kennzeichnet θ^- das beste und

---

[23]   Wird dem Agent die Möglichkeit der Vertragsbeendigung zugestanden, so ist es hinreichend, daß er die private Information zum Zeitpunkt seiner Entscheidung bezüglich der Erstellung des Produktionsergebnisses erfährt. Das bedingt, daß der gewählte Mechanismus auch während der Kooperationsbeziehung (interim) individuell rational ist, siehe Caillaud/Hermalin (1993), S. 90.

[24]   Man kann das Arbeitsleid als die Kosten interpretieren, die der Agent aufwenden muß, um seinen Input zu leisten. Diese Modellierung geht auf Holmström (1979), S. 75 ff., zurück, der das Modell von Ross (1973), u. a. in bezug auf die Einführung des Arbeitsleides erweiterte.

θ^+ das schlechteste Qualitätsmerkmal. An dieser Stelle sei noch einmal der Zusammenhang zwischen dem Qualitätsmerkmal des Agent und dem Produktionsergebnis verdeutlicht. Es besteht <u>kein</u> umkehrbar eindeutiger Zusammenhang in der Weise, daß ein
Agent des Typs θ ein bestimmtes x(θ) produzieren muß und der Principal somit ex post
eindeutig auf die ex ante private Information des Agent zurückschließen kann.[25] Statt
dessen benennt der Agent ein bestimmtes θ, das nicht seinem wahren Qualitätsmerkmal
θ entsprechen muß und legt dadurch eindeutig sein zu produzierendes Ergebnis sowie
seine Entlohnung fest.

Der Agent wird den angebotenen Vertrag annehmen, wenn er sich aus der Teilnahme
an der Kooperationsbeziehung mindestens seinen Reservationsnutzen, der auf Null
normalisiert wird[26], verspricht ("Individual Rationality Constraint" oder "Participation
Constraint").[27] Diese Bedingung ist erfüllt, wenn der erwartete Nutzen aus der Entlohnung die Nutzenminderung aus dem Arbeitsleid mindestens kompensiert. Am Ende der
Kooperationsbeziehung erfolgt die Entlohnung des Agent w[x(θ)] durch den Principal
auf der Grundlage des vereinbarten Entlohnungsschemas. Der Principal erhält das
Residuum x($\dot{\theta}$)-w[x($\dot{\theta}$)].

IV.1.2.1.2 Lösungsmöglichkeiten

Zur Untersuchung des bestehenden Interessenkonfliktes zwischen den Kooperationspartnern wird im weiteren angenommen, daß der Principal die Produktion des Gutes
sicherstellen will. Des weiteren ist er ausschließlich an einem hohen Ergebnis interessiert, denn seine Ex-post-Nutzenfunktion hängt von dem Residualeinkommen nach der

---

[25] Anderenfalls wäre das Problem trivial, da es einer Situation unter symmetrischer Information
entspräche.

[26] Der Reservationsnutzen wird durch ein exogen vorgegebenes Niveau bestimmt, das die Opportunitätskosten repräsentiert, die dem Agent durch das Agency-Verhältnis entstehen. Vgl. Spremann (1987a), S. 14 f., Hart/Holmström (1987), S. 74, und Rasmusen (1990), S. 137.

[27] Im folgenden wird davon ausgegangen, daß die Reservationsnutzen typunabhängig sind.
Außerdem wird nach dem Kriterium der "Epsilon Truthfulness" angenommen, daß sich der
Agent bei Indifferenz zwischen zwei Alternativen im Sinne des Principals verhält, vgl. z. B.
Rasmusen (1990), S. 161.

Entlohnung des Agent ab. Die Präferenzen des Principal lassen sich durch eine Bernoulli-Nutzenfunktion

$$U_P[x(\dot\theta),w] = B(x(\dot\theta) - w[x(\dot\theta)]) = x(\dot\theta) - w[x(\dot\theta)] \tag{1}$$

beschreiben. Der Benefit B(.) bezeichnet den ex ante unsicheren Nutzen des Principal in Abhängigkeit von dem Produktionsergebnis $x(\dot\theta)$ und der Entlohnung des Agent $w[x(\dot\theta)]$, um die der Nutzen des Principal gemindert wird. Beide Größen basieren auf dem vom Agent berichteten Parameter $\dot\theta$. Aufgrund der angenommenen Risikoneutralität entspricht sein Nutzen dem unsicheren Vermögenswert.

Die additiv separable Nutzenfunktion des Agent wird durch

$$U_A[x(\dot\theta),\theta] = U_A(w[x(\dot\theta)]-\phi[x(\dot\theta),\theta]) = w[x(\dot\theta)]-\phi[x(\dot\theta),\theta] \tag{2}$$

beschrieben. Neben dem Nutzen aus seiner Entlohnung erfährt der Agent des Typs θ eine Nutzenminderung in Form des Arbeitsleides, die durch seine Kostenfunktion $\phi[x(\dot\theta),\theta]$ mit $\phi(0,\theta)=0 \ \forall \ \theta \in [\theta^-,\theta^+]$ abgebildet wird. Da das Qualitätsmerkmal θ für den Agent ein Datum darstellt, bestimmt er sein Nutzenniveau durch die Angabe von $\dot\theta$, die nachfolgend $x(\dot\theta)$ und $w[x(\dot\theta)]$ bedingt. Aus der Form der Nutzenfunktion folgt, daß sie monoton steigend in der Entlohnung, mit $\partial U_A/\partial w(x)>0$, sowie monoton fallend im Arbeitsleid, mit $\partial U_A/\partial \phi<0$, verläuft. Darüber hinaus steigt das Arbeitsleid des Agent mit zunehmender Produktionsmenge $\partial\phi/\partial x>0$. Mit Ausnahme der konkreten Ausprägung des Qualitätsmerkmals θ, herrscht symmetrische Information hinsichtlich aller Parameter zwischen den Kooperationspartnern. Des weiteren wird unterstellt, daß das Arbeitsleid eine konvexe Funktion in der Produktionsmenge ist und es für einen Agent mit besserer Qualifikation (kleinerem θ), leichter ist, in Form geringerer Arbeitskosten, eine vorgegebene Produktionsmenge herzustellen ("Screening Condition").[28] Dies wird durch die Funktion $R_\theta(x)$ ausgedrückt, die das eingesparte Arbeits-

---

[28] Die Darstellung lehnt sich an Caillaud/Hermalin (1993) an. Die folgende Vereinfachung auf den 2-Typ-Fall wird jedoch von den Autoren nicht behandelt. Des weiteren ist zu beachten, daß die Autoren von steigender Qualifikation in θ ausgehen, so daß die dort erzielten Ergebnisse mit

leid zwischen Arbeitnehmern unterschiedlichen Typs θ und $\theta+1$ bei einem beliebigen x darstellt:

$$R_\theta(x) = \phi(x,\theta+1)-\phi(x,\theta) > 0 \tag{3}$$

mit $\partial R_\theta(x)/\partial x > 0$ und $\partial^2 R_\theta(x)/\partial x > 0$ $\forall \theta \in [\theta^-,\theta^+-1]$.

Wie bereits angeführt, dient dieser Abschnitt dem Zweck, grundlegende Wirkungszusammenhänge aufzuzeigen, um so den Einstieg in die nachfolgenden Regulierungsmodelle zu erleichtern. Aus diesem Grund wird zunächst vereinfachend unterstellt, daß der Agent nur zwei unterschiedliche, diskret verteilte Qualitätsmerkmale aufweisen kann, $\theta \in \{1,2\}$ bspw. gut und schlecht, wobei θ_1 den besseren Typ bezeichnet.[29] Es wird angenommen, daß der Principal die Wahrscheinlichkeit für das Vorliegen dieser beiden Qualitätsmerkmale kennt, was durch $h(\theta_2)$ und $1\text{-}h(\theta_2)$ beschrieben wird.[30]

Auf der Grundlage dieser Daten steht der Principal nun vor dem Problem der Vertragsausgestaltung, die sowohl die Bestimmung des zu erstellenden Produktionsniveaus als auch die entsprechende Entlohnung für den Agent umfaßt. Die Produktions-Entlohnungs-Kombination ergibt sich auf der Basis der Arbeitsleidfunktion des Agent und der Nutzenfunktion des Principal. Aus der Sicht des Principal ergibt sich, für ein beliebiges unterstelltes θ, das optimale Produktionsniveau an der Stelle, an der der Nutzen aus der Erhöhung der Produktion dem an den Agent zu zahlenden Grenzlohn entspricht. Da die beiden Ausprägungen des Typs unterschiedliche Arbeitsleidfunktionen des Agent bedingen, wird deutlich, daß sich die effizienten Produktionsmengen der beiden Merkmalsausprägungen unterscheiden. Dies gilt, da sowohl die fixierte Leistung $x(\theta)$ als auch die Entlohnung des Agent $w[x(\theta)]$ in der Güte der Qualifikation steigen. Da der Grenzlohn $\partial w[x(\theta)]$ immer kleiner oder gleich der produzierten Grenzeinheit ist [$\partial w[x(\theta)]/\partial x \leq 1$],

---

umgekehrten Vorzeichen gelten.

[29] Obwohl im weiteren eine diskrete Verteilung der privaten Information betrachtet wird, sind die erzielten Ergebnisse auch auf die später modellierten kontinuierlichen Verteilungen übertragbar.

[30] Im stetigen Fall stützen sich seine Erwartungen auf die Kenntnis des Intervalls, auf das die exogen vorgegebenen Qualitätsmerkmale $\theta \in [\theta^-,\theta^+]$ begrenzt sind, und die dazugehörige Dichtefunktion $f(\theta)$, die im Intervall positive Werte annimmt.

88

steigt die Nutzenfunktion des Principal in der Produktionsmenge ($\partial U_P/\partial x > 0$), zu der der Agent verpflichtet werden kann. Hieraus resultiert, daß der Principal daran interessiert ist, einen Agent mit möglichst hoher Qualifikation einzustellen.

Zur Ableitung der effizienten Verträge für die möglichen Parameterausprägungen muß der Principal seine Zielfunktion unter gegebenen Nebenbedingungen maximieren. Der Principal strebt eine Maximierung seines erwarteten Nutzens an. Sein Nutzen ergibt sich aus dem produzierten Output und dem zu zahlenden Lohn, jeweils gewichtet mit der Eintrittswahrscheinlichkeit:[31]

$$\max U_P = \max_{x_1, x_2, w_1, w_2} \; h \cdot (x_2 - w_2) + (1-h) \cdot (x_1 - w_1).^{32} \tag{4}$$

Um die später erzielten Ergebnisse bewerten zu können, wird in einem ersten Schritt der **Referenzfall unter symmetrischer Informationsverteilung** betrachtet. In diesem Fall kennt der Principal den Typ des Agent und überlegt, welche Mengen dieser für welchen Lohn produzieren soll, so daß $x(\theta)$ und $w[x(\theta)]$ endogen bestimmt werden. Neben seiner Maximierungsfunktion muß der Principal beachten, daß der der Entlohnungsfunktion zugrundeliegende Mechanismus dem Agent mindestens seinen Reservationsnutzen zugesteht, also die Individual Rationality Bedingung (IR) für jeden Typ erfüllt ist

$$\max U_P \tag{4}$$

u. d. N.

$$IR_2 = w_2 - \phi(x_2, 2) \geq 0 \quad \Leftrightarrow \quad w_2 \geq \phi(x_2, 2) \tag{5}$$

$$IR_1 = w_1 - \phi(x_1, 1) \geq 0 \quad \Leftrightarrow \quad w_1 \geq \phi(x_1, 1).^{33} \tag{6}$$

---

[31] Im folgenden wird für $x(\theta_1)$ die vereinfachende Schreibweise x_1 gewählt.

[32] Diese Schreibweise bietet sich aufgrund der simultanen Optimierung zur Bestimmung der effizienten Produktionsniveaus beider Typen an. Es wäre jedoch auch eine separierte Bestimmung in Abhängigkeit des entsprechenden Typs des Agent möglich.

[33] Diese Schreibweise unterstellt, daß jedes Individuum aus der Sicht des Principals "produktiv" ist, d. h., daß der Principal durch die Anstellung eines Agent beliebigen Typs seinen Nutzen erhöht.

Aus Sicht des Principal ist es optimal, die Reservationsnutzenbedingungen nicht über-
zuerfüllen, sondern diese binden zu lassen, so daß der Agent gerade sein entstandenes
Arbeitsleid erstattet bekommt. Ersetzt man jeweils die Löhne w_1 und w_2 durch das ent-
standene Arbeitsleid, so verkürzt sich die Maximierungsfunktion zu:

$$\max \quad U_P = \max_{x_1, x_2} \quad h \cdot [x_2 - \phi(x_2, 2)] + (1-h) \cdot (x_1 - \phi(x_1, 1)) \tag{7}$$

Auf der Grundlage dieser Maximierungsfunktion erhält man als notwendige Bedingungen erster Ordnung für die effizienten Produktionsmengen:

$$\frac{\partial U_P}{\partial x_2} = h \cdot \left[1 - \frac{\partial \phi(x_2, 2)}{\partial x_2} \right] = 0 \quad \Leftrightarrow \quad \frac{\partial \phi(x_2, 2)}{\partial x_2} = 1 \tag{8}$$

$$\frac{\partial U_P}{\partial x_1} = (1-h) \cdot \left[1 - \frac{\partial \phi(x_1, 1)}{\partial x_1} \right] = 0 \Leftrightarrow \frac{\partial \phi(x_1, 1)}{\partial x_1} = 1. \tag{9}$$

Hieraus ergibt sich als Lösung für das Maximierungsproblem:

$$w_1 = \phi(x_1, 1), \tag{10}$$

$$w_2 = \phi(x_2, 2), \tag{11}$$

$$x_1 \equiv x_1^{FB}, \tag{12}$$

$$x_2 \equiv x_2^{FB}. \tag{13}$$

Als Maßstab zur Beurteilung der in den Gleichungen (10) bis (13) erzielten Lösung
wird im folgenden das in Kapitel II eingeführte Pareto-Kriterium hinzugezogen. Die erzielte Lösung unter symmetrischer Informationsverteilung weist ex definitione First-
Best-Charakter auf, so daß im Gleichgewicht das Grenzarbeitsleid gerade dem Wert des

90

Grenzprodukts entspricht.[34] Aufgrund der symmetrischen Informationsverteilung ist dem Principal das wahre θ bekannt, so daß der Agent den dazugehörigen Vertrag auch akzeptiert. Da alle Parameter für den Principal beobachtbar sind, erhält der Agent unabhängig von seinem Typ gerade seinen Reservationsnutzen.

Dieser Zusammenhang kann graphisch anhand der Abbildung 3 verdeutlicht werden, in der die Indifferenzkurven des Agent in Abhängigkeit seines Typs ($\theta=1$) und ($\theta=2$) sowie die Indifferenzkurven des Principal eingezeichnet sind. Die effizienten First-Best-Produktionsniveaus x_1^{FB}, x_2^{FB} ergeben sich aus den Tangentialpunkten der Indifferenzkurven des Principal und des Agent.

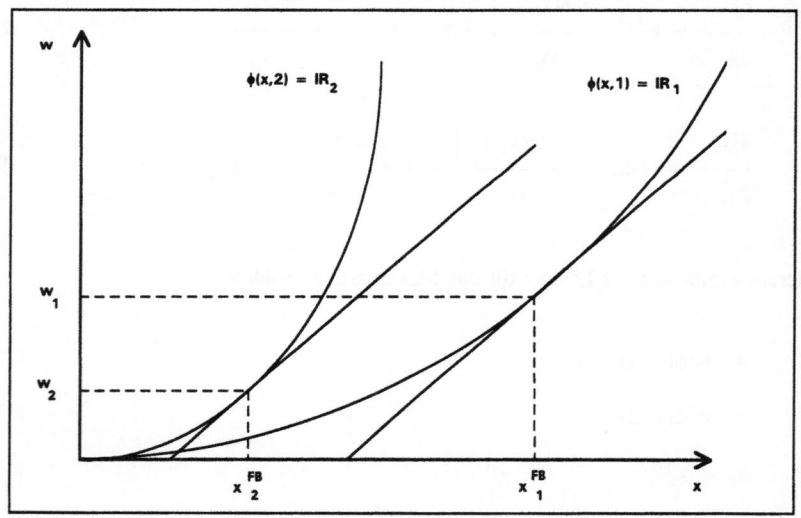

Abbildung 3: Erzielung der First-Best-Lösung
unter Informationssymmetrie

Betrachtet sei nun wiederum die Situation unter **vorvertraglicher Informationsasymmetrie**. Implementiert der Principal die unter symmetrischer Informationsverteilung

---

[34]   Implizit wurde unterstellt, daß der Preis einer Produktionseinheit dem Wert Eins entspricht oder daß die gesamte Transaktion in Realgütern durchgeführt wird.

erzielte First-Best-Lösung, so ist sie unter gegebener asymmetrischer Informationsverteilung nicht mehr optimal. Aufgrund der Nichtbeobachtbarkeit der Qualifikation in Verbindung mit der Annahme der opportunistischen Informationsangabe, wäre es für den Agent besseren Typs unter diesem Entlohnungsschema individuell rational, den schlechteren Typ θ_2 zu imitieren. Er würde seine Qualifikation zu gering angeben, da er auf diesem Wege eine Nutzensteigerung erfahren würde. Demzufolge käme es zu einem Pooling-Gleichgewicht, da es für jeden Agent nutzenmaximierend wäre, den schlechtesten Typ zu imitieren und unabhängig von seinem Typ die Menge x_2 zu produzieren.[35] Ein Agent mit dem schlechtesten Typ würde, analog zum Fall symmetrischer Informationsverteilung, gerade seinen Reservationsnutzen erhalten, während Agents eines besseren Typs aufgrund der Gestalt der Arbeitsleidfunktion Nutzensteigerungen erzielen würden.[36]

Dieser Sachverhalt kann auch graphisch anhand von Abbildung 3 verdeutlicht werden. Weist der Agent das bessere Qualitätsmerkmal θ_1 auf, so kann er durch Imitation des schlechteren Typs seinen individuellen Nutzen steigern. Die Entlohnung in Höhe von w_2 stiftet ihm einen höheren Nutzen als bei Angabe seines wahren Typs, da der erzielbare Nutzen oberhalb seines Reservationsnutzens liegt. Dagegen lohnt es sich für einen Agent schlechteren Typs aufgrund des konvexen Verlaufs der Arbeitsleidfunktion nicht, eine besseren zu imitieren. Seine Reservationsnutzenbedingung wäre bei einer falschen Angabe nicht erfüllt.

Will der Principal die Pooling-Lösung vermeiden, muß er ein Kooperationsdesign entwickeln, das es ihm ermöglicht, die unterschiedlichen Agents zu separieren. Ein sepa-

---

[35] Ein Pooling-Gleichgewicht wird erzielt, wenn es für die Agents individuell rational ist, unabhängig von ihrem jeweiligen Typ einen bestimmten Vertrag zu wählen. Vgl. Rasmusen (1990), S. 160, und Kreps (1990a), S. 633.

[36] Eine identische Situation ergäbe sich, wenn der Principal den Vertrag auf den schlechtesten Typ θ_2 abstellt. Zwar wird die Produktion auf diese Weise gesichert, doch ist diese Sicherung mit zu hohen Kosten verbunden, da der Agent besseren Typs den schlechteren imitieren würde. Der entgegengesetzte Fall zur Imitation besserer Qualitätsmerkmale wurde von Akerlof in die Literatur eingeführt. Er veranschaulichte diesen Zusammenhang am Beispiel des Gebrauchtwagenmarktes. Besteht für die Agents die Möglichkeit des Marktaustrittes, werden die guten Anbieter diese wahrnehmen und es kommt im Extremfall zum Zusammenbruch des Marktes. Diese Situation wird auch als Adverse Selection bezeichnet, vgl. Akerlof (1970).

rierendes Gleichgewicht liegt vor, wenn die Agents in Abhängigkeit von ihrem jeweiligen Typ unterschiedliche Verträge wählen und somit unterschiedlich entlohnt werden. Verträge, die derart ausgestaltet sind, daß es aus Sicht des Agent individuell rational ist, seine private Information zu offenbaren, werden als "anreizkompatibel" bezeichnet.[37] Im weiteren konzentriert sich die Untersuchung auf Kooperationsdesigns, die anreizkompatibel sind.

Der Principal wird somit die opportunistische Informationsweitergabe bei dem Entwurf der Entlohnungsschemata antizipieren, denn er kennt die Reaktionsfunktion des Agent, d. h. er weiß, wie der Agent auf die Vorlage unterschiedlicher Verträge reagieren wird. Wenn der Vertrag abgeschlossen ist, wird der Agent unter Berücksichtigung der Vertragsbestimmungen seinen Nutzen maximieren. Da der Principal über den Mechanismus das Verhalten des Agent steuern will, besteht die Notwendigkeit, zusätzlich zu der Reservationsnutzenbedingung eine zweite Nebenbedingung ("Incentive Compatibility Constraint" (IC) oder "Truthful Revelation") einzuführen. Sind diese Anreizbedingungen

$$IC_1 : U_{A1} = w_1 - \phi(x_1,1) \geq w_2 - \phi(x_2,1) \tag{14}$$

$$IC_2 : U_{A2} = w_2 - \phi(x_2,2) \geq w_1 - \phi(x_1,2) \tag{15}$$

erfüllt, so ist es für jeden Agent individuell rational, seine private Information dem Principal wahrheitsgemäß zu offenbaren $(\theta = \dot{\theta})$.[38] Damit bestimmt der Agent aus dem zu Beginn der Kooperationsbeziehung vom Principal angebotenen Vertragsbündel seine zu produzierende Menge als auch seine Entlohnung. Der jeweils ausgewählte Vertrag

---

[37] Vgl. hierzu bspw. Rasmusen (1990), S. 140 f. Ein anreizkompatibler Mechanismus ist nur implementierbar, wenn sich die Indifferenzkurven zweier beliebiger Typen n,j (n≠j) höchstens einmal schneiden und somit der "Single Crossing Property" genügen. Dies ist bspw. der Fall, wenn die Indifferenzkurve von Typ 1 in jedem Punkt eine größere Steigung als die Indifferenzkurve von Typ 2 aufweist, was auch in Abbildung 3 deutlich wurde.

[38] In der Literatur wird diese Anreizstruktur als "Revelation Principle" bezeichnet, die es erlaubt, sich auf wahrheitsinduzierende Veträge zu beschränken, vgl. Myerson (1979), und Kreps (1990a). S. 691 ff.

wird realisiert. Dieses Kooperationsdesign wird in der Literatur mit dem Begriff der "Self-Selection" beschrieben.[39] Das gesamte Optimierungsproblem lautet somit:

$$\max U_P = \max_{x_1, x_2, w_1, w_2} h \cdot (x_2 - w_2) + (1-h) \cdot (x_1 - w_1) \qquad (16)$$

u. d. N.

$$IR_2 = w_2 - \phi(x_2, 2) = 0^{[40]} \qquad (17)$$

$$IR_1 = w_1 - \phi(x_1, 1) \geq 0 \qquad (18)$$

$$IC_2 = U_{A2} = w_2 - \phi(x_2, 2) \geq w_1 - \phi(x_1, 2) \qquad (14)$$

$$IC_1 = U_{A1} = w_1 - \phi(x_1, 1) \geq w_2 - \phi(x_2, 1). \qquad (15)$$

Da definitionsgemäß $\phi(x_2, 2) - \phi(x_2, 1) = R_1(x_2)$ gilt, ergibt sich für den Lohn des besseren Typs

$$w_1 \geq R_1(x_2) + \phi(x_1, 1). \qquad (19)$$

$$\rightarrow \quad \max U_P = \max_{x_1, x_2} h \cdot [x_2 - \phi(x_2, 2)] + (1-h) \cdot [x_1 - \phi(x_1, 1) - R_1(x_2)] \qquad (20)$$

---

39 Ein weiteres Kooperationsdesign zur Lösung vorvertraglicher Informationsasymmetrie ist das Signaling. Hier übernimmt die besser informierte Partei die Initiative, um durch ihr Verhalten Signale bezüglich der privaten Information auszusenden. Das klassische Beispiel des Arbeitsmarktes geht auf Spence (1973) zurück, in dem gezeigt wird, daß Agents mit besseren Fähigkeiten ein höheres Ausbildungsniveau vorweisen, um sich von anderen Agents zu separieren. Ausbildung wird als Signal für Produktivität aufgefaßt. Hierbei muß das Signal so geartet sein, daß die Kosten des Signalisierens in der Güte der Qualität der Agents sinkt. Allerdings ist die Entwicklung der Lohnfunktion für unterschiedliche Agents kritisch zu beurteilen, da die Agents bei ihrer Ausbildungswahl eine Lohnfunktion voraussetzen, die dann ex post auch seitens des Principal realisiert wird.

40 Da für den schlechteren Agent kein Anreiz zur Fehlinformation besteht, kann sein Lohn auf die Höhe des Arbeitsleides begrenzt werden.

$$\frac{\partial U_P}{\partial x_2} = h \cdot \left[1 - \frac{\partial \phi(x_2,2)}{\partial x_2} \right] - (1-h) \cdot \left[\frac{\partial R_1(x_2)}{\partial x_2} \right] = 0 \qquad (21)$$

$$\rightarrow \quad \frac{\partial \phi(x_2,2)}{\partial x_2} < 1^{41} \qquad (22)$$

$$\frac{\partial U_P}{\partial x_1} = (1-h) \cdot \left[1 - \frac{\partial \phi(x_1,1)}{\partial x_1} \right] = 0 \quad \Leftrightarrow \quad \frac{\partial \phi(x_1,1)}{\partial x_1} = 1. \qquad (23)$$

Als Lösung des Maximierungsproblems unter asymmetrischer Informationsverteilung ergibt sich somit:

$$w_1 = \phi(x_1,1) + R_1(x_2), \qquad (24)$$

$$w_2 = \phi(x_2,2), \qquad (25)$$

$$x_1 \equiv x_1^{FB}, \qquad (26)$$

$$x_2 \equiv x_2^{SB}. \qquad (27)$$

Die erzielte Lösung weist nur Second-Best-Charakter auf, da der Agent schlechteren Typs im Vergleich zum Fall unter symmetrischer Information eine zu geringe, d. h. ineffiziente, Menge $x_2 < x_2^{FB}$ produziert. Dagegen entspricht die Produktionsmenge des besseren Agent der First-Best-Menge. Jedoch muß ihm neben seinem Entgelt für das Arbeitsleid noch eine Informationsrente in Höhe von $R_1(x_2)$ zugestanden werden, damit er seinen Typ offenbart. Die Höhe der Informationsrente bestimmt sich aus dem Nutzen, den der Agent erzielen würde, wenn er seine private Information nicht darlegte. Obwohl der Principal einerseits dem Agent besseren Typs eine Informationsrente zuge-stehen muß und andererseits die Produktionsmengenverzerrung des schlechteren Typs resultiert, dominiert dieses separierende Gleichgewicht das sich ergebende Pooling-Gleichgewicht, wenn der unter symmetrischer Information abgeleitete Vertrag angebo-

---

[41] Dies gilt, da der zweite Summand der Gleichung (21) negativ ist.

ten würde. Diese erzielbare Lösung ist unter den für den Principal gegebenen Restriktionen effizient. Der Principal ist somit bereit, dem Agent den aus der Nichtoffenba-
rung zu erzielenden Überschuß gerade zu erstatten, so daß dessen Anreizbedingung
bindet.

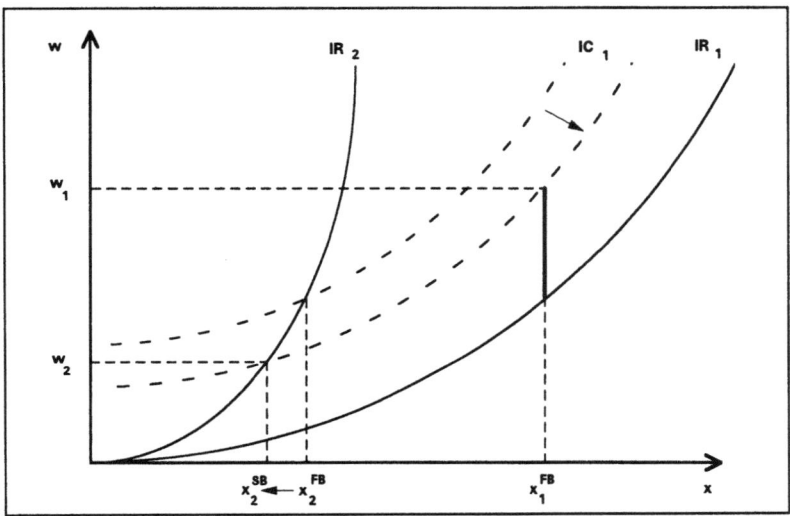

Abbildung 4: Bestimmung der effizienten Lösung
unter asymmetrischer Informationsverteilung

Bei der graphischen Darstellung in Abbildung 4 ist zusätzlich zu den Reservations-
nutzenbedingungen auch die Anreizbedingung des Agent besseren Typs eingezeichnet.
Wie anhand der Abbildung deutlich wird, läßt sich die Anreizbedingung IC_1 des besse-
ren Typs mittels einer Parallelen zu seiner Reservationsnutzenbedingung darstellen.[42]
Der vertikale Abstand zwischen diesen beiden Kurven an der Stelle x_1^{FB} bestimmt die
Informationsrente, die ihm der Principal zugestehen muß. Da der Principal seinen
Nutzen maximiert, ist er daran interessiert, diese Rente zu minimieren, so daß eine

---

[42]   Der Begriff der Parallele wird hier auch auf nicht lineare Funktionen ausgeweitet und bezeichnet
        Funktionen, die in jedem Punkt die gleiche Steigung aufweisen.

96

Produktionsmengenverzerrung bei dem schlechteren Typ hervorgerufen wird.[43] Die aus der Sicht des Principal optimale Produktionsmenge x_2^{SB} ist dann erreicht, wenn die Grenzkosten aus der Abweichung vom effizienten Produktionsniveau des schlechteren Agent dem Grenznutzen aus der Verringerung der Informationsrente des besseren Agent entsprechen.

Die bisher erzielten Ergebnisse für nur zwei diskret verteilte Qualitätsmerkmale können auch auf den kontinuierlichen Fall für $\theta \in [\theta^-, \theta^+]$ verallgemeinert werden. Da diese jedoch denen im Regulierungsmodell von Baron/Myerson entsprechen, erfolgt deren ausführliche Darstellung nachfolgend in Kapitel IV.2.

IV.1.2.1.3   Übertragung auf die Umweltproblematik

Im Rahmen der Einleitung zur Principal-Agent-Theorie wurde angeführt, daß die Agency-Theorie geeignet ist, Interessenkonflikte im Umweltbereich zu analysieren. Dies wurde mit der analogen Struktur von Kooperationsbeziehungen in Principal-Agent-Modellen und denen staatlicher Umweltpolitik begründet. Nachfolgend wird diskutiert, ob die abstrakten Prämissen der Agency-Theorie auch im Umweltbereich Gültigkeit besitzen, so daß eine Übertragung der theoretischen Lösungsmechanismen möglich ist. Die Darstellung der Prämissen erfolgt unter den Oberpunkten[44]:

1   Informationsstand der Kooperationspartner,

2   Interessenkonflikt und Verhaltensannahmen,

3   Verhandlungsmacht und Rahmenbedingungen,

4   Risikoeinstellungen,

5   Zeitpunkt der Verhandlungen,

6   kontrahierte Größen und

7   Emittentenstruktur.

---

[43]   Durch diese Produktionsmengenverzerrung reduziert sich der erzielbare Nutzen des besseren Agent bei Imitation des schlechteren Typs (die Anreizbedingung IC_1 in Abbildung 4 verschiebt sich nach rechts unten). Hieraus folgt, daß ihm eine geringere Informationsrente zugestanden werden muß.

[44]   Die Ableitung der Oberpunkte lehnt sich an das allgemeine Gliederungsschema zur Agency-Theorie in Kapitel IV.1.1 an.

1 Informationsstand der Kooperationspartner

Wie zuvor bereits angeführt wurde, ist die Kooperationsbeziehung zwischen dem Staat und der Unternehmung bereits zu Beginn durch eine vorvertragliche Informationsasymmetrie zugunsten des Emittenten hinsichtlich seiner Vermeidungskosten charakterisiert. Da die nachfolgend abgeleiteten Verträge die Emissionsreduktion zum Inhalt haben, ist der Vermeidungskostenparameter des Emittenten die für den Vertrag relevante Größe. Der in der vorherigen Formalisierung gewählte Parameter θ, der den Typ oder die Charakteristika des Agent darstellt, kennzeichnet im Umweltbereich die Vermeidungskosten des Emittenten.

Dieser Parameter variiert bei Emittenten des gleichen Schadstoffes sowohl in Abhängigkeit von der verfügbaren Technologie und bei gegebener Technologie in Abhängigkeit von dem Alter der eingesetzten Anlage als auch von dem gewählten Produktionsprozeß. Bei diesen Technologien kann es sich sowohl um End-of-Pipe-Technologien als auch um Produktionsanlagen handeln, die eine besonders schadstoffarme Produktion ermöglichen. Unter einer End-of-Pipe-Technologie versteht man eine Beseitigungstechnologie am Ende des Produktionsprozesses, bspw. eine Filteranlage, durch die die entstandenen Schadstoffe zurückgehalten werden. Dagegen wird bei dem Einbau von Vermeidungstechnologien bereits die Entstehung von Schadstoffen im Laufe des Produktionsprozesses reduziert.

Geht man von der Genehmigung emissionenverursachender Anlagen aus, so kennt die Zulassungsbehörde die von der Unternehmung eingesetzte Technologie. Auf der Grundlage dieser Information kann die Umweltbehörde das Intervall, innerhalb dessen die Ausprägung des Kostenparameters variieren kann, festlegen.[45] Der für die Regulierungsbeziehung relevante Informationsstand der Individuen unterscheidet sich demnach nur hinsichtlich der Kenntnis der unternehmensspezifischen Vermeidungskosten.

---

[45] Dies kann bspw. durch die Informationsbereitstellung der Produzenten von Vermeidungstechnologien erfolgen.

2 Interessenkonflikt und Verhaltensannahmen

Der im Rahmen der Umweltpolitik zwischen dem Staat und der Unternehmung bestehende Interessenkonflikt resultiert aus den unterschiedlichen Maximierungsfunktionen
der kooperierenden Parteien. Zur Verdeutlichung wird der Nutzen betrachtet, den beide
Kooperationspartner jeweils zu maximieren bestrebt sind.

Die emittierende Unternehmung wird nachfolgend als individuell rational handelnder
Agent betrachtet. Die Nutzenfunktion des regulierten Unternehmens wird in der in
Kapitel IV.2 gewählten Modellierung als Funktion seines Gewinns aus der Produktion
des Gutes Umweltqualität dargestellt. Dies ist aufgrund der vorgenommenen Trennung
von Produktions- und Emissionsbereich möglich. Die Gewinnmaximierung besteht nun
in der Maximierung des erwarteten Nutzens aus der Differenz zwischen erstatteten und
angefallenden Kosten, so daß ein Anreiz zur überhöhten Kostenangabe gegeben ist. Es
sei daran erinnert, daß die Unternehmung die im Rahmen der Vermeidung von Emissionen anfallenden Kosten nicht allein tragen muß, sondern diese von der regulierenden
Institution erstattet bekommt.[46] Der durch die abweichende Angabe zu erzielende
Gewinn wird im weiteren als Produzentenrente bezeichnet.[47]

Ziel des Regulierenden ist es dagegen, eine effiziente Umweltqualität durch Emissionsvermeidungen zu erzielen. Die von ihm zu maximierende erwartete Gesamtwohlfahrt,
begrenzt auf den Nutzen aus dem Umweltbereich, ergibt sich nachfolgend als Summe
aus der Netto-Konsumenten- und Produzentenrente. Entgegen der zuvor vereinfachten
Modellierung maximiert der Principal somit nicht nur seinen individuellen Nutzen, was
einer Maximierung der Konsumentenrente entsprechen würde.[48] Als wohlwollender
Planer verhält er sich gegenüber dem Kooperationspartner nicht opportunistisch. Diese
Prämisse impliziert darüber hinaus, daß sich die Umweltbehörde zur Erfüllung von
Verträgen verpflichten kann (Commitment). Könnte sich der Regulierende im Gegenteil

---

[46]   Vgl. zu dieser Diskussion Kapitel IV.1.

[47]   Übertragen auf die vorherige Modellierung stellen die anfallenden Kosten das Arbeitsleid des
         Agent dar, das durch seinen Typ θ determiniert wird. Die Produzentenrente entspricht dann der
         Differenz zwischen der Entlohnung des Agent vermindert um den Betrag des Arbeitsleides.

[48]   Eine formale Darstellung der von einem Regulierenden zu maximierenden Gesamtwohlfahrt im
         Gegensatz zur individuellen Nutzenmaximierung erfolgt anschließend unter Punkt IV.2.

nicht zur Einhaltung der geschlossenen Verträge verpflichten, würde dies von seinem potentiellen Kooperationspartner antizipiert und die hier diskutierten anreizkompatiblen Verträge wären nicht mehr verfügbar.

3 Verhandlungsmacht und Rahmenbedingungen

Im Gegensatz zur Kooperation zwischen zwei gleichberechtigten Marktteilnehmern läßt sich staatliche Regulierung als Kooperation in einem hierarchischen Verhältnis beschreiben, da dem Staat die für die Unternehmung verbindliche Gesetzgebungskompetenz und somit die gesamte Verhandlungsmacht zufällt. Der Staat beschränkt durch die Implementierung einer Regulierungspolitik die individuelle Entscheidungsfreiheit der Emittenten.

4 Risikoeinstellungen

Die bisher getroffene Prämisse der Risikoneutralität der Vertragspartner kann auch im weiteren im Rahmen der Umweltpolitik aufrechterhalten werden. Für den Staat als Principal kann diese Annahme aufgrund sehr großer Diversifikationsmöglichkeiten direkt übernommen werden. Das Gesamtportefeuille der Institution erfährt eine breite Streuung. Die einzelnen Entscheidungsträger, bspw. innerhalb der Umweltbehörde, können zwar risikoavers in bezug auf ihr individuell verfügbares Einkommen sein, dies ist jedoch aufgrund der gesamtwirtschaftlichen Betrachtung irrelevant und zudem geht die aggregierte Risikoaversion der Gruppe gegen Null. Dies kann daran veranschaulicht werden, daß der Staat als Repräsentant der Gesellschaft angesehen wird. Jedes einzelne Individuum dieser großen Gruppe hält einen marginalen Anteil am Portefeuille und somit auch ein marginal kleines Risiko. Das systematische Risiko, das der Einzelne hält, geht folglich quasi gegen Null. Voraussetzung für diese Vereinfachung ist, daß die Anzahl der Beteiligten die Anzahl der Risiken übersteigt.

Kritischer dagegen ist die Annahme der Risikoneutralität der zu betrachtenden Agents, d. h. der zu regulierenden Unternehmung. Hierbei ist zu beachten, daß in der Literatur zur Agency-Theorie i. d. R. von der Risikoneutralität der Kapitalgeber einer Unternehmung, aber Risikoaversion der Manager ausgegangen wird.[49] Die Annahme der Risikoneutralität der Unternehmung ist somit nicht widerspruchsfrei. Im Rahmen dieser Arbeit wurde sie dennoch gewählt, um die reinen Anreizeffekte von Kooperationsdesigns unter Informationsasymmetrie klarer herauszuarbeiten.[50] Bei der Wahl von Prämissen muß jeweils eine Kosten-Nutzen-Analyse durchgeführt werden, d. h. es muß der jeweilge Erkenntniszuwachs bei der Festlegung realitätsnaher Prämissen mit dem damit verbundenen Komplexitätsgrad abgewogen werden. Die Annahme der Risikoneutralität beider Kooperationspartner kann also auch mit dem Ziel der anschaulicheren Darstellungsweise begründet werden. Da unter der hier gewählten Modellierung kein Risiko alloziert wird, hat die Annahme der Risikoneutralität der Vertragspartner darüber hinaus keine Auswirkungen auf die erzielten Ergebnisse.

5   Zeitpunkt der Verhandlung

Die nachfolgenden Verträge werden einmalig ex ante ausgehandelt. Anpassungsklauseln in dynamischen Verträgen werden ebenfalls bereits zu Beginn der Kooperationsbeziehung determiniert. Aufgrund der Annahme, daß der Regulierende bindende Verträge eingehen kann (Commitment) sind Wiederverhandlungen irrelevant.

6   Kontrahierte Größen

Für die Ausgestaltung von Verträgen ist es notwendig, daß sich der Vertrag auf Größen bezieht, die von beiden Kooperationspartnern beobachtbar sind. Die Durchsetzung von Verträgen verlangt darüber hinaus die Verifizierbarkeit der Größe von einer dritten unabhängigen Partei. Bei den bisherigen Ausführungen wurde implizit unterstellt, daß die Umweltbehörde das erstellte Gut direkt beobachten kann. Übertragen auf das Emis-

---

[49]   Da im Rahmen dieser Arbeit die einzelne Unternehmung als Einheit angesehen wird und Principal-Agent-Beziehungen innerhalb der Unternehmung nicht berücksichtigt werden, impliziert diese Annahme, daß die Manager, die die Unternehmung repräsentieren, risikoneutral sind. Vgl. zu einem Überblick von Principal-Agent-Beziehungen im Finanzierungsbereich Harris/Raviv (1991). Die unterschiedlichen Interessengruppen der Unternehmung werden, wie zuvor bereits angeführt wurde, im weiteren als homogene Gruppe betrachtet. Würde man diese Prämisse aufheben, indem man zwischen den einzelnen an einer Unternehmung beteiligten Individuen differenziert, so wäre dies auch auf der Seite der staatlichen Institution notwendig. Von dieser Möglichkeit wird im folgenden abstrahiert.

[50]   Darüber hinaus sind Risikoteilungsaspekte in der Literatur bisher hinreichend diskutiert worden. Vgl. bspw. Holmström (1979) und die darauf aufbauende Literatur.

sionsverhalten der Unternehmung bedeutet dies, daß der Staat die emittierten Schadstoffe einer Unternehmung messen kann und auf dieser Grundlage die vermiedene Emissionsmenge bestimmt.

7 Emittentenstruktur

In einer Principal-Agent-Beziehung werden mindestens zwei kooperierende Individuen betrachtet. Diese Struktur ist im Umweltbereich gegeben. Aufgrund des Regulierungsbedarfs ist die Rolle des Principals auf eine Institution beschränkt, während die Anzahl der Agents von der anzutreffenden Emittentenkonstellation abhängt. Verbunden mit der Anzahl der Agents, die dem Regulierenden gegenüberstehen, verfügt dieser über unterschiedliche Regulierungsansätze.

Die verfügbaren Regulierungsansätze können nach dem Kriterium der Anzahl der Emittenten und somit potentiellen Anbietern von Emissionsminderungseinheiten im jeweiligen Umweltmedium unterteilt werden. So können sowohl quasi-monopolartige Konstellationen als auch Situationen, die durch eine quasi-vollständige Konkurrenz der Emittentenstruktur charakterisiert sind, abgegrenzt werden.[51] Die anzutreffende Struktur ist jeweils von dem betrachteten Schadstoff abhängig, da bspw. CO_2 eine weitaus differenziertere Verursacherstruktur aufweist als die lediglich lokal relevanten Staubemissionen.

Der Monopolfall ist vorwiegend bei kleineren Umweltmedien anzutreffen, bei denen es einen dominanten Verschmutzer gibt, der einen spezifischen Schadstoff emittiert. Als Beispiele für Monopolfälle im Umweltbereich sind die Dünnsäureverklappung in den Rhein und eine Stickoxide emittierende Müllverbrennungsanlage anzuführen.

Als Wettbewerbsfall soll im folgenden eine Emittentenstruktur bezeichnet werden, in der mehrere Unternehmen den gleichen Schadstoff in ein Umweltmedium abgeben. Dieser Fall kann illustriert werden anhand der Luftverschmutzung im Ruhrgebiet,

---

[51] Aus Vereinfachungsgründen wird im folgenden vom Monopolfall und vom Konkurrenzfall gesprochen.

durch die dort ansässige Montanindustrie oder der Schadstoffemissionen im Rahmen der Energieerzeugung.

Unabhängig von der vorliegenden Emittentenstruktur weist die jeweils betrachtete Kooperationsbeziehung bilateralen Charakter auf. Denn auch wenn der Staat die zu regulierende Unternehmung unter mehreren "Anbietern" auswählt oder mit mehreren kontrahiert, bietet die mit der Regulierung beauftragte Umweltbehörde jedem Emittenten individuelle Verträge an.

Aufbauend auf dieser Prämissendiskussion soll festgehalten werden, daß die für die Agency-Theorie getroffenen Annahmen bestimmte Aspekte, der in der Umweltpolitik anzutreffenden Struktur hinreichend genau charakterisieren. Von diesem Ergebnis ausgehend, sollen im weiteren die in der Agency-Theorie vorgeschlagenen Lösungsmechanismen dahingehend diskutiert werden, inwieweit sie für die staatliche Umweltpolitik verfügbar sind.

Grundidee der flexiblen Auflagenlösung ist die Entwicklung eines individuellen Vertrages, der in Abhängigkeit von der jeweils gegebenen Informationsasymmetrie anreizkompatibel ist. Das angestrebte Ziel ist eine gesamtwirtschaftlich effiziente Umweltpolitik, die auf einem verbesserten Informationsstand des Regulierenden aufbaut. Bei der Aufnahme der Regulierungsbeziehung muß der Principal somit Lösungsansätze zur Überwindung der vorvertraglichen Informationsasymmetrie entwickeln. Die theoretische Arbeit beschränkt sich auf Vertragsbeziehungen, die durch das Kooperationsdesign des Self-Selection lösbar sind. Das Kooperationsdesign des Self-Selection ist relevant, da der Staat aufgrund des hierarchischen Verhältnisses, die spezifischen Kooperationsbedingungen festlegt, aus denen die Agents auswählen. Hieraus folgt, daß die Genehmigungsanträge für Anlagen, die der Agent beim Principal einreicht, als Kommunikationsmechanismus nach den vom Principal vorgegebenen Regeln interpretiert werden.

Falls es für die Umweltbehörde nicht möglich ist, anreizkompatible Lösungen zur Kostenoffenbarung zu entwickeln und die Agents hinsichtlich ihrer tatsächlichen Kostenparameter zu separieren, wird eine ineffiziente Pooling-Lösung erzielt. Im Umweltbereich heißt dies, daß die erzielbare Lösung wiederum einer globalen Auflagenlösung entspricht, da jeder Emittent, unabhängig von seinen individuellen Vermeidungskosten, die gleiche Menge reduziert.

Bei der Entwicklung der Auflagenlösung muß der Regulierende in einem ersten Schritt die gegebene Emittentenstruktur und die jeweiligen Emissionsniveaus für einen bestimmten Schadstoff erfassen.

a)   Monopol

Liegt nur ein Hauptemittent, bspw. für standortbedingte Bodenverseuchung, vor, so daß ein Monopolfall gegeben ist, kann der Regulierende auf der Grundlage der Kenntnis der von dem Emittenten verfügbaren Technologie, ein Vertragsmenü entwerfen und dem Agent anbieten. Aus diesem Vertragsmenü wird der Agent dann, entsprechend seinem Typ, den Vertrag auswählen, der seinen erwarteten individuellen Nutzen maximiert. Da nachfolgend keine weitere Unsicherheit berücksichtigt wird, erfolgt die Leistung des Agent in Form der Emissionsminderung, die von der Umweltbehörde beobachtbar ist. Anschließend wird die zuvor angestrebte Umweltqualität realisiert. Zuletzt bekommt die Unternehmung, da es sich um einen Rückkauf von Nutzungsrechten an dem betrachteten Umweltmedium handelt, die angefallenen Vermeidungskosten erstattet. Die Höhe des monetären Ausgleichs ist von der Höhe der tatsächlichen Vermeidungskosten des Emittenten und seiner relativen Höhe möglicher Kosten innerhalb des mit der Technologie verbundenen Kostenintervalls.

b)   Wettbewerb

Alternativ zum ex ante gegebenen bilateralen Monopol ist eine andere Vorgehensweise im Fall der Wettbewerbssituation auf der Seite der emittierenden Agents denkbar. Beispielhaft kann hierfür die Minderung der Schwefelemissionen aus verschiedenen Kraftwerken angeführt werden, die eine Reduktion durch den Einbau oder durch verstärkte Nutzung bereits gegebener Filteranlagen erzielen können. Unterstellt man unter-

104

schiedliche spezifische Vermeidungskosten, so besteht eine potentielle Konkurrenzsituation zwischen den Kraftwerken um einen Minderungsvertrag mit der Umweltbehörde.

Die Festlegung der Kontraktpartner kann über eine Auktionierung anreizkompatibler Verträge erfolgen. Ziel dieses Wettbewerbs ist es, den oder die kostengünstigsten Anbieter von Vermeidungseinheiten zu isolieren. Hieraus folgt im Umkehrschluß, daß nicht notwendigerweise mit allen potentiellen Kooperationspartnern kontrahiert wird. Aus Effizienzgesichtspunkten wird der Regulierende, soweit er mit einem oder mehreren Betreibern Verträge abschließt, zuerst den Betreiber mit den geringsten Vermeidungskosten mit einer bestimmten Schwefelreduktion beauftragen.

Riordan/Sappington zeigen, daß ein derartiger Wettbewerb um anreizkompatible Verträge einen informationsrentensenkenden Effekt zugunsten des Principal hat.[52] Wichtig für diese Untersuchung sind insbesondere zwei Ergebnisse der von Riordan/Sappington vorgenommenen Modellierung:

- das Vertragsdesign zur Schaffung anreizkompatibler Verträge ändert sich grundsätzlich nicht im Vergleich zum bilateralen Monopol und

- die Informationsrente des Agent sinkt mit zunehmendem Wettbewerbsgrad, definiert als der Anzahl potentieller Anbieter. Umso mehr Emittenten in einem Umweltmedium anzutreffen sind, desto geringer ist der Preis, den die Umweltbehörde dem Agent für die Erstellung einer verbesserten Umweltqualität zahlen muß, so daß hiermit auch die insgesamt bereitgestellte Menge steigt.[53]

---

[52] Vgl. Riordan/Sappington (1987), die diesen Fall im Rahmen einer Ausschreibung zur Belieferung eines natürlichen Monopolmarktes modellieren. Bei der Übertragung der Ergebnisse ist jedoch zu beachten, daß die Autoren von erwarteten Kosten der Anbieter ausgehen, während im Rahmen dieser Arbeit die privaten Informationen ein Datum aus Sicht des Agent sind. Da außer dem Erwartungswert jedoch kein anderes Moment der Verteilungsfunktion für die Ableitung der Ergebnisse relevant ist, das Bietverhalten der Konkurrenten keinen Einfluß auf die Realisierung des Kostenparameters hat und Risikoneutralität der Agents unterstellt wird, sind die von Riordan/Sappington abgeleiteten Ergebnisse direkt übertragbar.

[53] Dieser Ansatz impliziert, daß die miteinander konkurrierenden Agents die gleiche Technologie verwenden und somit ihre Kostenparameter innerhalb des gleichen Intervalls liegen. Wäre dagegen der Fall unterschiedlicher Vermeidungstechnologien gegeben, so könnte kein Wettbewerb in der Modellierung von Riordan/Sappington (1987) erfolgen. Es läge vielmehr eine Menge parallel existierender bilateraler Monopole vor.

Hervorzuheben ist an dieser Stelle, insbesondere mit Blick auf die anderen umweltpolitischen Instrumente, daß der Regulierende weder im Monopol, noch im Wettbewerbsfall das effiziente Vermeidungsnivau kennt. Er kann also keine Auktion für eine
bestimmte Menge durchführen, wie dies bspw. aus der Diskussion der Zertifikatlösung
bekannt ist, für die das Umweltziel exogen vorgegeben wird.[54] Vielmehr sinkt sowohl
für den Monopol- als auch für den Wettbewerbsfall die kontrahierte Reduktionsgröße
in den individuellen Vermeidungskosten. Ebenso wie in der zuvor dargestellten Grundproblematik variiert die von den Agents jeweils erstellte Menge mit der anzutreffenden
Typenausprägung in Form der Grenzvermeidungskosten des Agent.

Die nachfolgende Untersuchung beschränkt sich auf die Analyse der Wohlfahrtswirkun-
gen anreizkompatibler Verträge als Instrument staatlicher Umweltpolitik für den Fall
des bilateralen Monopols. Diese Einschränkung erscheint auf den ersten Blick sehr
restriktiv und als Konsequenz die erzielbaren Ergebnisse wenig aussagekräftig. Diese
Vereinfachung soll damit begründet werden, daß erstens i. d. R. bei lokalen Umweltproblemen, die in der nationalen Politik vorherrschen, ein Verschmutzer dominiert.
Zweitens gilt, daß Gegenstand dieser Arbeit anreizkompatible Verträge in der Umweltpolitik sind, deren grundsätzliche Vorgehensweise (formal) am einfachsten anhand des
bilateralen Monopols demonstriert werden kann.

Nach dieser Darstellung vorvertraglicher Informationsasymmetrie und der Analyse
ihrer Relevanz im Rahmen staatlicher Umweltpolitik, erfolgt anschließend die analoge
Analyse für Kooperationsbeziehungen, die durch nachvertragliche Informationsasymmetrie gekennzeichnet sind.

---

[54] Vgl. Lyon (1982).

IV.1.2.2   Nachvertragliche Informationsasymmetrie

IV.1.2.2.1   Darstellung der Problematik

Im Rahmen einer Kooperationsbeziehung, die durch nachvertragliche Informationsasymmetrie gekennzeichnet ist, haben die Vertragsparteien ex ante den gleichen
Informationsstand.[55] Bei der Vertragsausführung verfügt der Agent über Entscheidungsfreiheit, denn er kann eigenverantwortlich eine Aktion [e_i, $i=1,..,n$] aus einer
Menge sich ausschließender Handlungsmöglichkeiten wählen.[56] Die von ihm gewählte
Aktion führt wie auch bei der zuvor betrachteten vorvertraglichen Informationsasymmetrie zu externen Effekten, denn sie beeinflußt das für den Principal zur Verfügung
stehende, monetär meßbare Produktionsergebnis x.[57] Da die Auszahlung des Agent in
Abhängigkeit von dem Produktionsergebnis erfolgt, beeinflußt die Aktion somit sowohl
die eigene Wohlfahrt als auch die des Principal. Darüber hinaus ist die gewählte Aktion
wiederum mit einem Arbeitsleid $\phi(e)$ des Agent verbunden, von dem angenommen
wird, daß es konvex in e steigt. Der Agent präferiert somit leichtere Aktionen, die ein
geringeres Arbeitsleid verursachen.

Diese Form der Informationsasymmetrie ist ebenfalls im Umweltbereich anzutreffen.
So kann die Umweltbehörde nach der Implementierung einer Regulierungspolitik nicht
direkt die Handlungen der Unternehmung überwachen. Die von dem Agent gewählte
Handlung beeinflußt jedoch das "Produktionsergebnis", das im Umweltbereich der
Emissionsvermeidung und damit der Umweltqualität entspricht. Die Umweltbehörde hat
somit ein Interesse, daß die Unternehmung ihre Vorgaben einhält und eine vorgegebene

---

[55]   Vgl. zur Charakterisierung der Auftragsbeziehung Arrow (1985), S. 37, Neus (1989a), S. 21
f., Harris/Raviv (1979), S. 234 f., und Grossman/Hart (1983). Im Rahmen von Regulierungsbeziehungen ist es nicht möglich, wie sonst in der Literatur zu Principal-Agent-Beziehungen
üblich, von Verfügungsgewalt des Agent über Ressourcen des Principal zu sprechen. Da der
Staat die Rahmenbedingungen festlegt und selbst keinen Input leistet, wird im folgenden jeweils
von Verpflichtungen gesprochen.

[56]   Die Aktion stellt eine eindimensionale Variable dar. Bei ihr kann es sich um jede Art von Service oder um Konsumverzicht handeln. Im folgenden wird unter der gewählten Aktion der me-
trisch zu messende Arbeitseinsatz des Agent verstanden. Diese Annahme wird jedoch in Kapitel
IV.3 dahingehend modifiziert, daß die zu wählende Aktion die Investitionshöhe des Agent
darstellt.

[57]   Siehe Spremann (1987a), S. 3.

Umweltqualität, bspw. gemessen durch einen bestimmten Schadstoffgehalt in der Luft, sicherstellt.

Das Problem der nachvertraglichen Informationsasymmetrie im Umweltbereich entsteht aus der mangelnden Beobachtbarkeit der Aktivitäten der Unternehmung. Einerseits kann die Umweltbehörde nicht genau das Emissionsverhalten der regulierten Unternehmung überprüfen, andererseits bleiben ihr die unternehmensinternen Forschungs- und Entwicklungsaktivitäten zur weiteren Reduzierung der Emissionen verborgen.

Diese in der Realität zu beachtende nachvertragliche Informationsasymmetrie wird im weiteren wie folgt modelliert. Das Produktionsergebnis x wird durch die Wahl des Arbeitseinsatzes e und die Realisation einer exogenen, kontinuierlich verteilten Zufallsvariable γ bestimmt.[58] Annahmegemäß hat keiner der beiden Kooperationspartner Einfluß auf das exogene Risiko, das Konjunktureinflüsse, Maschinenausfälle etc. darstellen kann. Im Rahmen dieses Ansatzes wird das Produktionsergebnis also selbst als eine Zufallsvariable angesehen, die bei gegebener Verteilung über γ, durch die in e parametrisierte Verteilungsfunktion $F(x|e)$ und die Dichtefunktion $f(x|e)$ beschrieben wird.[59] Die Wahl von der Aktion beeinflußt das Produktionsergebnis dahingehend, daß ein höherer Arbeitseinsatz $e_2 > e_1$ die Verteilungsfunktion im Sinne der stochastischen Dominanz erster Ordnung beeinflußt: $F(x|e_1) \geq F(x|e_2) \forall x$, mit der strikten Erfüllung für mindestens ein x.[60]

Da der Informationsstand ex ante symmetrisch ist, kennt der Principal den Aktionsraum, die Fähigkeiten des Agent sowie sein Reaktionsschema für alternative Verträge. Weitere Annahmen sind, daß beide Partner homogene Erwartungen bezüglich der Produktionsfunktion $x(e,\gamma)$ haben, die das Zusammenwirken der Aktion e und des Zufalls-

---

58 Vgl. hierzu bpsw. Holmström (1979). Es wird unterstellt, daß nur diese beiden Größen das Produktionsergebnis beeinflussen, so daß mögliche Aktionen des Principal, bspw. in Form von beidseitigen Investitionen, unberücksichtigt bleiben.

59 Im Gegensatz zu dem Modell von Ross (1973) erscheint γ somit nicht direkt, sondern erfährt eine Gestaltung durch e als Parameter der Wahrscheinlichkeitsverteilung der Ergebnisse.

60 Anders formuliert bedeutet dies, daß die Wahrscheinlichkeit des Eintrittes von größeren Ergebnissen mit steigendem Arbeitseinsatz wächst, also eine "Rechtsverschiebung" der Verteilungsfunktion erfolgt [$\delta F(x|e)/\delta e \leq 0$].

108

einflusses auf das verifizierbare Produktionsergebnis x abbildet. Die Aufgabe des Principal besteht ex ante darin, ein Entlohnungsschema für den Agent festzulegen.[61] Der Ablauf dieser Kooperationsbeziehung sei wiederum anhand des Zeitstrahls veranschaulicht.

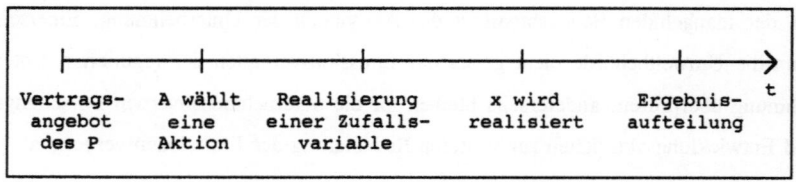

Abbildung 5: Ablauf einer statischen Kooperationsbeziehung bei nachvertraglicher Informationsasymmetrie

Da der Principal weder den Arbeitseinsatz noch den eingetretenen Umweltzustand beobachten kann, muß die Entlohnung des Agent in Abhängigkeit von einer anderen Größe als dem Arbeitseinsatz erfolgen.[62] Das Problem würde vermieden, wenn der Agent dem Principal zusichern könnte, daß er die effiziente Handlung wählt, und der Entlohnungsvertrag dementsprechend ausgestaltet würde. Eine solche Zusicherung kann jedoch als ökonomisch irrelevant abgelehnt werden da,

1.   opportunistisches Verhalten des Agent vorausgesetzt wurde und

2.   dem Principal im Grundmodell nach Vertragsabschluß kein genauer Überwachungs- und Sanktionsmechanismus zur Verfügung steht.

Hieraus resultiert für den Agent ein diskretionärer Handlungsspielraum, so daß er die für ihn nutzenmaximierende Aktion e wählen kann, die nicht notwendigerweise der effizienten Aktion e* entspricht. Der Agent wird dasjenige Aktivitätsniveau wählen, das seine gesamte Nutzensteigerung durch die damit verbundene Kostensteigerung in opti-

---

[61]   Lehnt der Agent den ihm angebotenen Vertrag ab, so erhalten beide Parteien ihren Reservationsnutzen.

[62]   Für den Fall, daß es neben dem beobachtbaren Produktionsergebnis noch informative Signale über die gewählte Aktion gibt, wird der Entlohnungsvertrag in Abhängigkeit von diesen geschrieben, wovon im folgenden jedoch abstrahiert wird, vgl. zu dieser Problematik Hart/ Holmström (1987), S. 82 f.

maler Weise abwägt. Diese Situation, die auf nachvertraglichen Opportunismus basiert, wird mit "Moral Hazard" bezeichnet.[63]

IV.1.2.2.2 Lösungsmöglichkeiten

Da dem Principal diese Problematik bekannt ist und er diese bei der Vertragsausgestaltung antizipiert, bestehen für ihn zwei Möglichkeiten der Entlohnung des Agent. Einerseits kann er dem Agent eine feste oder eine in der Höhe des Ergebnisses variable Zahlung $w[x(e,\gamma)]$ zugestehen.[64]

Wird eine variable Teilungsregel gewählt, so entsteht für den Agent ein direkter Zusammenhang zwischen seinem Arbeitseinsatz und der Höhe der Entlohnung. Die variable Teilungsregel dient mithin der Anreizsteuerung, d. h. der Motivation des Agent zur Wahl der aus der Sicht des Principal optimalen Aktion.[65] Die stärkste Motivationswirkung wird dann erzielt, wenn der Agent die gesamte durch seine Handlung erzielte Ergebnissteigerung erhält $[w'(x) \equiv 1]$. Unterstellt man wiederum eine lineare, additiv-separable Nutzenfunktion des Agent, so entsprechen bei dieser die Grenzkosten des Arbeitseinsatzes dem Wertgrenzprodukt der Arbeit, während der Principal eine fixe Zahlung erhält. Bei schlechten Ergebnissen wäre es jedoch möglich, daß diese nicht durch Versäumnisse des Agents, sondern durch widrige Umweltzustände, bspw. eine schlechte Konjunkturlage, bedingt sind. Eine Ergebnisbeteiligung ist somit mit einer Risikoübernahme des Agent verbunden.

Auf der Grundlage der für ihn verfügbaren Informationen wird der Principal nun nach einem anreizkompatiblen Entlohnungsvertrag suchen, der den beiden Zielsetzungen

---

[63] Der Begriff des "Moral Hazard" stammt ursprünglich aus der Literatur zur Versicherungslehre. Nachdem ein Individuum eine Versicherung abgeschlossen hat, wird es weniger sorgfältig sein, so daß ein zusätzliches Schadensrisiko entsteht. Arrow charakterisiert die Situation des Moral Hazard mit "Hidden Action", vgl. Arrow (1985), S. 1184.

[64] Dies erfolgt bspw. im LEN-Modell von Spremann (1987a).

[65] Einschränkend ist anzumerken, daß diese Anreizsteuerung nur für andere Aktionen als die des geringsten Arbeitseinsatzes gilt, da dessen Implementierung ohne zusätzliche Anreizsetzung erfolgen kann.

- Motivation des Agent zur Wahl der optimalen Aktion mittels der Entlohnungsfunktion und

- Risikoteilung entsprechend der gegebenen Risikoeinstellungen der Kooperationspartner

Rechnung trägt.

Der Aspekt der Risikoteilung stellt dann ein Problem dar, wenn der Agent, wie in der Literatur zur Agency-Theorie üblicherweise angenommen wird, risikoavers ist. Eine Aufteilung entsprechend der größten Motivationswirkung [w'(x) $\equiv$ 1] ist dann risikoeffizient, wenn der Agent risikoneutral ist. Dann wird er aufgrund seiner unendlich hohen Risikotoleranz bereit sein, die "Belastung" seines Einkommens mit dem gesamten Ergebnisrisiko zu tragen, ohne dafür Kompensationszahlungen zu fordern. Die Nutzenfunktion des Agent verläuft linear, d. h. der Erwartungswert des Nutzens E(U) entspricht dem Nutzen aus dem Erwartungswert U(E). Sind beide Individuen risikoneutral, so ist jede Risikoaufteilung effizient.[66]

Aus der obigen Diskussion wird deutlich, daß ein "Trade Off" zwischen den beiden Teilzielen besteht.[67] Der optimale Entlohnungsvertrag stellt somit bei Risikoaversion des Agent immer einen Kompromiß zwischen diesen beiden Teilzielen dar und der erzielte Vertrag weist nicht First-Best-Charakter auf.[68] Die hieraus resultierenden Wohl-

---

[66] Solange einer der Partner risikoneutral ist, ist es unter dem Aspekt der Risikokosten immer effizient, das Risiko von dieser Person tragen zu lassen und die andere Partei "vollständig zu versichern". Dieses würde jedoch zu falschen Anreizwirkungen führen, wenn der Principal risikoneutral und der Agent risikoavers wäre, da der Agent die Aktion mit dem geringsten Arbeitseinsatz wählen würde. Sind beide Parteien risikoavers, wird das Risiko entsprechend dem Grad ihrer Risikotoleranz auf die beiden Vertragspartner linear aufgeteilt. Voraussetzung hierfür ist, daß die Nutzenfunktionen dem gleichen Typ innerhalb der Haraklasse angehören. Unter dieser Annahme wäre ceteris paribus die Wahl einer geringeren Aktion optimal.

[67] Milgrom (1981), S. 381, charakterisiert das Problem folgendermaßen: "... the principal's problem is to design a fee schedule that trades off the necessity of providing the agent with appropriate work incentives against the desire to provide some risk sharing". Vgl. zu diesen Ausführungen ebenfalls Hax (1991), S. 58 ff., Hartmann-Wendels (1989) S. 715 f., Neus (1989b), S. 473, und Spremann (1987b), S. 343 f.

[68] An dieser Stelle wird wiederum die Bedeutung möglicher glaubwürdiger Bindungen sichtbar, denn die zuvor angesprochene Problematik von Wiederverhandlungen ist nur bei risikoaversen Agents im Rahmen der nachvertraglichen Informationsasymmetrie relevant. Nach der Wahl der Aktion seitens des Agent ist die ex ante gewählte Risikoallokation nicht mehr optimal, so daß Wiederverhandlungen die Ex-Post-Effizienz steigern würden. Aus der Ex-Ante-Sicht ist die

fahrtsverluste werden einerseits durch die Abweichung des Agent von der effizienten Handlung und andererseits durch eine nicht effiziente Risikoverteilung verursacht.[69]

Es wird im folgenden angenommen, daß beide Parteien risikoneutral sind. Das Problem des Trade Offs zwischen Anreizsteuerung und Risikoallokation entfällt demnach, und der Principal hat bei seiner Vertragsausgestaltung nur die Anreizsteuerung zu beachten.[70]

Als Referenzfall wird erneut der Fall unter **symmetrischer Information** betrachtet, so daß der Principal die Aktion des Agent beobachten kann. In Kenntnis dieser Aktion und der Charakteristika des Agent ist der Principal in der Lage, einen "Forcing Contract" zu konzipieren und durchzusetzen. Das heißt, der Agent kann unter Androhung entsprechender Sanktionen von dem Principal zur effizienten Aktion e^* verpflichtet werden, die den Erwartungswert des Residuums $E[U_P]$ maximiert. Dem Agent würde eine feste Zahlung in Höhe seines Reservationsnutzens zugestanden, so daß die Bedingung individueller Rationalität gewahrt würde, während die Anreizbedingung unter symmetrischer Information nicht berücksichtigt werden muß. Bei einem auf Null normalisierten Reservationsnutzen folgt

$$w[x(e,\gamma)] = \begin{cases} w(x) = 0 & \text{für } e = e^* \\ -Z & \text{für } e \neq e^*, \end{cases} \tag{28}$$

wobei Z eine hinreichend große Zahl kennzeichnet.[71]

---

[69] verbindliche Zusage jedoch effizient, vgl. zu einer Diskussion Fudenberg/Tirole (1991), S. 174 ff., und Hermalin/Katz (1991).

[69] Zu einer Diskussion von Agency-Costs, durch die diese Wohlfahrtsverluste abgeschätzt werden sollen, vgl. Neus (1989b).

[70] Für eine ausführliche Darstellung nachvertraglicher Informationsasymmetrie bei risikoaversem Agent, siehe Neus (1989a).

[71] Wird dagegen ein Agent betrachtet, der über kein Entgelt oder Vermögen außerhalb der Kooperationsbeziehung verfügt, können nichtmonetäre Größen wie bspw. Freiheitsstrafen Bestandteil des Vertrages werden.

Liegt dagegen eine **nachvertragliche Informationsasymmetrie** vor, wird die Anreizbedingung relevant, um den Agent zu der effizienten Aktionswahl zu motivieren. Der unter der Annahme der Risikoneutralität der Kooperationspartner optimale Vertrag hat dann folgende Gestalt[72]

$$w[x(e,\gamma)] = x - v. \qquad (29)$$

Der Principal erhält eine feste Zahlung in Höhe von v, während nun dem Agent das Residuum zufällt.[73] Durch diese Festlegung optimiert der Agent unter Berücksichtigung der Kosten ebenfalls das Produktionsergebnis, so daß seine Interessen als Residual Claimant mit denen des Principal korrespondieren. Zu beachten ist allerdings, daß sein erwarteter Nutzen mindestens dem Reservationsnutzen entspricht.[74] Obwohl die Risikoübernahme entgegengesetzt zu dem Fall symmetrischer Information erfolgt, weist diese Lösung ebenfalls First-Best-Charakter auf, da das gleiche Wohlfahrtsniveau erzielt werden kann.[75]

Zusammenfassend bleibt festzuhalten, daß unter bestimmten Annahmen effiziente Allokationsergebnisse auch unter nachvertraglicher Informationsasymmetrie erzielbar sind.[76] Diese Lösung ist möglich, da der Agent den gesamten erwarteten Grenznutzen aus seinem zusätzlichen Arbeitseinsatz erhält. Die notwendigen Voraussetzungen für dieses Ergebnis sind[77]

---

[72]   Ein sehr einfaches Beispiel zur Berechnung anreizkompatibler Verträge findet sich bei Milgrom/Roberts (1992), S. 200 f.

[73]   Vgl. hierzu Arrow (1985), S. 44.

[74]   Da es sich nur um einen Erwartungswertkalkül handelt, kann die tatsächliche Zahlung im Einzelfall auch geringer ausfallen.

[75]   Sappington (1991), S. 47, weist darauf hin, daß die feste Zahlung des Principals auch als Franchise-Gebühr aufgefaßt werden kann, die der Agent als Entgelt für das Produktionsrecht entrichten muß.

[76]   Unter der hier unterstellten asymmetrischen Informationsverteilung stellt die Lösung des Spiels ein nicht kooperatives Bayesian-Nash-Gleichgewicht dar, während unter symmetrischer Information ein kooperatives Gleichgewicht erzielt wird. Unabhängig von der Informationsverteilung existieren somit für die Kooperationspartner keine Anreize, von ihrer Strategie abzuweichen, gegeben die Strategie des anderen.

[77]   Siehe Sappington (1991), S. 48 f.

- die Annahme der Risikoneutralität des Agent,
- die homogenen Erwartungen der kooperierenden Parteien bezüglich des Verlaufs der Dichte- und Verteilungsfunktion des Output verbunden mit der Annahme unbegrenzter Rationalität,
- die Annahme, daß der Agent keiner Budgetrestriktion unterliegt[78] und
- daß der Principal die Fähigkeites des Agent kennt, so daß von dem Problem vorvertraglicher Informationsasymmetrie abstrahiert wird.

IV.1.2.2.3 Übertragung auf die Umweltproblematik

Als Untersuchungsgegenstand wurden flexible anreizkompatible Auflagenlösungen zwischen der Umweltbehörde und einem Emittenten definiert. Diese Lösungen beschränken sich nicht nur auf Regulierungsbeziehungen, die durch vorvertragliche Informationsasymmetrie gekennzeichnet sind, sondern können auch bei bestehender nachvertraglicher asymmetrischer Informationsverteilung abgeleitet werden. Im folgenden wird gezeigt, daß Voraussetzung hierfür wiederum die Gültigkeit der in der nachvertraglichen Agency-Theorie getroffenen Prämissen im Rahmen staatlicher Umweltpolitik sind. Dabei ist zu beachten, daß die Vielzahl der diskutierten Prämissen sowohl bei vor- als auch bei nachvertraglicher Informationsasymmetrie gültig sind, so daß diese nur kurz aufgelistet werden. Daran schließt sich die Diskussion um die Abgrenzung des weiteren Untersuchungsgegenstandes an.

1 Informationsstand der Kooperationspartner

Im Rahmen der isolierten Betrachtung nachvertraglicher Informationsasymmetrie ist der Informationsstand der an der Umweltregulierung beteiligten Parteien ex ante symmetrisch.

Wie im vorherigen Abschnitt ausgeführt wurde, kann sich eine nachvertragliche Informationsasymmetrie im Umweltbereich auf zwei Komponenten beziehen. Einerseits ist

---

[78] Dieses wird in der Literatur unter dem Stichwort "Limited Liability" diskutiert, vgl. hierzu Sappington (1983).

114

es möglich, daß die mit der Regulierung beauftragte Umweltbehörde nicht die Aktionen beobachten kann, die das Emissionsverhalten der Unternehmung beeinflussen. Andererseits kann die Unternehmung Forschungs- und Entwicklungsaktivitäten in Vermeidungstechnologien betreiben, die Einfluß auf die Kostenfunktion haben. Beide Varianten sind in der Realität anzutreffen und sollen nach der Auflistung der Prämissen analysiert werden.

2 Interessenkonflikt

Der nachvertragliche Interessenkonflikt zwischen den Kooperationspartnern entspricht strukturell der oben im Rahmen der vorvertraglichen Principal-Agent-Beziehung diskutierten Problematik. Sowohl die Emissionsvermeidungsaktivitäten als auch Investitionen in Forschungs- und Entwicklungsmaßnahmen zur Reduzierung von Emissionen sind mit Kosten für die Unternehmung verbunden.[79] Analog zu den vorherigen Ausführungen stellen diese das Arbeitsleid der Unternehmung dar, das im Ausmaß der Aktivitäten steigt. Während der Regulierende bspw. ein Interesse an der Implementierung der aus gesamtwirtschaftlicher Sicht optimalen Emissionsvermeidung hat, präferiert die regulierte Unternehmung die Aktion, die mit den geringsten Kosten verbunden ist.

3 Verhandlungsmacht und Rahmenbedingungen

Es wird eine hierarchische Kooperationsbeziehung betrachtet, in der dem Staat die gesamte Verhandlungsmacht zufällt.

4 Risikoeinstellungen

Beide Kooperationspartner sind risikoneutral.

5 Zeitpunkt der Verhandlung

Die Vertragsverhandlung erfolgt nur einmalig ex ante.

6 Kontrahierte Größen

Vertragsgegenstand sind die Emissionsvermeidungen der Unternehmung.

---

[79] Im weiteren wird unterstellt, daß diese Investitionen ausschließlich die Emissionsvermeidungskosten und somit das Emissionsverhalten der Unternehmung beeinflussen.

7   **Emittentenstruktur**

Die Analyse beschränkt sich auf Regulierungsbeziehungen zwischen der Umweltbehörde und einem Emittenten im Sinne des oben diskutierten bilateralen Monopols.

Im folgenden soll nun der Informationsstand der Kooperationspartner weiter spezifiziert
werden. Bezüglich des Emissionsverhaltens einer Unternehmung sind zwei Fälle zu
differenzieren. Erstens ist es naheliegend, daß die staatliche Umweltbehörde die
zugelassenen Emissionen zwar festlegen und auch kontrollieren kann, jedoch über keine
Informationen hinsichtlich interner Unternehmensabläufe verfügt. So können sowohl
Aktionen bei der Installation als auch Risiken, wie Ausfallrisiken von End-Of-Pipe-
Technologien[80], innerhalb des Unternehmens unterschieden werden. Die vermiedene
Schadstoffmenge wird in diesem Fall als "Output" aufgefaßt. Voraussetzung hierfür ist
jedoch, daß die Umweltbehörde die tatsächlich emittierte Schadstoffmenge unter dem
Einsatz von kontinuierlichen Kontrollmaßnahmen exakt bestimmen kann.

Die andere Möglichkeit besteht darin, die vermiedene Emissionsmenge nicht als Produktionsergebnis, sondern als "Aktion" des Agent zu interpretieren, so daß das Produktionsergebnis durch Immissionswerte bestimmt wird. Die gemessenen Immissionswerte
sind wiederum risikobehaftet, was aus dem beschriebenen Diffusionsvorgang von Emissionen und Immissionen resultiert. Das mit dem Diffusionsvorgang verbundene Risiko
ist jedoch in den letzten Jahren aufgrund kontinuierlich verbesserter Meßtechniken und
Modellierungsansätze von Diffusionsbewegungen gesunken, so daß die Ableitung der
Verursacher und der tatsächlich emittierten Menge immer präziser wird. Direkte Emis-
sionsmessungen würden dann in der Terminologie der Principal-Agent-Theorie Über-
wachungs-(Monitoring-)möglichkeiten darstellen.

Unabhängig von der gewählten Interpretation des Produktionsergebnisses als Emissions-
oder auch als Immissionswert, führen beide Alternativen im Rahmen der modelltheore-
tischen Ableitung anreizkompatibler Verträge, unter der Annahme der jeweiligen Meß-

---

[80]   Gawel (1993), S. 606, spricht in diesem Zusammenhang von einer stochastischen Vermeidungstechnologie.

116

barkeit, zu dem gleichen Ergebnis.[81] Die Unternehmung wird von der Umweltbehörde zur Vermeidung einer bestimmten Emissionsmenge verpflichtet und die entsprechende, zuvor abgeleitete, anreizkompatible Entlohnung sieht vor, daß die Unternehmung Residual Claimant ist. Daraus folgt, daß der Emittent unabhängig vom unternehmensinternen Technologie- versus dem externen Diffusionsrisiko, die effiziente Aktion und deshalb auch die effiziente Emissionsmenge wählt. Im Rahmen der Agency-Theorie kann demnach diese Form nachvertraglicher Informationsasymmetrie, unter der Annahme risikoneutraler Agents, durch den Einsatz anreizkompatibler Verträge gelöst und eine First-Best-Lösung erzielt werden.

In dieser Arbeit wurde aus Gründen der Vereinfachung die erste Alternative gewählt, d. h. die vermiedene Emissionsmenge als Produktionsergebnis interpretiert. Hierfür sprechen zwei Gründe. Erstens erscheint es im Hinblick auf die Betrachtung vorvertraglicher Informationsasymmetrie konsistent, da dort die Beobachtbarkeit des Emissionsverhaltens unterstellt wurde. Darüber hinaus wird in der Literatur zur Umweltpolitik immer von dem Beobachtungsproblem abstrahiert. Das Funktionieren des Auflagenansatzes, ebenso wie die Anwendung von Steuern und Zertifikaten, setzt voraus, daß der staatlichen Institution eine Kontrolltechnologie zur Verfügung steht, die kostenlose und perfekte Messungen der Emissionen an der Quelle ermöglicht. Bei dem Vergleich der bestehenden Instrumente wird immer von dieser Prämisse ausgegangen.

Wenn im folgenden dieser Begründung im Rahmen unterschiedlicher Modellbetrachtungen gefolgt wird, sollte der Leser bei der Interpretation der Ergebnisse beachten, daß diese auch für die Alternative Gültigkeit besitzen, in der nur die Immissionen gemessen werden können. Notwendige Voraussetzung für die Übertragbarkeit bleibt jedoch, wie zuvor bereits dargelegt, immer die Prämisse der Risikoneutralität des Agent.[82]

---

[81] Die Beobachtbarkeit des Produktionsergebnisses ist jedoch nicht notwendige Voraussetzung für die Ableitung anreizkompatibler Verträge. Bei Nichtbeobachtbarkeit kann eine endogene Ableitung der Verträge erfolgen, so daß die Modellierung beider Varianten möglich ist. Vgl. zu einer Modellierung im Rahmen von Finanzierungsverträgen Townsend (1979), Thakor (1991) und Nippel (1994).

[82] Zu beachten ist, daß auch die Kombination der beiden Alternativen von Emissions- und Immissionsmessungen, bspw., daß die Aktionen als Installation bestimmter Technologien und Immissionswerte als Produktionsergebnis definiert werden, effiziente Ergebnisse gewährleistet. Die

Untersucht man die Relevanz nachvertraglicher Informationsasymmetrie im Rahmen staatlicher Umweltpolitik, so wird deutlich, daß die Annahme homogener Informationsstände der beiden Kooperationspartner zu Beginn der Regulierungsbeziehung kritisch ist. Ex ante gegebene symmetrische Information unterstellt, daß die Umweltbehörde die Vermeidungskosten des Emittenten kennt. Betrachtet man die in dem vorhergehenden Kapitel aufgezeigte Diskussion über vorvertragliche Informationsasymmetrie, so wird deutlich, daß die Akzeptanz dieser Prämisse nicht haltbar erscheint. Als Konsequenz wird im Rahmen dieser Arbeit die isolierte Betrachtung nachvertraglicher Informationsasymmetrie von bilateralen Kooperationsbeziehungen nachfolgend vernachlässigt.

Welchen Erkenntnisfortschritt brachte dann dieser Abschnitt? Der Verzicht auf eine isolierte Betrachtung von Kooperationsbeziehungen, die durch nachvertragliche Informationsasymmetrie gekennzeichnet sind, bedingt nicht eine gesamte Vernachlässigung dieses Problembereiches. Im folgenden wird daher entweder nur vorvertragliche oder eine Kombination beider Formen von Informationsasymmetrien im Rahmen von staatlicher Umweltregulierung betrachtet.

Beide Formen der nachvertraglichen Informationsasymmetrie sowohl die Nichtbeobachtbarkeit der Aktionen, die das Emissionsverhalten beeinlussen als auch der Forschungs- und Entwicklungsinvestitionen sind für die Analyse der Umweltregulierung relevant. Im weiteren wird die zweite Variante exemplarisch modelliert. Der Aspekt von Forschungs- und Entwicklungsinvestitionen in Vermeidungstechnologien ist vor allem im Rahmen langfristiger Kooperationsbeziehungen wichtig. Durch den Kapitaleinsatz in technischen Fortschritt ist es der Unternehmung möglich, Technologien zu verbessern. Diese potentielle Veränderung hat wiederum Auswirkungen auf den Kostenparameter der Unternehmung, der die private Information darstellt.[83] An dieser

---

Betrachtung eines zweistufigen Risikos hat keinen Einfluß auf das Modellergebnis, sondern wäre nur im Fall der Risikoaversion des Agent relevant.

[83] Werden dagegen neue Technologien installiert, liegt der Fall vorvertraglicher Informationsasymmetrie vor.

Stelle wird die Abhängigkeit von vor- und nachvertraglichen Informationsasymmetrien deutlich, die in der Realität oft gemeinsam auftreten.[84]

Der im Rahmen von Regulierungsbeziehungen, die durch vor- und nachvertragliche Informationsasymmetrie gekennzeichnet sind, bestehende Interessenkonflikt kann dann wie folgt charakterisiert werden. Der Regulierende ist erstens an der Information der Vermeidungskosten des Emittenten interessiert, um auf dieser Grundlage das effiziente Vermeidungsniveau zu bestimmen. Besteht seitens der Unternehmung die Möglichkeit durch Forschungs- und Entwicklungsinvestitionen den Kostenparameter zu senken, so ist aus Sicht des Regulierenden das effiziente Investitionsniveau dann gegeben, wenn es zu einer Angleichung des Grenznutzen aus der Kostensenkung in Form einer verbesserten Umweltqualität und den Grenzkosten der verstärkten Investitionsanstrengung kommt.

Da die Unternehmung die Kosten der Emissionsvermeidung erstattet bekommt, besteht einerseits der Anreiz, die private Information zu hoch anzugeben und andererseits ein ineffizientes Investitionsniveau zu wählen respektive falls möglich den daraus resultierenden Kostensenkungseffekt gegenüber der Umweltbehörde zu verschleiern. Letzteres Problem ist jedoch durch eine Vertragsausgestaltung lösbar, die den Agent zum Residual Claimant macht.

---

[84]   Eine Untersuchung von Regulierungsbeziehungen, die sowohl durch vor- als auch durch nachvertragliche Informationsasymmetrie gekennzeichnet ist, erfolgt in Kapitel IV.3.

IV.1.3   Zusammenfassung der Zwischenergebnisse

In diesem Unterkapitel wurde herausgestellt, daß die unterschiedlichen Informationsstände zwischen dem Regulierenden und den Emittenten als ein zentrales Problem im
Rahmen staatlicher Regulierung angesehen werden muß. Die Kenntnis der Umweltbehörde über die Vermeidungskosten der Emittenten ist notwendige Voraussetzung für
eine effiziente Umweltpolitik. Die individuell rational handelnden Emittenten haben
jedoch einen Anreiz, ihre Kosten zu hoch anzugeben. Sowohl für den Fall, daß sie ihre
anfallenden Vermeidungskosten selbst tragen müssen, als auch für den Fall, daß ihnen
diese vom Staat erstattet werden.

Als Lösungsansatz zur wahrheitsgemäßen Kostenoffenbarung kann die neuere Regulierungstheorie hinzugezogen werden, die eine Sonderform der Principal-Agent-Theorie
darstellt. Die Möglichkeit der Übertragbarkeit begründet sich daraus, daß die in der
Agency-Theorie unterstellten Annahmen im Rahmen staatlicher Umweltregulierung als
gegeben angesehen werden können. Der wohlwollende Planer wird im weiteren als
Principal und die Emittenten als Agents aufgefaßt. Die zu betrachtende Kooperationsbeziehung wird mit dem Ziel der individuellen Wohlfahrtssteigerung eingegangen und
nach dem Schema von Leistung und Gegenleistung vollzogen. Innerhalb der Umweltregulierung heißt dies, daß die regulierte Unternehmung mit der Aufgabe der Emissionsminderung betraut wird.

Entgegen den bisherigen ordnungspolitischen Maßnahmen können darauf aufbauend,
flexiblere Auflagenlösungen entwickelt werden. Diese flexiblen Auflagen stellen
individuell anreizkompatible Verträge zwischen der Umweltbehörde und einem Emittenten dar, deren Vertragsgegenstand vermiedene Emissionen sind. Im Rahmen einer
Verbesserung der Umweltqualität durch Emissionsvermeidung kauft der Staat zuvor an
den Emittenten überlassene Nutzungsrechte an der Luft zurück. Letzterer erhält als
Entgelt für seine Vermeidungsaktivitäten monetäre Leistungen von der Umweltbehörde.

Die ungleichen Informationsstände zwischen den kooperierenden Parteien begründen
eine Situation, die durch vorvertragliche Informationsasymmetrie bezüglich der Ver-

meidungskosten gekennzeichnet ist. Falls der Emittent die Höhe der Kosten durch For-
schungs- und Entwicklungsaufwendungen im Zeitablauf beeinflussen kann, entsteht eine
Situation, die sowohl vor- als auch nachvertragliche Informationsasymmetrien aufweist.
Für beide Situationen können von dem Regulierenden anreizkompatible Verträge ent-
worfen werden.

Die nachfolgende Betrachtung beschränkt sich auf Kooperationsbeziehungen zwischen
dem Staat und einem Emittenten im Sinne eines bilateralen Monopols, d. h. es ist in
dem betrachteten Umweltmedium nur ein Hauptverschmutzer anzutreffen. Diese Ein-
grenzung des Untersuchungsgegenstandes wird gewählt, da anhand der Untersuchung
der Wirkungsweise die Idee flexibler Auflagenlösungen exmplarisch veranschaulicht
werden kann und zudem der Ablauf innerhalb der Regulierungsbeziehung dem mit
mehreren Emittenten ähnlich ist.[85]

Für die weitere Analyse wird folgender Aufbau gewählt: Die bisherigen Ergebnisse
werden anhand mehrerer Regulierungsmodelle weiter spezifiziert. Als grundlegendes
Modell wird die Arbeit von Baron und Myerson bei isolierter vorvertraglicher Informa-
tionsasymmetrie gewählt, die anschließend hinsichtlich mehrerer Prämissen eine
Veränderung erfährt. Jede Veränderung, namentlich die Erweiterung auf dynamische
Regulierungsbeziehungen und die Einbeziehung nachvertraglicher Informationsasym-
metrie, wird einzeln dargestellt, um so die Ergebnisse gut herausarbeiten zu können.
Insbesondere können so die Auswirkungen von Informationsasymmetrien und ihrer
Lösungsmöglichkeiten auf die Wohlfahrt der regulierten Unternehmung und des Staates
veranschaulicht werden.

---

[85]   Vgl. zu dieser Argumentation Laffont/Tirole (1993), S. 308.

IV.2 **Umweltregulierung von Monopolen unter vorvertraglicher Informationsasymmetrie**

IV.2.1 **Monopolanbieter in einperiodigen Modellen**

IV.2.1.1 **Das Regulierungsmodell von Baron/Myerson**

Nach der allgemeinen Darstellung der für Agency-Beziehungen relevanten Informationsasymmetrien und deren Lösungsmöglichkeiten wird nachfolgend die zu Beginn des Kapitels formulierte Problemstellung der Ableitung einer Angebotsfunktion für Emissionsminderungseinheiten anhand konkreter Funktionsverläufe diskutiert. Das Ziel dieses Abschnittes ist es, die Wohlfahrtsimplikationen für die beteiligten Kooperationspartner in einer Regulierungsbeziehung, die durch private, vorvertragliche Informationen des Emittenten hinsichtlich seiner Vermeidungskosten θ gekennzeichnet sind, abzuleiten. Hierzu werden einerseits die resultierende Umweltqualität und andererseits die hiermit verbundene Rentenverteilung diskutiert.

Zu diesem Zweck wird das von Baron und Myerson für die Analyse bilateraler Monopole entwickelte Regulierungsmodell mit spezifischem Blick auf die umweltrelevanten Parameter interpretiert. Ziel des einperiodigen Modells von Baron/ Myerson ist die Entwicklung einer optimalen Regulierung eines natürlichen Monopols.[1] Das im weiteren gewählte Modell ist mithin kein Modell zur Umweltregulierung, jedoch aufgrund der oben diskutierten Analogien zwischen der Umwelt- und der natürlichen Monopolregulierung geeignet, als Grundlage zur Ableitung anreizkompatibler Auflagenlösungen zu dienen.

Es wird angenommen, daß es sich bei der zu regulierenden Unternehmung um einen risikoneutralen Monopolisten handelt, dessen Kosten für den ebenfalls risikoneutralen Regulierenden nicht beobachtbar sind. Annahmegemäß fragt die Umweltbehörde das von der Unternehmung zu produzierende Gut Emissionsvermeidung im Auftrag der Gesellschaft nach.[2]

---

[1]   Baron/Myerson (1982).

[2]   Zur Abgrenzung von Beschaffungs- und Regulierungsverträgen vgl. Laffont/Tirole (1993), S. 8 ff.

122

Bezüglich der von der Unternehmung angewandten Vermeidungstechnologie wird angenommen, daß diese bereits vor Beginn der Kooperationsbeziehung ausgewählt wurde. Im Rahmen dieses statischen Modell hat die Unternehmung somit innerhalb der Modellierung keine Alternativenwahl, was jedoch keine Einschränkung in bezug auf Technologievarianten im Vorfeld der Regulierungsbeziehung bedeutet. Da mit der Nutzung der Vermeidungstechnologie idiosynkratisches Wissen entsteht, resultiert, trotz beidseitig bekannter Technologiewahl, eine Informationsasymmetrie hinsichtlich der tatsächlich anfallenden Kosten.

Da der Regulierende annahmegemäß nur Erwartungen über die Vermeidungskosten der Unternehmung besitzt und im Rahmen des Grundmodells auch ex post über keine zusätzlichen Informationen verfügt, erfolgt die Entlohnung des Emittenten in Abhängigkeit von seiner Kostenangabe $\hat{\theta}$.[3] Im Gegensatz zu der oben in Kapitel IV.1.2.1 gewählten Gesamtentlohnung $w[x(\theta)]$ wird im folgenden auf ein "gespaltenes" Entlohnungsschema zurückgegriffen, das sich einerseits aus einem regulierten Stückpreis $p(\hat{\theta})$ pro vermiedener Emissionseinheit und andererseits aus einer Transferzahlung $s(\hat{\theta})$ zusammensetzt.

Die zu zahlende Transferzahlung sollte nicht als Subvention im Sinne von Geldzahlungen oder geldwerten Sachleistungen verstanden werden, denen keine marktwirtschaftlichen Leistungen der Empfänger gegenüberstehen.[4] Sie stellt vielmehr einen Grundpreis dar, der der Unternehmung für die Belieferung des Marktes zugestanden wird.[5] Da es sich bei der Produktion des Konsumgutes "Umweltqualität der Luft" um ein öffentliches Gut handelt, erscheint die Annahme der Finanzierung der Zahlungen an die Unternehmung durch Steuerzahlungen, wie sie hier getroffen wird, sinnvoll.

---

[3]   Der Regulierende könnte auch einen von θ unabhängigen konstanten Preis festlegen und die Information des Agent ignorieren. Unter Allokationsgesichtspunkten ist es jedoch Paretosuperior, die Regulierungspolitik auf der Grundlage des berichteten Kostenparameters durchzuführen. Vgl. Baron (1985), S. 216.

[4]   Vgl. zum Begriff der Subvention Gabler Wirtschaftslexikon (1988), S. 1827 f.

[5]   Siehe Noth (1994).

Die nachfolgend skizzierte Situation ist dadurch gekennzeichnet, daß die Unternehmung einen systematischen Anreiz hat, den realisierten Kostenparameter θ zu hoch anzugeben, da ihr die Vermeidungskosten annahmegemäß von dem Regulierenden erstattet werden.[6] Die Aufgabe des Regulierenden besteht somit in der Konzeption eines anreizkompatiblen zwei-stufigen Tarifs $(p(\dot\theta), s(\dot\theta), \dot\theta \in [\theta^-, \theta^+])$, da er die Angaben des Emittenten für die Regulierung nutzen will.[7]

Durch den festgelegten Stückpreis und die Transferzahlung bekommt die Unternehmung ihre Vermeidungskosten, bestehend aus variablen und fixen Kosten, erstattet. Des weiteren werden durch diese Zahlungen die entsprechenden Anreize zur wahrheitsgemäßen Informationsweitergabe gesetzt, da ein Gewinn in Form der Informationsrente gewährt wird. Wie bereits in Kapitel IV.1.2.1.2 deutlich wurde, wird durch die Zugestehung einer Informationsrente das Allokationsergebnis verzerrt, und es können nur Second-Best-Lösungen erzielt werden.[8]

Im Rahmen des Grundmodells von Baron/Myerson werden folgende Annahmen getroffen: Die Kosten des Monopolisten werden durch die in x und θ lineare Gesamtkostenfunktion $C(x;\theta)$ bestimmt, in der x die vermiedene Menge und θ den für den Regulierenden unbekannten Kostenparameter darstellen. Die Ausprägungen des kontinuierlich verteilten Kostenparameters sind auf das endliche Intervall $\theta \in [\theta^-, \theta^+]$ mit $\theta^- < \theta^+$ beschränkt. Darüber hinaus ist in der einperiodigen Betrachtung der exogen vorgegebene Kostenparameter sowohl endogen als auch exogen nicht veränderbar, so daß dynamische Aspekte keine Berücksichtigung finden.[9] Es sei daran erinnert, daß θ^- den geringstmöglichen und θ^+ den höchsten Kostenparameter bei gegebener Vermeidungstechnologie entsprechen.

---

6   Vgl. Kapitel IV.1.

7   Vgl. Baron (1989), S. 1356.

8   Die bestehenden Ausnahmen werden nachfolgend aufgezeigt.

9   Dies steht im Gegensatz zu dem erweiterten Regulierungsmodell von Baron/Besanko (1984), die annehmen, daß im Rahmen der Regulierung Adverse Selection und Moral Hazard auftreten, und der Agent durch Wahl einer Investitionshöhe seinen Kostenparameter beeinflussen kann. Eine Modellierung dieses Zusammenhanges erfolgt in Kapitel IV.3.

124

Für den Regulierenden ist θ eine exogene Zufallsvariable. Seine Einschätzungen bezüglich dieser werden durch die Dichtefunktion f(θ), [f(θ) > 0, in $\theta \in [\theta^-, \theta^+]$] und die entsprechende Verteilungsfunktion F(θ) reflektiert. Der Principal will sicherstellen, daß der Agent nur dann Emissionen vermeidet, wenn soziale Überschüsse erzielbar sind, d. h. der erzielbare Konsumentennutzen die Produktionskosten übersteigt. Grundsätzlich ist es denkbar, daß es aus gesamtwirtschaftlicher Sicht am oberen Ende des Kostenintervalls nicht wünschenswert wäre, Ressourcen in die Emissionsvermeidung zu lenken, wenn die anfallenden Kosten den entstehenden Nutzen übersteigen. Nachfolgend soll jedoch angenommen werden, daß selbst bei der ungünstigsten Parameterausprägung θ^+ eine Emissionsvermeidung in Höhe von x(θ^+) wünschenswert ist.[10]

Im Rahmen der Emissionsvermeidung, die im weiteren auch als Produktion bezeichnet wird, entstehen der Unternehmung folgende Kosten

$$C(x;\theta) = \theta \cdot x(\theta) + K_1 \qquad \text{für } x > 0 \text{ und} \qquad (1)$$

$$C(0;\theta) = 0 \qquad \text{für } x = 0,$$

die sich aus den variablen Stückkosten θ und den fixen Kosten K_1 zusammensetzen.[11] Neben diesen Kosten finden Transaktionskosten, wie in der Literatur zur Regulierungstheorie üblich, keine Berücksichtigung. Annahmegemäß kennt die Umweltbehörde die Höhe der produktionsunabhängigen Kosten K_1, so daß sich die bestehende Informationsasymmetrie auf die Kenntnis der variablen Vermeidungskosten θ beschränkt.

Zur Ermittlung des effizienten Verschmutzungsniveaus und damit verbunden der zu kontrahierenden Vermeidungsmenge x($\dot{\theta}$) stellt die Umweltbehörde den berichteten Kostenparameter $\dot{\theta}$ der für die Gesellschaft ermittelten Zahlungsbereitschaft für eine

---

[10] Die von Baron/Myerson darüber hinaus vorgenommene Fallunterscheidung in sozial wünschenswerte versus nicht wünschenswerte Produktion wird vernachlässigt. Die von den Autoren gewählte Modellierung mittels einer Produktionswahrscheinlichkeit in Abhängigkeit von dem bekanntgegebenen Kostenparameter wird somit gleich Eins gesetzt.

[11] Es sei darauf hingewiesen, daß Baron/Myerson ihren Modellansatz mit mehreren Kostenparametern formulieren. Einhergehend mit einer im Rahmen eines Beispiels von den Autoren getroffenen Vereinfachung wird nachfolgend obige Kostenfunktion verwandt, vgl. Baron/Myerson (1982), S. 925 f.

verbesserte Umweltqualität gegenüber.[12] Diese korrespondiert nachfolgend mit der Nachfragefunktion $x(\theta) = \Psi[p(\theta)]$, die einen normal fallenden Verlauf aufweist und beiden Kooperationspartnern zugänglich ist.

Gemäß dem Kooperationsverlauf einer Principal-Agent-Beziehung entwirft der Regulierende ein Bündel von Verträgen, von denen der Emittent in Abhängigkeit von seinem Typ einen durch die Angabe eines Kostenparameters auswählt. Vorausgesetzt wird, daß sich die Umweltbehörde bindend verpflichten kann, den vom Agent gewählten Vertrag tatsächlich zu realisieren und der Unternehmung den im Vertrag festgeschriebenen Stückpreis und die Transferzahlung zu leisten (Commitment). Da über alle relevanten Handlungsparameter der Vertragsparteien kontrahiert wird, ist der gewählte einperiodige Vertrag vollständig.

Nach dem bereits angeführten Revelation Principle kann man sich im Rahmen der folgenden Untersuchung auf die Analyse von Regulierungspolitiken beschränken, die anreizkompatibel in dem Sinne sind, daß die Unternehmung ihren Kostenparameter θ wahrheitsgemäß offenbart.[13]

Die von dem Principal zu wählende Regulierungspolitik

$$M = \{p(\theta), x(\theta)), s(\theta)\}$$

besteht aus zwei grundlegenden Entscheidungen:

1. Der Regulierende bestimmt die Preis-Mengen-Kombination $p(\hat{\theta})$ und $x(\hat{\theta})$ in Abhängigkeit von dem bekanntgegebenen Kostenparameter

$$p(\hat{\theta}) = \Psi^{-1}[x(\hat{\theta})] \text{ und} \tag{2}$$

2. er legt ebenfalls in Abhängigkeit von der Kostenangabe $\hat{\theta}$ die Transferzahlung $s(\hat{\theta})$ fest.

---

[12] Vgl. Kapitel III.1.2.

[13] So zeigt Baron (1989), S. 1364, auf, daß der Mechanismus als Bayesianisches Spiel aufgefaßt werden kann, bei dem der Regulierende, gegeben die optimale Antwort des Agent, einen Mechanismus wählt. Voraussetzung hierfür ist, daß der von dem Agent gewählte Mechanismus eine optimale Strategie in Abhängigkeit von seiner privaten Information darstellt.

126

In Anlehnung an die Ausführungen in Kapitel IV.1 kann der Ablauf der Regulierung wie folgt dargestellt werden[14]:

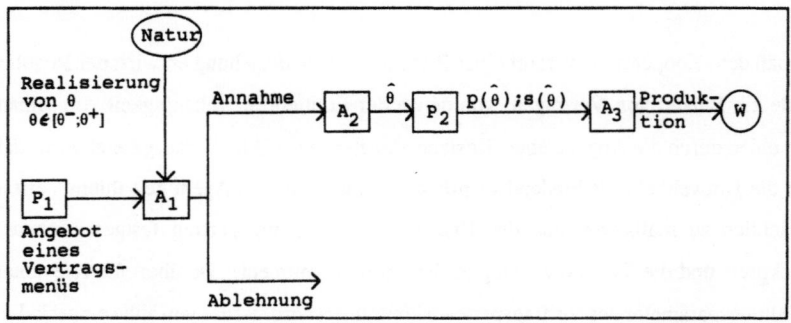

Abbildung 6: Abfolge der Regulierung im
Modell von Baron/Myerson

Aus der Abbildung wird deutlich, daß die Umweltbehörde in einem ersten Schritt die Regulierungspolitik bestehend aus einem Bündel von Verträgen für jeden möglichen Kostenparameter ausgestaltet, welches sie dem Agent anschließend präsentiert. Die Unternehmung hat, in Anlehnung an die Ausführungen zur Agency-Theorie, die Entscheidungsfreiheit, ob sie unter den gegebenen Voraussetzungen die Auflagenpolitik akzeptiert. Es wird angenommen, daß sie partizipieren wird, falls ihr der Vertrag mindestens ihren Reservationsnutzen zusichert. Die Festlegung von θ durch die "Natur" als exogene Instanz erfolgt bereits vor der Bestimmung der möglichen Regulierungspolitik durch die Umweltbehörde.

Betrachtet sei nun die Gewinn(Nutzen-)situation des Emittenten. Offenbart die Unternehmung ihre Kosten wahrheitsgemäß $[\pi(\theta) \equiv \pi(\theta,\theta)]$, so beträgt ihr Gewinn

$$\pi(\theta) = p(\theta)x(\theta) - \theta \cdot x(\theta) - K_1 + s(\theta). \tag{3}$$

---

[14]   Die in der Zeichnung gewählten Supskripte bezeichnen die jeweiligen Aktionen der Kooperationspartner.

Wird der Emittent dagegen einen von θ abweichenden Kostenparameter $\hat{\theta}$ angeben, so erhält er Gewinne in Höhe von

$$\pi(\hat{\theta},\theta) = p(\hat{\theta})x(\hat{\theta}) - \theta \cdot x(\hat{\theta}) - K_1 + s(\hat{\theta}). \qquad (4)$$

Will die Umweltbehörde demnach sicherstellen, daß die Unternehmung bei der Kosten-angabe keinen Anreiz zur Abweichung von den wahren Kosten hat, müssen die erziel-baren Gewinne bei wahrheitsgemäßer Bekanntgabe unter den gegebenen Restriktionen maximal sein

$$\pi(\theta) \geq \pi(\hat{\theta},\theta) \qquad\qquad \forall\ \hat{\theta} \in [\theta^-,\theta^+] \qquad (5)$$

und der Bedingung individueller Rationalität des Agent

$$\pi(\theta) \geq 0 \qquad\qquad \forall\ \theta \in [\theta^-,\theta^+] \qquad (6)$$

genügen.[15]

Eine flexible Auflagenlösung ist dann implementierbar (feasible policy), wenn (2), (5) und (6) für alle $\theta \in [\theta^-,\theta^+]$ erfüllt sind.

Die bei einer implementierbaren Politik erwartete Netto-Konsumentenrente entspricht[16]

---

[15] Die Opportunitätskosten des Agent werden von den Autoren wiederum auf den Wert Null normalisiert. Diese Annahme ist im Umweltbereich daher gegeben, da der Staat als Monopsonist das Gut nachfragt, so daß keine anderweitigen Absatzmöglichkeiten bestehen.

[16] Graphisch dargestellt, entspricht dies der Fläche unter der Nachfragekurve, unter Vernachläs-sigung von möglichen auftretenden Einkommenseffekten. Hierbei ist zu berücksichtigen, daß im folgenden nur die durch die Regulierungspolitik für die Konsumenten zusätzlich entstehende Kon-sumentenrente untersucht wird, das heißt die Fläche unter der Nachfragekurve in den Grenzen der möglichen Kostenparameter. In bezug auf die Nutzenfunktion sei angenommen, daß diese additiv separabel in monetären Größen und Konsum ist. Vgl. hierzu die Darstellung in Abbildung 7.

128

$$\int_{\theta^-}^{\theta^+} \left[V[x(\theta)] - p(\theta)x(\theta) - s(\theta) \right] f(\theta)d(\theta), \tag{7}$$

wobei $V[x(\theta)]$ die Zahlungsbereitschaft darstellt, die die Individuen für die Verbesserung der Umweltqualität haben. Die Subvention wird subtrahiert, da angenommen wird, daß diese durch Transferzahlungen bspw. in Form von Steuern seitens der Individuen finanziert wird.[17] Bevor der Regulierende eine Angabe über den Kostenparameter erhält, ist der erwartete Gewinn des Emittenten aus der Sicht des Regulierenden

$$\int_{\theta^-}^{\theta^+} \pi(\theta)f(\theta)d(\theta). \tag{8}$$

Somit stellt die vom Principal zu maximierende soziale Wohlfahrtsfunktion ex ante die Summe aus der erwarteten Konsumentenrente (KR) der Gesellschaft und dem erwarteten Gewinn der Unternehmung dar.

Die Summierung der Konsumenten- und Produzentenrente erfolgt jedoch nicht notwendigerweise gleichgewichtig. Vielmehr kann aus distributiven, d. h. politischen Gründen eine abweichende Gewichtung vorgenommen werden. Diese kann insofern begründet werden, als der Regulierende daran interessiert ist, die seiner Zuständigkeit unterstehenden, Interessen der Wählergemeinschaft zu wahren.[18] Im Rahmen der Modellierung finden diese distributiven Überlegungen ihren Niederschlag in dem Faktor α, mit dem nachfolgend die Produzentenrente gewichtet wird. Der Gewichtungsparameter α soll Größen zwischen null und eins ($0 \leq \alpha \leq 1$) annehmen können. Für den Fall $\alpha = 0$ mißt der Regulierende dem Gewinn der Unternehmung kein Gewicht bei, während an der oberen Grenze des Intervalls $\alpha = 1$ die Interessen beider Parteien gleichberechtigt Berücksichtigung finden. Anders formuliert ist der Regulierende in letzterem Fall in-

---

[17]   Bei der Subvention kann es sich auch um eine negative Größe handeln, die einer Steuerzahlung der Unternehmung entsprechen würde, vgl. Baron/Myerson (1982), S. 915.

[18]   Vgl. Baron (1989), S. 1362. Diese Begründung ist jedoch problematisch, falls es sich bei der zu untersuchenden Unternehmung um eine Publikumsgesellschaft handelt.

different hinsichtlich der vom Emittenten erzielbaren Rente.[19] Aufbauend hierauf gestaltet sich das von der Umweltbehörde zu lösende Optimierungsproblem folgendermaßen:

$$\max W(\theta) = \max KR + \alpha\pi \tag{9}$$

$$= \max_{p,s} \int_{\theta^-}^{\theta^+} [V(x(\theta))-p(\theta)x(\theta)-s(\theta)]f(\theta)d(\theta) + \alpha \int_{\theta^-}^{\theta^+} \pi(\theta)f(\theta)d(\theta)$$

u. d. N.

$$\pi(\theta) \geq \pi(\hat{\theta},\theta) \qquad\qquad \forall\ \hat{\theta}\in[\theta^-,\theta^+] \tag{5}$$

$$\pi(\theta) \geq 0 \qquad\qquad \forall\ \theta\in[\theta^-,\theta^+]. \tag{6}$$

Für die Ausgestaltung der optimalen anreizkompatiblen Auflagenlösung wird die gewichtete soziale erwartete Wohlfahrt, unter den Nebenbedingungen, daß die Unternehmung ihre private Information wahrheitsgemäß offenbart ("Incentive Compatibility Constraint") und daß die Gewinne der Unternehmung deren Opportunitätskosten übersteigen ("Individual Rationality Constraint"), maximiert.

Um Aussagen über die durch die Informationsasymmetrie resultierenden Wohlfahrtsverluste ableiten zu können, wird als Referenz zuerst die **First-Best-Lösung unter symmetrischer Informationsverteilung** betrachtet, bei der die Umweltbehörde die Vermeidungskosten des Emittenten kennt.[20] Der Regulierende maximiert die obige Wohlfahrtsfunktion

---

[19] Theoretisch wäre es auch denkbar, daß der Regulierende die Interessen des Emittenten höher als die der Gesellschaft gewichtet, was jedoch im folgenden ausgeschlossen werden soll, da der Gegenstand dieser Arbeit die Bereitstellung des öffentlichen Gutes Umweltqualität der Luft ist.

[20] Vgl. Baron/Myerson (1982), S. 921.

$$\max W(\theta) = \max KR + \alpha\pi \qquad (9)$$

u. d. N.

$$\pi(\theta) \geq 0 \qquad\qquad \forall\, \theta \in [\theta^{-}, \theta^{+}].^{21} \qquad (6)$$

Für die optimale Auflagenlösung folgt:

$$p^{*}(\theta) = \theta \qquad (10)$$

$$x^{*}(\theta) = \Psi[p^{*}(\theta)] \qquad (11)$$

$$s^{*}(\theta) = K_{1}. \qquad (12)$$

Dem Emittenten werden über die Preisfestsetzung genau die variablen Vermeidungs-kosten erstattet und es wird das First-Best-effiziente Vermeidungsniveau $x^{*}(\theta)$ realisiert. Da von nachvertraglicher Unsicherheit abstrahiert wird, kann so auch die effiziente Umweltqualität im Umweltmedium Luft erzielt werden. Über die Transferzahlung erfolgt die Erstattung der angefallenen fixen Kosten K_{1}.

Unter der Annahme symmetrischer Informationsverteilung ist es für die Unternehmung nicht möglich, Gewinne zu erzielen

$$\pi(\theta) = 0 \qquad\qquad \forall\, \theta \in [\theta^{-}, \theta^{+}]. \qquad (13)$$

Der Unternehmung wird gerade ihr Reservationsnutzen zugestanden, so daß es auch irrelevant ist, welcher Gewichtungsfaktor der Produzentenrente beigemessen wird. Dagegen vereinnahmen die Konsumenten den vollen Nutzen aus der Umweltqualitätsver-besserung.

---

[21]   Es sei daran erinnert, daß unter symmetrischer Information keine Anreizbedingung notwendig ist, vgl. auch Kapitel IV.1.2.1.2.

Das Allokationsergebnis unter symmetrischer Information des hypothetischen Marktes für Emissionsminderungseinheiten wird in der folgenden Abbildung 7 dargestellt. Die nachgefragte Menge $x(\theta) = \Psi[p(\theta)]$ sinkt in steigenden Vermeidungskosten des Emittenten, und die Angebotsfunktion des Monopolisten entspricht seinen variablen Vermeidungskosten θ. Die in der Abbildung linierte Fläche stellt die variablen Produktionskosten dar, die die Unternehmung erstattet bekommt.[22]

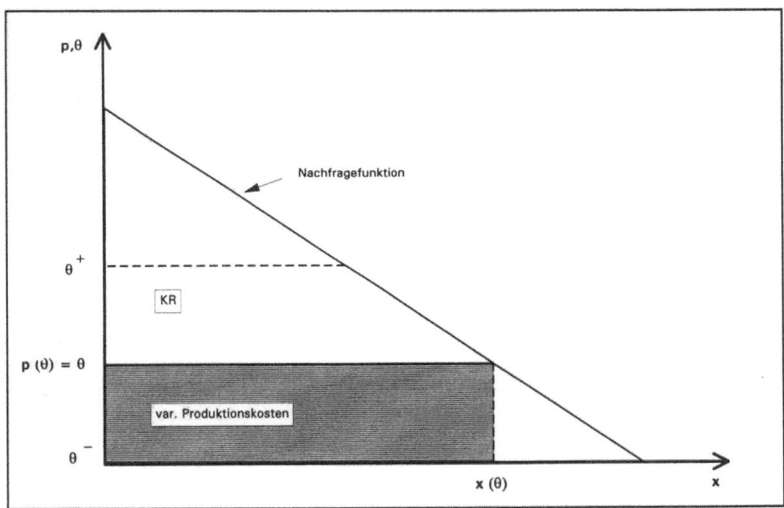

Abbildung 7: Darstellung der optimalen
Regulierungspolitik unter Informationssymmetrie

Auf dieser Grundlage sei nun der allgemeine Fall unter **asymmetrischer Information** betrachtet. Löst der Regulierende zur Ableitung anreizkompatibler Verträge das in den Gleichungen (9), (5) und (6) aufgeführte Optimierungsproblem bei gegebenem Gewich-

---

[22] Zur Vereinfachung wurde θ^- gleich Null gesetzt, da nur der Bereich $\theta \geq \theta^-$ für die Untersuchung relevant ist. Des weiteren wurden die fixen Kosten K_1 aus Gründen der Übersichtlichkeit nicht abgebildet, um die die Konsumentenrente vermindert werden müßte.

132

tungsfaktor α, so stellen folgende Gleichungen eine **optimale** Regulierungspolitik $(\bar{p},\bar{x},\bar{s})$ dar[23]

$$\bar{p}(\theta) = \theta + (1-\alpha) \frac{F(\theta)}{f(\theta)} = \theta + \bar{z}_\alpha(\theta) \quad \text{für } (0 \le \alpha \le 1) \tag{14}$$

$$\bar{x}(\theta) = \Psi[\bar{p}(\theta)] \tag{15}$$

$$\bar{s}(\theta) = \theta \cdot \bar{x}(\theta) + K_1 - \bar{p}(\theta)\bar{x}(\theta) + \int_\theta^{\theta^+} \bar{x}(\varphi)d\varphi^{24} \tag{16}$$

$$= K_1 - \bar{z}_\alpha(\theta) \cdot \bar{x}(\theta) + \int_\theta^{\theta^+} \bar{x}(\varphi)\, d\varphi. \tag{17}$$

$\bar{z}_\alpha(\theta) = (1-\alpha)F(\theta)/f(\theta)$ bezeichnet im folgenden den gegenüber dem First-Best-Preis auftretenden Preisaufschlag, der aus der asymmetrischen Informationsverteilung resultiert.[25]

Dieses erzielte Ergebnis wird nachfolgend interpretiert:

- **Preis- und Mengenbestimmung**

Der Preis bei Informationsasymmetrie $\bar{p}(\theta)$ übersteigt den First-Best-effizienten Preis $p^*(\theta)$ bei symmetrischer Informationsverteilung, der gleich den variablen Produktionskosten θ ist, um $\bar{z}_\alpha(\theta) = (1-\alpha)F(\theta)/f(\theta)$.[26] Da der Quotient $F(\theta)/f(\theta)$ in θ steigt, stellt

---

[23] Für die Ableitung sei auf die Originalquelle Baron/Myerson (1982), S. 916 ff., verwiesen.

[24] Die Integrationsvariable wird durch $\theta \le \varphi \le \theta^+$ gekennzeichnet, da die untere Grenze θ nicht im Integranden auftreten darf.

[25] Bei dem Vergleich mit der Originalquelle ist zu beachten, daß die Autoren $z_\alpha(\theta)$ als $\theta+(1-\alpha)F(\theta)/f(\theta)$ definieren. Dieser Definition wurde aus Gründen der Übersichtlichkeit und Erleichterung des Verständnisses nicht gefolgt, so daß $z_\alpha(\theta)$ nur den Preisaufschlag umfaßt.

[26] Es kann der Fall auftreten, daß der regulierte Second-Best-Preis den unregulierten Monopolpreis $p_M(\theta)$ übersteigt. Dieses anscheinend paradoxe Ergebnis ist das Resultat aus den gesetzten Anreizen zur wahrheitsgemäßen Kostenoffenbarung bei geringen Kostenparametern. Ex ante ist

der regulierte Preis für $\alpha < 1$ ebenfalls eine steigende Funktion in θ dar. Hieraus folgt, daß die aus der Informationsasymmetrie zwischen der Umweltbehörde und dem Emittenten resultierende Preisverzerrung pro Emissionsminderungseinheit mit steigenden Vermeidungskosten zunimmt. Da der regulierte Preis mit θ variiert und für zwei unterschiedliche Realisationen des Kostenparameters zu verschiedenen Preisen führt, liegt ein "Separating Equilibrium" vor.[27]

Für Unternehmen, die einen höheren als den geringstmöglichen Kostenparameter θ^- aufweisen, kommt es als Folge der im Vergleich zum First-Best-Fall zu hohen Preisfestsetzung zu einer Produktionsverzerrung.[28] Die unter asymmetrischer Informationsverteilung vermiedene Emissionsmenge ist geringer als die First-Best-Menge $\bar{x}(\theta) < x^*(\theta)$. Mit Blick auf die hier untersuchte Umweltregulierung bedeutet dies, daß unter Informationsasymmetrie über die Vermeidungskosten eine ceteris paribus zu geringe Umweltqualität erzielt wird.

Dies Ergebnis kann wie folgt illustriert werden: Wie in den Grundlagen zur Agency-Theorie dargestellt, wird der Emittent seine private Information der Institution nur bekanntgeben, wenn ihm dafür eine Informationsrente zugestanden wird. Diese entsprach in ihrer Höhe dem maximalen Gewinn, den die Unternehmung durch die Angabe eines falschen Typs erzielen konnte. Als Konsequenz der Minimierung der Informationsrente durch den Principal, ergab sich eine Produktionsmengenverzerrung für den Agent schlechteren Typs.[29]

---

es jedoch unter den getroffenen Annahmen vorteilhaft, regulierend in den Markt einzugreifen, da im Erwartungswert die erzielbare Wohlfahrt, die des unregulierten Monopolmarktes übersteigt, vgl. hierzu Baron/Myerson (1982), S. 922.

[27] Siehe Lewis/Sappington (1989), S. 295. Notwendige Voraussetzung für eine separierende Lösung ist jedoch, daß die "Inverse Hazard Rate" $F(\theta)/f(\theta)$ und somit auch $z_\alpha(\theta)$ über das gesamte Intervall möglicher Kostenausprägungen ansteigt. Wird diese Bedingung nicht erfüllt, so wird anstelle der hier vorliegenden vollständig separierenden Lösung ein Pooling-Intervall im Rahmen der optimalen Regulierungspolitik auftreten. Da die Bedingung von den meisten Verteilungen erfüllt wird, soll im folgenden von der Gültigkeit dieser Bedingung ausgegangen werden, vgl. Laffont/Tirole (1993), S. 66, und Baron/Myerson (1982), S. 918 f.

[28] Da für θ^- der Preis den Grenzkosten entspricht, gilt die von Baron/Myerson (1982), auf S. 922, getroffene Aussage: "Since the regulated price $\bar{p}(\theta)$ is generally strictly higher than the firm's marginal costs ...." nur für Kostenparameter, die größer als θ^- sind.

[29] Vgl. die Ausführungen in Kapitel IV.1.2.1.2.

134

Übertragen auf das Regulierungsproblem könnte die emittierende Unternehmung einen Gewinn pro vermiedene Emissionseinheit durch überhöhte Kostenangabe in Form der Differenz zwischen erstatteten und tatsächlichen Vermeidungskosten erzielen. Die zu geringe Umweltqualität korrespondiert mit der oben angeführten Produktionsmengenverzerrung. Die darüber hinaus zu zahlende Informationsrente findet ihren Niederschlag in der Höhe der Transferzahlung $\bar{s}(\theta)$.

- **Transferzahlung**

Entgegen dem Fall unter symmetrischer Information, bei dem der Transferzahlung nur die Aufgabe der Erstattung der fixen Kosten zukommt, werden im vorliegenden Fall über deren Informationsrentenanteile die Anreize zur wahrheitsgemäßen Kostenoffenbarung gesetzt. Wie aus Gleichung (16) ersichtlich ist, wird die Preisverzerrung $\bar{z}_\alpha(\theta)$ in der Bestimmung der Höhe der Transferleistung berücksichtigt, so daß die Informationsrente $\pi(\theta)$, d. h. der Nettonutzen der Unternehmung, aus der Emissionsvermeidung

$$\pi(\theta) = \int\limits_{\theta}^{\theta^+} \bar{x}(\varphi)\, d\varphi \tag{18}$$

beträgt. Bei der Analyse der Gewinnfunktion der Unternehmung wird deutlich, in welchem Zusammenhang die Preisfestsetzung und die Informationsrente zueinander stehen. Durch den über die variablen Kosten hinausgehenden Preisaufschlag $\bar{z}_\alpha(\theta)$ reduziert der Regulierende die Produktionsmenge, die wiederum die Determinante für die Höhe der Informationsrente ist.[30] Durch diese vom Regulierenden bewußt hervorgerufene Produktionsverzerrung sinkt der Anreiz des Emittenten zur überhöhten Kostenangabe, da sein Gewinn in θ sinkt. Einerseits wird dem Agent auf diese Weise ein Preisaufschlag pro Produktionseinheit zugestanden. Andererseits resultiert daraus, daß eine Unternehmung mit geringen Kosten ihren Kostenvorteil nur auf eine reduzierte (ineffiziente) Menge anwenden kann.[31]

---

[30]   Diese Vorgehensweise entspricht der Darstellung des 2-Typ-Falls in Kapitel IV.1.2.1.2.

[31]   Vgl. Lewis/Sappington (1989), S. 302.

Für gegebene Vermeidungskosten in Höhe von θ minimiert der Regulierende die Informationsrente soweit, daß die Unternehmung gerade noch zur korrekten Angabe der Kostenparameters bereit ist. Die Umweltbehörde gesteht dem Emittenten demnach genau den Gewinn zu, den dieser ansonsten durch die Abweichung von dem wahren Kostenparameter erzielen könnte.[32]

Wie aus der Preisverzerrung und damit indirekt der Transferzahlung ersichtlich wird, spielt der aus distributiven Überlegungen abgeleitete Gewichtungsfaktor α die dominante Rolle bei der Bestimmung der Informationsrente. Durch die Festsetzung der Gewichtung vor der Umweltregulierung kann die zu zahlende Informationsrente bereits im Vorfeld reduziert werden, denn diese sinkt in α. Für $\alpha < 1$ wird durch die Produktionsverzerrung eine Zusatzlast[33] $(1-\alpha)\pi$ hervorgerufen; diese wird jedoch vom Regulierenden akzeptiert, um die Konsumentenrente bei gegebenem θ zu maximieren.

Gesamtwohlfahrt

Im folgenden sei nun die aus der Regulierung resultierende Gesamtwohlfahrt betrachtet. Für eine festgesetzte Interessengewichtung wird die Gesamtwohlfahrt bei dem kleinsten Kostenparameter θ^- maximal und sinkt mit steigenden Vermeidungskosten. Für die Realisation von θ^- wird sogar unabhängig von der Interessengewichtung die First-Best-Lösung erzielt.[34] Da hiermit verbunden bei geringen Kostenparametern die Erzielung hoher Konsumentenrenten möglich ist, erklärt sich, warum die Umweltbehörde bei diesen realisierten Kostengrößen ein verstärktes Interesse an der Offenlegung der wahren Kosten hat. Bei geringeren Kostengrößen besteht allerdings auch für den Emittenten ein größerer Anreiz zur überhöhten Kostenangabe, da er durch eine falsche Angabe eine hohe Rente abschöpfen könnte. Um ihn zur wahrheitsgemäßen Berichterstattung zu veranlassen, muß ihm der Regulierende höhere Informationsrenten überlassen, die unter der Voraussetzung, daß die Produktion stattfindet, mit steigendem Kostenparameter θ

---

[32] Es wäre ansonsten für alle Typen $\theta < \theta^+$ individuell rational, den schlechtesten Typ zu imitieren.

[33] Eine Zusatzlast mißt den gesellschaftlichen Wert der entgangenen Ausbringung. Vgl. hierzu Varian (1991), S. 278, und Stiglitz/Schönfelder (1989), S. 460.

[34] Dies wird (technisch) dadurch erreicht, daß die Verteilungsfunktion an der Stelle θ^- den Wert Null annimmt, da die Produktion bei gegebener Technologie nicht kostengünstiger erfolgen kann.

136

fallen. Da die Unternehmung andererseits bei der Realisation des höchsten Kostenparameters θ^+ keine zu hohen Angaben machen kann und Abweichungen nach unten unter
den getroffenen Annahmen für sie nicht vorteilhaft sind, müssen seitens des Regulierenden über die aggregierten Grenzerträge keine Anreizwirkungen mehr gestaltet werden,
so daß die Unternehmensgewinne auf Null gedrückt werden können.[35]

Unabhängig von der Höhe des Kostenparameters ist es für die Unternehmung unter der
aufgezeigten optimalen Regulierungspolitik jedoch individuell rational, der Umweltbehörde die wahren Kosten zu präsentieren, da diese Strategie für sie gewinnmaxi-
mierend ist.

Werden Konsumenten- und Produzentenrente gleichgewichtet ($\alpha = 1$), verschwindet die
Preis- und somit auch die Mengenverzerrung. Für die Informationsrente zugunsten der
Unternehmung folgt, daß diese den gesamten Nutzen aus einer Verbesserung der
Umweltqualität in dem Intervall von $[\theta, \theta^+]$ gemessen als die Konsumentenrente umfaßt.
Anders formuliert wird die Gesamtwohlfahrt bei gleichberechtigter Gewichtung der
beiden Wohlfahrtskomponenten maximiert, diese jedoch ausschließlich vom Emittenten
vereinnahmt. Wird dagegen der Nutzen der Unternehmung geringer gewichtet als der
der Gesellschaft ($\alpha < 1$), kommt es zur oben beschriebenen Preis- und Mengenverzerrung, in deren Folge das erzielbare Ergebnis nur Second-Best-Charakter aufweist.

Ebenso wie der Preisaufschlag $\bar{z}_\alpha(\theta)$ eine fallende Funktion in α darstellt, fällt auch der
regulierte Preis $\bar{p}(\theta) = \theta + \bar{z}_\alpha(\theta)$ in α. Sind die Interessen der Unternehmung für den
Regulierenden bei der Optimierung der sozialen Wohlfahrtsfunktion irrelevant $\alpha = 0$, so
konvergiert der Preis gegen die höchstmöglichen Kosten θ^+, während sie bei gleichberechtigter Gewichtung der Interessen $\alpha = 1$ den variablen Kosten θ entsprechen.[36]
Aufgrund der Grenzkostenpreisfestsetzung wird der Emittent mit der Vermeidung der
effizienten Schadstoffmenge beauftragt, so daß keine Produktionsverzerrung auftritt. Für

---

[35]   In Anlehnung an die Ausführungen unter IV.1.2.1.2 sei angenommen, daß die Unternehmung
        sich in diesem Fall der Indifferenz gemäß den Interessen des Regulierenden verhält und die
        Produktion stattfindet, vgl. Baron/Myerson (1982), S. 923.

[36]   Vgl. Baron/Myerson (1982), S. 925.

α-Werte zwischen Null und Eins sinkt der erwartete Preis linear in α, während sich die regulierte Menge invers hierzu verändert.

Die von der Unternehmung erzielbare Informationsrente steigt in α, denn die Unternehmung erhält über die Transferzahlung den entsprechenden Ausgleich. Dieser kompensiert den geringeren Preisaufschlag über, so daß die Unternehmensgewinne mit steigender Gewichtung wachsen, was der intuitiven Annahme entspricht. In α sinkt die Zusatzlast, so daß die Gesamtwohlfahrt steigt. Die Veränderung der Gesamtwohlfahrt als auch ein Teil der Netto-Konsumentenrente wird dem Emittenten bei einer Variation von α zugestanden. Für eine steigende Gewichtung der Unternehmensinteressen wird den Informationsrenten, die sich der Monopolist aufgrund der asymmetrischen Informationsverteilung aneignen kann, ein geringeres Gewicht zugemessen und somit als weniger unerwünscht bewertet. Diese zusätzliche Informationsrente erhält der Emittent über die gewährte Transferzahlung.

In dem Fall der gleichberechtigten Gewichtung der Interessen vereinnahmt die Unternehmung die gesamte Konsumentenrente in dem relevanten Kostenintervall von $[\theta^-, \theta^+]$.[37] Unter rein allokativen Gesichtspunkten wäre die effiziente Lösung bei gleichgewichtiger Berücksichtigung der unterschiedlichen Interessen des Emittenten und der Konsumenten erzielt. Werden dagegen auch distributive Zielsetzungen seitens der Umweltbehörde verfolgt, so wird sie trotz auftretender Zusatzlast durch die Abweichung von der wohlfahrtsmaximierenden Lösung in der Regel die Interessen der Konsumenten stärker hervorheben und $\alpha < 1$ festlegen.

Neben diesen allokativen versus distributiven Aspekten gestattet es der Ansatz von Baron/Myerson darüber hinaus eine Maximierung der Umweltqualität unter einer Budgetrestriktion für den Rückkauf der Verschmutzungrechte zu modellieren. Aus dem Gewichtungsparameter α resultiert auch der Gesamtpreis für die zu transferierenden Property-Rights. Dieser bestimmt sich aus der Summe des Stückpreises pro vermiedener Emissionseinheit zuzüglich der anteiligen Transferzahlung. Zwar steigt der Stückpreis

---

[37]   Diese Lösung entspricht der von Loeb/Magat (1979).

138

$\bar{p}(\theta)$ in α, doch wird dieser Effekt durch die niedrigere Transferzahlung überkompensiert. Steht demnach die Minimierung der zu zahlenden Preise im Vordergrund des Interesses, wäre α gleich Null zu setzen.

- **graphische Veranschaulichung**

Die zuvor abgeleiteten Ergebnisse werden in Abbildung 8 für $\alpha < 1$ veranschaulicht. Die "modifizierte Nachfragefunktion" (adjusted demand function)[38] gibt zu jedem Kostenparameter eine von α abhängige Second-Best-effiziente Preis-Mengen-Kombination an. Über die Erträge $[\bar{p}(\theta)\bar{x}(\theta)]$ bekommt die Unternehmung einerseits ihre variablen Produktionskosten (linierte Fläche) erstattet. Andererseits wird ihr für die vermiedene Emissionsmenge ein Preisaufschlag

$$\bar{z}_\alpha(\theta)\cdot\bar{x}(\theta) = (1\text{-}\alpha)\ \frac{F(\theta)}{f(\theta)}\ \bar{x}(\theta) \tag{19}$$

zugestanden. Durch die Transferzahlung $\bar{s}(\theta)$, bei der der bereits über den Preis gezahlte Aufschlag berücksichtigt wird, wird die Produzentenrente auf

$$\pi(\theta) = \int_\theta^{\theta^+} \bar{x}(\varphi)\mathrm{d}\varphi \tag{18}$$

festgelegt (dunkel schraffierte Fläche).[39] Die Netto-Konsumentenrente entspricht der grau gepunkteten Fläche. Die Graphik verdeutlicht, daß mit steigendem Kostenparameter sowohl die Konsumenten- als auch die Produzentenrente sinkt. Für eine Gewichtung $\alpha < 1$ entsteht aufgrund der Produktionsverzerrung $\bar{x}(\theta) < x^*(\theta)$ eine, die Ineffizienz messende Zusatzlast in Höhe von $(1\text{-}\alpha)\pi(\theta)$ (geschwärztes Dreieck). Wie zuvor ausgeführt, sinkt diese in α und verschwindet für $\alpha = 1$, denn in diesem Fall entsprechen sich die beiden Nachfragekurven.

---

[38] Vgl. Baron/Myerson (1982), S. 925.

[39] Zusätzlich erhält die Unternehmung noch die Fixkosten K_1 erstattet, die wiederum nicht eingezeichnet sind.

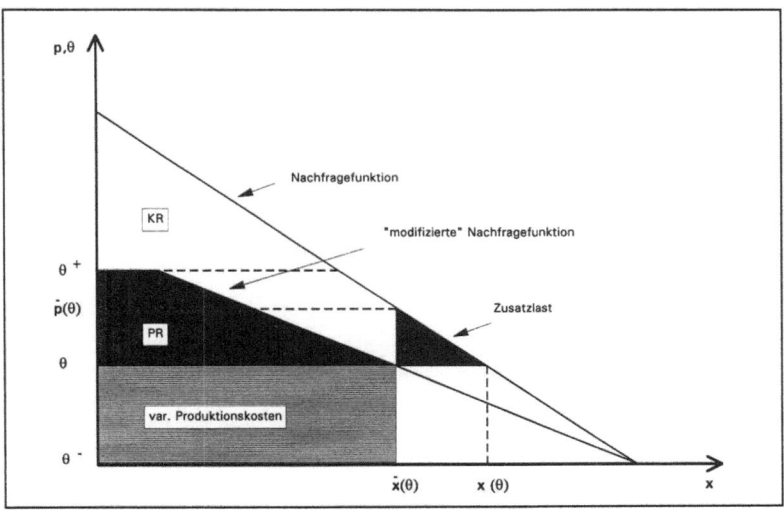

Abbildung 8: Darstellung der optimalen

Regulierungspolitik unter Informationsasymmetrie

Wie aus den bisherigen Ausführungen festzuhalten ist, können in der Umweltregulie-rung First-Best-Lösungen, im Sinne der Maximierung der Gesamtwohlfahrt unter drei Prämissenkonstellationen erzielt werden. Erstens unter symmetrischer Information, zweitens falls die regulierte Unternehmung den kleinstmöglichen Kostenparameter θ^- aufweist und drittens unter der Gleichgewichtung der Interessen. Die Lösungen dif-ferieren jedoch hinsichtlich der Rentenaufteilung. Während im ersten Fall die gesamte Rente von den Konsumenten vereinnahmt wird, ist dies genau invers in den beiden letztgenannten Fällen. Aufgrund von distributiven Überlegungen kann von dieser al-lokativen Lösung bewußt abgewichen werden, was über die Wahl des Gewichtungspara-meters α zum Ausdruck kommt.

Die mit dem Ansatz von Baron/Myerson gewählte Modellierung eröffnet also die Mög-lichkeit Umweltgüter entweder ausschließlich unter allokativen Aspekten oder alternativ unter Einbeziehung distributiver Gesichtspunkte zu analysieren. Für letztere gilt, daß es zwar möglich ist, die Unternehmensgewinne aufgrund von distributiven Überlegungen zugunsten der erzielbaren Konsumentenrente zu reduzieren, dies jedoch zu Lasten der insgesamt erzielbaren Wohlfahrt geht, da die Zusatzlast $(1-\alpha)\pi$ in α steigt. Bei der ex ante zu treffenden Wahl des Gewichtungsparameters muß der Regulierende somit die Auswirkungen auf die Emissionsmenge in das Entscheidungskalkül einbeziehen. Die Produktionsmengenverzerrung, definiert als die Abweichung der Gesamtmenge vermiedener Emissionen von dem effizienten Vermeidungsniveau, steigt in einer Senkung von α. Demnach besteht ein Trade Off zwischen den Zielen einer effizienten Umweltregulierung und distributiven Überlegungen.

Die zuvor dargestellten Ergebnisse über die optimale Regulierungspolitik sind in der folgenden Tabelle zusammengefaßt.

Variable	Lösung	Funktionsverlauf in θ	Funktionsverlauf in α
Preis	$\bar{p}(\theta) > p^*(\theta)$	nicht fallend	fallend
Emissionsreduktion	$\bar{x}(\theta) < x^*(\theta)$	nicht steigend	steigend
Transferzahlung	$\bar{s}(\theta) > s^*(\theta)$	fallend	steigend
Produzentenrente	$\pi(\theta) > 0$	fallend	steigend
Preisaufschlag	$\bar{z}_\alpha(\theta) > 0$	nicht fallend	nicht steigend
Konsumentenrente	$V[x(\theta)] < V^*[x(\theta)]$	nicht steigend	fallend
Gesamtwohlfahrt	$W(\theta) < W^*(\theta)$	fallend	steigend
Zusatzlast	$(1-\alpha)\pi > 0$	steigend	fallend

Abbildung 9: Funktionsverläufe der regulierten Variablen

Bevor nachfolgend anreizkompatible Verträge, die auf dem Modell von Baron/Myerson basieren, anhand der bereits in Kapitel III.2 eingeführten Kriterien diskutiert werden, soll zuvor noch einmal der Zusammenhang zwischen der oben allgemein dargestellten Agency-Theorie und dem hier vorgestellten Ansatz hervorgehoben werden. Die Agency-Theorie stellte auf eine zu maximierende Nutzenfunktion des Principal ab, die ausschließlich seinen individuellen Nutzen beinhaltet. Dagegen zielt der hier genutzte Regulierungsansatz auf eine Maximierung der gewichteten Summe der Nutzenfunktionen beider Kooperationsparter ab. Die beiden Ansätze koinzidieren für den Fall, indem dem Nutzen des Agent, d. h. hier der emittierenden Unternehmung, keine Relevanz beigemessen wird ($\alpha = 0$). Hier entsteht das oben abgeleitete Optimierungskalkül, in dem der Principal den Nutzen der Gesellschaft aus einer Umweltqualitätsverbesserung u. d. N. der Anreizkompatibilität der angebotenen Verträge maximiert. Gilt dagegen, daß dem Nutzen des Agent ein positives Gewicht beigemessen wird ($\alpha > 0$), nähert sich die erzielbare Lösung dem First-Best-Allokationsergebnis an, da es für den Regulierenden zunehmend irrelevant wird, wer die entstehenden Renten vereinnahmt.

IV.2.1.2   Beurteilung anhand des Kriterienkataloges

Im vorhergehenden Kapitel wurde gezeigt, wie die Umweltbehörde im Rahmen einer Regulierungsbeziehung, die durch vorvertragliche Informationsasymmetrie gekennzeichnet ist, anreizkompatible Auflagenlösungen entwickeln kann. Auf dieser Grundlage ist es möglich, das effiziente Emissionsniveau, d. h. die aus gesamtwirtschaftlicher Sicht Second-Best-effiziente Vermeidungsmenge, endogen zu bestimmen. Die Festlegung des Verschmutzungsniveaus muß somit nicht "willkürlich", wie dies bei klassischen Instrumenten geschieht, seitens des Planers festgelegt werden, sondern bestimmt sich über den hier unterstellten hypothetischen Markt. Allerdings wird auch im Rahmen der hier skizzierten Auflagenlösung kein First-Best-effizientes Umweltniveau erreicht, da der Trade-Off zwischen wohlfahrtsmaximierendem Umweltziel und Informationsrenten zugunsten des Emittenten zu Lasten der Umweltqualität erfolgt.

Im Rahmen der Untersuchung der Pigou-Steuer wird das effiziente Verschmutzungsniveau ebenfalls endogen ermittelt, Voraussetzung hierfür ist jedoch ein allwissender Planer, der den Steuersatz in Höhe der Grenzvermeidungskosten festsetzt. Diese Möglichkeit entspricht in dem Modellkontext von Baron/Myerson der First-Best-Lösung unter symmetrischer Information. Unter vorvertraglicher Informationsasymmetrie ist diese Form der First-Best-Lösung i. d. R. nicht zu realisieren, da seitens der Umweltbehörde eine Mengenverzerrung zur Beschränkung der Informationsrente induziert wird.

Da der Regulierende bei der Mengenfestlegung einen ceteris paribus besseren Informationsstand als bei den anderen umweltpolitischen Instrumenten hat, dominiert eine flexible Auflagenlösungen die anderen Ansätze hinsichtlich eines ökonomisch effizienten Mengenzieles. Dieses Ergebnis kann als erster Vorteil dieses Ansatzes gegenüber den bisherigen umweltpolitischen Instrumenten festgehalten werden.

Vor diesem Hintergrund der Vorteilhaftigkeit einer endogenen Mengenbestimmung im Vergleich zu einer exogenen Vorgabe bei den anderen Instrumenten, wird anschließend die anreizkompatible Auflagenlösung analysiert. Die Analyse erfolgt anhand der bereits in Kapitel III.2 abgeleiteten Kriterien:

1   statische Allokationseffizienz,

2   dynamische Allokationseffizienz,

3   ökologische Effektivität und

4   politische Durchsetzbarkeit.

1   statische Allokationseffizienz

Das Ziel der statischen Allokationseffizienz wurde als die Erreichung einer umweltpolitisch angestrebten Emissionsminderung zu minimalen Gesamtkosten definiert. Wie zuvor aufgezeigt wurde, erfolgt bei der Anwendung anreizkompatibler Auflagen eine Minimierung der Summe der Vermeidungskosten und Informationsrenten.

Aus diesem Minimierungskalkül ergibt sich, daß jede anreizkompatible Auflagenlösung zur Umweltregulierung dem statischen Effizienzkriterium der Kostenminimierung unter den gegebenen Informationsasymmetrien genügt. Dies gilt sowohl für den betrachteten Monopolfall als auch für den Fall, daß die Umweltbehörde mit mehreren Verschmutzern (nach aufsteigenden Vermeidungskosten) kontrahiert. Im Vergleich zur klassischen Auflagenlösung ist festzuhalten, daß dort der Wettbewerbsfall unterstellt wurde und somit eine effiziente Allokation dann erreicht wird, wenn es, bei steigenden Grenzvermeidungskostenverläufen zu einer Angleichung der Grenzvermeidungskosten der jeweiligen Emittenten kommt.[40]

Da bei der Modellierung flexibler Auflagenlösungen konstante Grenzvermeidungskosten unterstellt wurden, können die Gesamtkosten über eine Minimierung der Informationsrenten erzielt werden, die mit einer effizienten Produktionsmengenverzerrung verbunden sind. Die Erreichung statischer Allokationseffizienz ist somit nicht gleichbedeutend mit der Erzielung von First-Best-Ergebnissen. Vielmehr wird untersucht, ob eine Kosten-

---

[40]   Der hier diskutierte Ansatz dominiert ebenfalls eine Steuerlösung, in der eine Steuer pro emittierter Einheit entrichtet werden muß, was von Baron (1985) aufgezeigt wurde. Auch wenn der dort gewählten Modellierung andere Prämissen zugrundeliegen, sind die erzielten Ergebnisse übertragbar.

144

minimierung unter den gegebenen Restriktionen, d. h. bestehender vorvertraglicher Informationsasymmetrie und festgelegtem Gewichtungsparameter α, erzielbar ist.

2 dynamische Allokationseffizienz

Zu den dynamischen Aspekten anreizkompatibler Verträge kann allgemein festgehalten werden, daß der emittierenden Unternehmung durch die Entlohnung vermiedener Emissionen Anreize zur weiteren Schadstoffvermeidung gesetzt werden. Anreizkompatible Verträge induzieren mithin technischen Fortschritt, da der Verursacher einen Anreiz zu Forschungs- und Entwicklungsinvestitionen hat. Obwohl dieser Aspekt keine unmittelbare Berücksichtigung im Modell von Baron/Myerson gefunden hat, eröffnet dieser Ansatz die Option für die Erzielung dynamischer Effizienz.[41]

3 ökologische Effektivität

Ökologische Effektivität wurde in Kapitel III.2 als die Eignung eines umweltpolitischen Instrumentes zur Erreichung eines vorgegebenen Mengenzieles definiert. Unter der bisherigen Begriffsverwendung wird ökologische Effektivität durch den Einsatz anreizkompatibler Verträge immer erzielt. Da die Vertragslösung eine modifizierte Auflagenlösung darstellt, ist es für die Sicherstellung dieses Kriteriums unerheblich, ob das in Emissionseinheiten festgesetzte Umweltziel sich auf ein exogenes, oder, wie hier betrachtet, endogenes Mengenziel bezieht.

4 politische Durchsetzbarkeit

Die (hypothetische) Argumentation in bezug auf die politische Durchsetzbarkeit anreizkompatibler Regulierung weist Parallelen zu der Diskussion um Auflagen auf. Das hier untersuchte Instrument ist als Modifikation des Auflagenansatzes zu interpretieren. Für diesen gilt, daß er als "vertrautes" Instrument der Umweltpolitik eine hohe politische Akzeptanz genießt. Die Modifikation besteht darin, daß den emittierenden Unternehmen eine monetäre Zahlung für die Bereitstellung von Informationen zugestanden wird, die wiederum Voraussetzung einer verbesserten Umweltpolitik sind. Im

---

[41] Die Modellierung der Dynamik von Forschungs- und Entwicklungsinvestitionen erfolgt in Kapitel IV.3 mit Hilfe des Ansatzes von Baron/Besanko (1984).

Endeffekt erzielen also sowohl die Gesellschaft als auch die Unternehmen Wohlfahrtsgewinne, so daß eine breite politische Durchsetzbarkeit gegeben sein sollte.

Diese Argumentation verkennt nicht, daß ein Zug-um-Zug-Geschäft in der Umweltqualität gegen monetäre Zahlungen getauscht wird, auf "moralisierende Gegen-
argumente" in der politischen Diskussion treffen könnte, an denen das Instrument der
Zertifikate letztlich scheitert. Im Gegensatz zum Zertifikatansatz liegt jedoch der
Schwerpunkt der Zahlungen nicht auf dem Erwerb von Emissionsrechten, was still-
schweigend mit einer Verschlechterung der Umweltqualität einhergeht. Vielmehr gilt
für anreizkompatible Verträge, daß die Transferzahlung zum Rückkauf von vorher
(implizit) gewährten Property-Rights verwendet wird, so daß das Ziel eine explizite
Verbesserung der Umweltqualität ist.

Ebenso dürfte nur wenig Widerstand von Seiten der regulierten Unternehmen zu
erwarten sein, da flexible Auflagen keine Verschärfung der derzeitigen Umweltgesetzgebung darstellen. Sollte letzteres dennoch eintreffen, erfolgt der zuvor beschriebene
monetäre Ausgleich.

Das Instrument der anreizkompatiblen Regulierung unterscheidet sich von den zuvor
dargestellten klassischen Umweltinstrumenten vor allem in der Bewertung des Status
quo und der Betrachtung des Gutes Umweltqualität, das der Staat im Auftrag der
Konsumenten nachfragt. Der jeweils zu zahlende Preis bestimmt sich aus den Grenzvermeidungskosten. Die Möglichkeit der Ausgleichszahlung zwischen Verursacher und
Geschädigten entspricht in ihrem Kern der Coaseschen Verhandlungslösung und damit
ebenfalls dem Verursacherprinzip.[42] Der Staat "verhandelt" als Vertreter der Individuen einer Gesellschaft mit dem Emittenten. Voraussetzung für die Erzielung effizienter
Lösungen ist, daß Eigentumsrechte definiert und durchsetzbar sind. Diese sind durch
den Status quo gegeben, da den Unternehmen bspw. in Form von Auflagenlösungen
bereits Property-Rights (kostenlos) überlassen wurden. Die Internalisierung externer
Effekte durch den physischen Verursacher, wie sie von Pigou vertreten wurde, ist somit

---

[42]   Vgl. zu einer Diskussion um das Verursacherprinzip Kapitel I.3.

146

nicht als einzige effiziente Lösung anzusehen, da dies auch für die Lösung des Abkaufs der Property-Rights durch die, in der Terminologie der Externalitätendiskussion, "Geschädigten" gilt.

Hinsichtlich des Vergleichs der anreizkompatiblen Auflagenlösung mit dem klassischen Intrumentarium, kann eine Dominanz der ersteren für eine Gleichgewichtung der Interessen ($\alpha = 1$) konstatiert werden. Wird im Rahmen des Entscheidungsprozesses jedoch eine geringere Gewichtung der Unternehmensinteressen festgelegt, führt auch dieses Instrument aufgrund der angeführten Verzerrungen zu Second-Best-Lösungen. Es bleibt somit festzustellen, daß das Instrument anreizkompatibler Umweltregulierung auch nicht von willkürlichen Entscheidungen frei ist, da er Gewichtungsparameter von der Umwetlbehörde bestimmt werden muß.

Da bisher nur eine statische Betrachtung erfolgte und somit von Änderungen des vertragsrelevanten Kostenparameters abstrahiert wurde, wird dieses Modell nachfolgend in einer dynamischen Umwelt analysiert.

IV.2.2   Monopolanbieter in mehrperiodigen Modellen

IV.2.2.1   Das Regulierungsmodell von Baron/Besanko ohne Investitions-
möglichkeit

Während das vorangegangene Kapitel die Ableitung anreizkompatibler Auflagenlösungen unter statischen Bedingungen zum Inhalt hatte, werden nachfolgend zwei Ansätze
zur Dynamisierung der dort vorgestellten Lösung diskutiert. Diese Dynamisierung ist
insbesondere für solche Regulierungsbeziehungen zwischen der Umweltbehörde und
dem Emittenten relevant, die längerfristig angelegt und somit möglichen Änderungen
in den Rahmenbedingungen unterworfen sind. Von diesen Veränderungen werden in
einem ersten Schritt die Änderungen der vorvertraglichen Informationsasymmetrie
zwischen der Kooperationspartnern bei ansonsten konstanten Rahmenbedingungen und
zweitens die zusätzliche Berücksichtigung von Forschungs- und Entwicklungsinvestitionen als nachvertraglicher Handlungsparameter untersucht.

Als Planungszeitraum können sowohl die wirtschaftliche oder technische Lebensdauer
der betrachteten Vermeidungstechnologie als auch jeder beliebige endliche Zeitraum angenommen werden. Dies gilt, da über mögliche Ersatzinvestitionen ebenfalls kontrahiert
werden kann. Im folgenden wird aus Vereinfachungsgründen eine zweiperiodige
Umweltregulierung betrachtet, in der annahmegemäß die Nachfrage nach Umweltqualität stabil ist.[43] Die Modellierung erfolgt anhand des von Baron/Besanko entwickelten
Regulierungsmodells, das eine Erweiterung des Grundmodells von Baron/Myerson
darstellt.[44] Im Rahmen dieser Modellstruktur wird untersucht, welche Konsequenzen
aus einer Dynamisierung der Rahmenbedingungen für die Ausgestaltung der anreizkompatiblen Verträge und die Wohlfahrt der beteiligten Kooperationspartner resultiert. Das
gewählte Modell ist wiederum ursprünglich kein Modell zur Umweltregulierung, kann
jedoch ebenso wie zuvor bei der Darstellung des Modells von Baron/Myerson mit Blick
auf die Ableitung anreizkompatibler Auflagenlösungen interpretiert werden.

---

[43]   Die Modellierung ist jedoch unter Erzielung analoger Ergebnisse auch auf weitere Perioden
erweiterbar.

[44]   Vgl. zu den folgenden Ausführungen Baron/Besanko (1984).

148

Das Modell ist dynamisch, da eine Folge von Produktionsmöglichkeiten Berücksichtigung findet, die durch einen veränderten Informationsstand der Vertragsparteien im Zeitablauf gekennzeichnet ist. Wie bereits bei den oben dargestellten Regulierungsmodellen soll erneut eine anreizkompatible zweistufige Umweltregulierung in Form eines Mechanismus M abgeleitet werden, der einen regulierten Preis $p(\theta_t)$ pro vermiedener Emission und eine Transferzahlung $s(\theta_t)$ für jeden Zeitpunkt t umfaßt

$$M = \{(p_t(\theta_1,\theta_2),s_t(\theta_1,\theta_2)) \qquad \theta_t \in [\theta_t^-,\theta_t^+], \ t=1,2\}.$$

Es wird angenommen, daß sich die Höhe der Vermeidungskosten θ_t im Zeitablauf verändern kann, was von dem Emittenten beobachtbar ist. Diese Variation des Kostenparameters kann sowohl durch exogene Veränderungen als auch durch nicht beobachtbare Aktionen bedingt sein.[45] Der Emittent verfügt somit zu Beginn jeder Periode über private Informationen bezüglich seiner individuellen Vermeidungskosten, so daß eine wiederholte vorvertragliche Informationsasymmetrie vorliegt. Da annahmegemäß die anfallenden Kosten analog zum Grundmodell erstattet werden, erwächst der Unternehmung ein systematischer Anreiz zu einer zu hohen Angabe ihrer wahren Kosten.

Es wird sich zeigen, daß es aus gesamtwirtschaftlicher Sicht effizient ist, für den Emittenten zusätzlich verfügbare Informationen in die Auflagenlösung seitens des Regulierenden einzubeziehen. In jedem Fall ist es für die Umweltbehörde möglich, in jeder Periode das effiziente Verschmutzungsniveau endogen zu ermitteln, so daß der bereits im statischen Modell abgeleitete Vorteil gegenüber bisherigen Instrumenten auch bei mehrperiodigen Betrachtungen Bestand hat.

Entgegen der statischen Betrachtung können nun auch Veränderungen des Kostenparameters berücksichtigt werden. Dies wird im Modell durch die Korrelation zwischen den Kostenparametern erfaßt. Deren Veränderung kann im Umweltbereich durch einen Austausch von Inputfaktoren bspw. durch den Bezug hochwertigerer Energieträger, die geringere Emissionen bedingen, begründet werden. In einer dynamischen Unternehmens-

---

[45] Siehe Caillaud et al. (1988), S. 18.

umwelt kann davon ausgegangen werden, daß die mit der Emission von Schadstoffen verbundenen Kosten im Zeitablauf korrelieren.

Für den Regulierenden entsteht zu Beginn der ersten Periode das Problem, daß er eine langfristige Regulierungspolitik bestimmen muß, die die zukünftigen zusätzlichen Informationen, die der Unternehmung zu Beginn der zweiten Periode präsentieren wird, einbezieht. Für den Emittenten gilt es dagegen zu berücksichtigen, daß sein Kostenbericht in der ersten Periode Auswirkungen auf zukünftige Perioden hat, wenn die Kostenparameter korreliert sind. Schon bei der Wahl seines ersten berichteten Kostenparameters wird sich der Emittent somit strategisch verhalten, was wiederum von der Umweltbehörde bei der Ausgestaltung der optimalen Regulierungspolitik antizipiert wird.

Die Annahme, daß sich der Regulierende ex ante dazu verpflichten kann, keine Wiederverhandlungen auf der Grundlage neuer Informationen durchzuführen, behält auch in dieser Analyse Gültigkeit.[46] Darüber hinaus kann sich die Umweltbehörde zur Ermittlung implementierbarer Allokationen in jeder Periode auf direkte Offenbarungsmechanismen beschränken, um die gewünschte Information von dem Emittenten zu erhalten. Diese Beschränkung ist möglich, da das "Revelation Principle" auch bei wiederholter Befragung gilt. Da Wiederverhandlungen im Rahmen dieses Modells ausgeschlossen sind, muß der Regulierende bereits in der ersten Periode spezifizieren, wie der Mechanismus in jeder Periode von den verfügbaren Informationen abhängen wird. Es wird somit ein mehrperiodiger Vertrag abgeschlossen und nicht, wie es auch möglich wäre, eine Abfolge kurzfristiger Verträge.

Nach der allgemeinen Darstellung der Problematik wird die optimale Regulierungspolitik abgeleitet und das erzielte Ergebnis unter alternativen Prämissen bezüglich der Korrelation der privaten Informationen untersucht. Da das Modell eine Erweiterung des

---

[46] Die Annahme des Commitments resultiert daraus, daß die institutionellen Gegebenheiten einklagbare Vereinbarungen für langfristige Vertragsbeziehungen ermöglichen. Die hier getroffene Annahme des Commitments ist entscheidend für die im Rahmen der Regulierungspolitik erzielbare Effizienz, vgl. Baron/Besanko (1987). Ist kein Commitment möglich, so kann keine Separation der Agents erfolgen und es wird immer ein Pooling-Gleichgewicht erzielt, siehe Laffont/Tirole (1990), S. 613 f.

150

Grundmodells von Baron/Myerson darstellt, ist ein Großteil der von Baron/Besanko getroffenen Annahmen identisch. Dies gilt insbesondere für die erste Periode, die weiterhin durch das Grundmodell abgebildet wird.[47]

Die Kostenfunktion des Emittenten entspricht in beiden Perioden

$$C(q;\theta_t) = \theta_t \cdot q(\theta) + K_t \qquad \theta_t \in [\theta_t^-, \theta_t^+]. \qquad (1)$$

Für die zweite Periode gilt darüber hinaus, daß der variable Kostenparameter θ_2, der dem Emittenten zu Beginn der zweiten Periode bekannt wird, sich aus der Höhe der Vermeidungskosten der ersten Periode und der Realisation einer exogenen Zufallsvariable $\bar{\varepsilon}$

$$\theta_2 = \theta_2(\theta_1, \varepsilon) \qquad \text{für } \theta_2 \in [\theta_2^-, \theta_2^+]^{48} \qquad (2)$$

bestimmt. In bezug auf diese Zufallsgröße, die bspw. die Veränderung idiosynkratischen Wissens darstellt, verfügen die Umweltbehörde und die emittierende Unternehmung zu Beginn der ersten Periode über symmetrische Informationen, denn beide kennen die Dichtefunktion $h(\bar{\varepsilon})$.[49] Die Ausprägung ε, die zum Anfang der zweiten Periode realisiert wird, ist jedoch wiederum nur von dem Emittenten beobachtbar, so daß ein zweistufiges Adverse-Selection-Modell betrachtet wird. Im weiteren wird vereinfachend davon gesprochen, daß θ_1 und θ_2 die privaten Informationen des Agent darstellen. Es ist dabei jedoch zu beachten, daß θ_2 nur indirekt über die Bestimmung von ε zur privaten Information wird, da ε die exogene Größe darstellt, die seitens "der Natur" festgelegt wird. Bei der Übermittlung der Nachricht $\hat{\theta}_1$ stellt der Emittent somit Infor-

---

[47]   Zum besseren Verständnis der Problematik und der erzielbaren Ergebnisse, wird die in der ersten Periode von den Autoren eingeführte Forschungs- und Entwicklungsinvestition vernachlässigt. Diese Form nachvertraglicher Informationsasymmetrie findet erst in Kapitel IV.3 Beachtung, so daß hier nur vorvertragliche Informationsasymmetrie diskutiert werden soll.

[48]   Annahmegemäß sind diese Intervallgrenzen unabhängig von θ_1, so daß mit dieser Modellierung keine Beschränkung der Allgemeinheit vorgenommen wird, vgl. Baron/Besanko (1984), S. 274.

[49]   Über die Verteilung von $\bar{\varepsilon}$ und deren Einbezug in die Bestimmung von θ_2 treffen die Autoren keine näheren Aussagen, so daß man davon ausgehen kann, daß $\bar{\varepsilon}$ keinen systematischen Einfluß auf θ_2 hat.

mationen über den Kostenparameter der nachfolgenden Periode bereit, so daß die Preisfestlegung in Abhängigkeit von $\hat{\theta}_1$ und $\hat{\theta}_2$ erfolgt.

Die homogenen Erwartungen der Kooperationspartner in bezug auf θ_2 werden durch die Dichtefunktion $f_2(\theta_2|\theta_1)$, die positive Werte in dem Intervall $[\theta_2^-, \theta_2^+]$ aufweist, und die zugehörige Verteilungsfunktion $F_2(\theta_2|\theta_1)$ widergespiegelt. Hinsichtlich des Kostenparameters θ_2 soll gelten, daß er eine nicht fallende Funktion in θ_1 ist, so daß eine höhere Ausprägung in der ersten Periode, die Verteilungsfunktion $F_2(\theta_2|\theta_1)$ im Sinne der stochastischen Dominanz erster Ordnung nach "rechts" verschiebt $(\partial F_2/\partial \theta_1 \leq 0)$.[50]

Die von der Umweltbehörde zu bestimmende anreizkompatible Regulierungspolitik M besteht aus den bereits bekannten Instrumenten: der Preis-Mengen-Festlegung und der Bestimmung der Transferzahlung. Bezogen auf die beiden zu betrachtenden Perioden kann diese durch

$$M = \{p_1(\theta_1), q_1(\theta_1), s_1(\theta_1)); \qquad (3)$$
$$(p_2(\theta_1,\theta_2), q_2(\theta_1,\theta_2), s_2(\theta_1,\theta_2))\}$$

beschrieben werden.[51] Der Kooperationsablauf gestaltet sich wie folgt:

---

[50]   Vgl. hierzu Baron (1989), S. 1393.

[51]   Analog zu der Ermittlung bei Baron/Myerson, erfolgt die Bestimmung der regulierten Menge $q_t(\theta_t)$ über die Festlegung des Preises und stellt keinen unabhängigen Schritt im Rahmen der Regulierungspolitik dar. Aufgrund des deterministischen Zusammenhanges zwischen dem regulierten Preis und der Menge werden implizit durch die Wahl des Preises beide Parameter bestimmt.

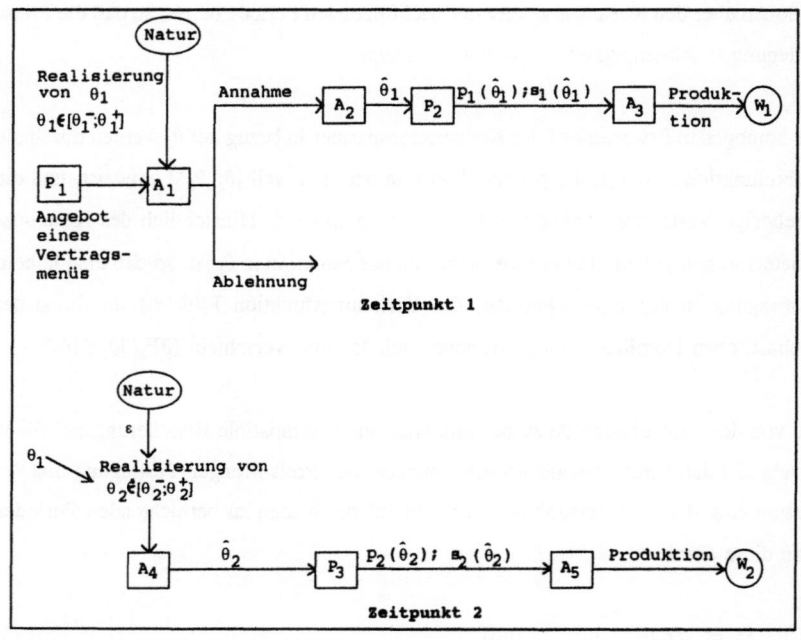

Abbildung 10: Ablauf der Regulierung im
Modell von Baron/Besanko

Von diesen Überlegungen ausgehend, soll nun in einzelnen Schritten die optimale anreizkompatible Auflagenlösung abgeleitet werden. Bei der Ausgestaltung muß die Umweltbehörde wie zuvor beachten, daß die zu entwickelnde Regulierungspolitik für den Emittenten in jeder Periode anreizkompatibel ist. Bei den Nebenbedingungen für die erste Periode ist zu beachten, daß anstelle des Periodengewinns der erwartete Gesamtgewinn Π_1 tritt, da die Unternehmung die Auswirkungen einer Offenbarung von θ_1 auf die zu implementierende Auflagenlösung in der zweiten Periode antizipiert.

$$IC_{\theta,1}: \Pi_1(\theta_1) \geq \Pi_1(\hat{\theta}_1,\theta_1) \qquad \forall \; \hat{\theta}_1 \in [\theta_1^-,\theta_1^+] \qquad (4)$$

$$IC_{\theta,2}: \pi_2(\hat{\theta}_1,\theta_2) \geq \pi_2(\hat{\theta}_1,\hat{\theta}_2,\theta_2)^{52} \qquad \forall \; \theta_1 \in [\theta_1^-,\theta_1^+] \qquad (5)$$

$$\forall \; \hat{\theta}_2 \in [\theta_2^-,\theta_2^+]^{53}$$

Des weiteren muß die Unternehmung jeweils mindestens ihren auf Null normalisierten Reservationsnutzen erhalten[54]

$$IR_{\theta,1}: \Pi_1(\theta_1) \geq 0 \qquad \forall \; \theta_1 \in [\theta_1^-,\theta_1^+] \qquad (6)$$

$$IR_{\theta,2}: \pi_2(\theta_1,\theta_2) \geq 0 \qquad \forall \; \theta_1 \in [\theta_1^-,\theta_1^+] \qquad (7)$$

$$\forall \; \theta_2 \in [\theta_2^-,\theta_2^+].$$

Die zweiperiodige anreizkompatible Auflagenlösung wird durch Rückwärtsinduktion abgeleitet, so daß in einem ersten Schritt die erwartete Informationsrente der Unternehmung in der zweiten Periode bei korrekter θ_2-Angabe bestimmt werden muß[55]

---

[52]   Aufgrund der Rückwärtsinduktion kann bei der Bestimmung des Periodengewinnes der zweiten Periode noch nicht von der Gültigkeit des Revelation Principles in der ersten Periode ausgegangen werden. Da die Anreizbedingung in der zweiten Periode erfüllt sein soll, uanabhängig von der berichteten Kostengröße in der ersten Periode, ist er daher notwendig von $\hat{\theta}_1$ auszugehen.

[53] $IC_{\theta,1}$ bezeichnet die Anreizbedingung (Incentive Compatibility Constraint) des Agent mit dem Typ θ im ersten Zeitpunkt.

[54]   Bei den Symbolen wurden die bereits aus dem Baron/Myerson Modell bekannte Notation verwandt. Annahmegemäß kann der Agent die Kooperationsbeziehung verlassen, wenn er sich nicht mindestens seinen Reservationsnutzen aus der Teilnahme erwartet. Allerdings wird der Principal ihm die Teilnahme in der zweiten Periode verweigern, falls er in der ersten Periode nicht produziert hat. Dies gilt selbst, wenn die Produktion in der zweiten Periode aus gesamtwirtschaftlicher Sicht vorteilhaft wäre. Vgl. Baron/Besanko (1984), S. 277.

[55]   Vgl. Baron/Besanko (1984), S. 275.

154

$$\pi_2(\hat{\theta}_1,\theta_2) \quad \equiv \pi_2(\hat{\theta}_1,\theta_2;\theta_2)$$

$$= [p_2(\hat{\theta}_1,\theta_2)-\theta_2]q_2(\hat{\theta}_1,\theta_2)-K_2 + s_2(\hat{\theta}_1,\theta_2) \tag{8}$$

$$= \pi_2(\hat{\theta}_1,\theta_2{}^+) + \int_{\theta_2}^{\theta_2{}^+} [q_2(\hat{\theta}_1,\varphi)]d\varphi \tag{9}$$

$$= \int_{\theta_2{}^-}^{\theta_2{}^+} \pi_2(\hat{\theta}_1;\theta_2)f_2(\theta_2|\theta_1)d\theta_2.^{56} \tag{10}$$

Eine Regulierungspolitik, die diese Annahme (10) erfüllt, ist unabhängig von der Angabe zu Beginn der ersten Periode $\hat{\theta}_1$ für jede mögliche Ausprägung von θ_2 im Intervall $[\theta_2{}^-,\theta_2{}^+]$ anreizkompatibel. Wie zuvor bereits angeführt, wird der Emittent dies zu Beginn der Kooperationsbeziehung antizipieren, da seine Kostenangabe für die erste Periode ebenfalls den Gewinn der zweiten Periode beeinflußt. Unter der Annahme, daß der Regulierende und die Unternehmung den einheitlichen Diskontfaktor $\beta \in [0,1]$ verwenden, ergibt sich für den Barwert des erwarteten Gesamtgewinns der emittierenden Unternehmung:

$$\Pi(\hat{\theta}_1;\theta_1) \quad \equiv \pi(\hat{\theta}_1;\theta_1) + \beta \int_{\theta_2{}^-}^{\theta_2{}^+} \pi_2(\hat{\theta}_1;\theta_2)f_2(\theta_2|\theta_1)d\theta_2 \tag{11}$$

$$= \pi(\hat{\theta}_1;\theta_1) + \beta \int_{\theta_2{}^-}^{\theta_2{}^+} \int_{\theta_2}^{\theta_2{}^+} q_2(\hat{\theta}_1;\varphi)f_2(\theta_2|\theta_1)d\varphi d\theta_2 \tag{12}$$

und durch partielle Integration

---

[56] Die erwartete Informationsrente ergibt sich aus den aufsummierten Grenzerträgen für Parameterausprägungen $\theta_2 < \theta_2{}^+$ zuzüglich des Gewinns bei dem höchstmöglichen Kostenparameter, jeweils bei gegebenem θ_1. Analog zu der Vorgehensweise in Kapitel IV.2.11 kann $\pi_2(\hat{\theta}_1,\theta_2{}^+)$ gleich Null gesetzt werden, da der Principal die Informationsrenten minimieren will und somit dem Emittenten schlechtesten Typs keine Renten mehr zugestehen muß, vgl. hierzu Baron (1989), S. 1394.

$$= \pi(\hat{\theta}_1;\theta_1) + \beta \left[F_2(\theta_2|\theta_1) \int_{\theta_2^-}^{\theta_2^+} q_2(\hat{\theta}_1;\varphi)d\varphi \right]\Big|_{\theta_2^-}^{\theta_2^+}$$

$$- \beta \int_{\theta_2^-}^{\theta_2^+} -q_2(\hat{\theta}_1;\varphi)F_2(\theta_2|\theta_1)d\theta_2 \tag{13}$$

$$= [p_1(\hat{\theta}_1)-\theta_1]q_1(\hat{\theta}_1)-K_1 + s_1(\hat{\theta}_1) + \beta \int_{\theta_2^-}^{\theta_2^+} q_2(\hat{\theta}_1;\theta_2)F_2(\theta_2|\theta_1)d\theta_2.^{57} \tag{14}$$

Für die Maximierungsfunktion der Umweltbehörde, bestehend aus der ex ante gewichteten Wohlfahrt der Konsumenten- und Produzentenrente resultiert hieraus:[58]

$$W(\theta) = \max_{p,s} \int_{\theta_1^-}^{\theta_1^+} \{V_1[q_1(\theta_1)]-p_1(\theta_1)q_1(\theta_1)-s_1(\theta_1) + \alpha \pi_1(\theta_1)$$

$$+ \beta \int_{\theta_2^-}^{\theta_2^+} [V_2[q_2(\theta_1,\theta_2)]-p_2(\theta_1,\theta_2)q_2(\theta_1,\theta_2)-s_2(\theta_1,\theta_2)$$

$$+ \alpha \pi_2(\theta_1,\theta_2)] \, f_2(\theta_2|\theta_1)d\theta_2\} \, f(\theta_1)d\theta_1 \tag{15}$$

u. d. N.

$$\Pi_1(\theta_1) \geq \Pi_1(\hat{\theta}_1,\theta_1) \qquad \forall \, \hat{\theta}_1 \in [\theta_1^-,\theta_1^+] \tag{16}$$

$$\pi_2(\hat{\theta}_1,\theta_2) \geq \pi_2(\hat{\theta}_1,\hat{\theta}_2,\theta_2) \qquad \forall \, \theta_1 \in [\theta_1^-,\theta_1^+] \tag{17}$$

$$\forall \, \hat{\theta}_2 \in [\theta_2^-,\theta_2^+]$$

$$\Pi_1(\theta_1) \geq 0 \qquad \forall \, \theta_1 \in [\theta_1^-,\theta_1^+] \tag{18}$$

$$\pi_2(\theta_1,\theta_2) \geq 0 \qquad \forall \, \theta_2 \in [\theta_2^-,\theta_2^+]. \tag{19}$$

---

57   Der mittlere Term der Gleichung (13) entfällt, da sich bei der Integration für beide Grenzen als Ergebnis Null ergibt.

58   Die nachfolgende Darstellung lehnt sich an Baron/Besanko (1984) und Baron (1989) an.

Als Lösungen für die regulierten Preise ergeben sich:

$$\bar{p}_1(\theta_1) = \theta_1 + (1-\alpha) \frac{F_1(\theta_1)}{f_1(\theta_1)} = \theta_1 + \bar{z}_\alpha(\theta_1) \tag{20}$$

$$\bar{p}_2(\theta_1,\theta_2) = \theta_2 - (1-\alpha) \frac{\partial F_2(\theta_2|\theta_1)/\partial\theta_1}{f_2(\theta_2|\theta_1)} \frac{F_1(\theta_1)}{f_1(\theta_1)} = \theta_2 + \bar{y}_\alpha(\theta_1,\theta_2). \tag{21}$$

Wie aus dem Ergebnis für den regulierten Preis der ersten Periode zu sehen ist, entspricht dieser dem Preis im einperiodigen Grundmodell. Um den Emittenten zur Informationsoffenbarung zu bewegen, muß ihm eine Informationsrente zugestanden werden, die jedoch gleichzeitig durch die gezielte Produktionsmengenverzerrung über den Preisaufschlag $\bar{z}_\alpha(\theta_1)$ reduziert wird.[59] Der darüber hinaus für die zweite Periode relevante Term $[\partial F_2(\theta_2|\theta_1)/\partial\theta_1]$ beschreibt die Auswirkung einer Variation von θ_1 auf die Informationsrenten in beiden Perioden.

Beachtenswert an diesem Resultat ist, daß weitere Perioden keinen Einfluß auf die Preisfestsetzung der ersten Periode haben. Alle zusätzlichen Renten, die der Emittent aufgrund seines Informationsvorsprunges hinsichtlich der Höhe der Vermeidungskosten der zweiten Periode erzielen kann, finden somit in der ersten Periode keine Berücksichtigung.

Dies gilt jedoch nicht für die nachfolgende, zweite Periode. Der Regulierende setzt zwar ebenfalls den Preis aus dem Kostenparameter θ_2 und den Informationskosten der zweiten Periode zusammen, doch ist hier für die zu zahlende Informationsrente relevant, welche Informationen dem Emittenten ex ante in bezug auf θ_2 zur Verfügung stehen.[60]

---

[59]   Wie im Grundmodell, wird auch im folgenden unterstellt, daß $F_1(\theta_1)/f_1(\theta_1)$ in θ_1 monoton steigt, so daß die erzielte Lösung vollständig separierend ist. Bei der gewählten Notation ist zu beachten, daß diese analog zum Grundmodell gewählt wurde und die Preisaufschläge der beiden Perioden im Text von Baron/Besanko (1984) umgekehrt notiert wurden.

[60]   Das negative Vorzeichen vor dem Gewichtungsfaktor in Gleichung (21) ergibt sich, aufgrund der angenommenen stochastischen Dominanz erster Ordnung ($\delta F_2(\theta_2|\theta_1)/\delta\theta_1 < 0$), so daß der regulierte Preis wiederum die variablen Kosten um den Preisaufschlag $\bar{y}_\alpha(\theta_1,\theta_2)$ übersteigen wird.

De facto ändert sich der Informationsstand der Umweltbehörde nur durch die erste Wahl des Emittenten, aus der der Regulierende den Kostenparameter θ_1 ableiten kann. Die Informationsrente der Unternehmung variiert in Abhängigkeit von der Korrelation zwischen den beiden Kostenparametern θ_1 und θ_2, die durch den Term $(\partial F_2/\partial \theta_1)/f_2$ gemessen wird. Diese Korrelation wird als "Common Knowledge" vorausgesetzt. Es ist somit bekannt, inwieweit die Kenntnis der Vermeidungskosten θ_1 informativ über die Höhe von θ_2 ist, d. h. je stärker die Kostenparameter korrelieren, desto größer ist der Betragswert dieses Faktors. Hinsichtlich der Korrelation sind im folgenden drei Fälle zu unterscheiden:

1) θ_1 und θ_2 sind unabhängig voneinander,

2) θ_1 beinhaltet Informationen über θ_2 und

3) θ_1 ist vollständig informativ in bezug auf θ_2.

1) θ_1 und θ_2 sind unabhängig voneinander

Sind θ_1 und θ_2 stochastisch unabhängig voneinander,[61] so läßt die Kenntnis von θ_1 seitens des Regulierenden keine Rückschlüsse auf θ_2 zu. Die beiden Vertragsparteien unterzeichnen folglich zwei verschiedene Verträge, die nicht aufeinander aufbauen. Daraus ergibt sich für die Gleichung (21)

$$\frac{\partial F_2(\theta_2 \mid \theta_1)}{\partial \theta_1} = 0 \qquad \forall \, \theta_1, \, \forall \, \theta_2, \qquad (22)$$

so daß der gesamte rechte Ausdruck in Gleichung (21) entfällt. Da der regulierte Preis der Unternehmung gerade den Grenzkosten entspricht, erzielt der Emittent in der zweiten Periode keinen Gewinn, während in der ersten Periode das statische Ergebnis erzielt wird.[62] In der zweiten Periode wird dem Emittenten, durch die Transferzahlung

---

Dies gilt jedoch nur für $\theta_1 > \theta_1^-$, da ansonsten, analog zum Grundmodell, die Grenzkosten-Preisfestsetzung erfolgt. Vgl. Baron/Besanko (1984), S. 286, FN 25.

61   Dies würde der zweifachen Ziehung des Kostenparameters θ mit Zurücklegen aus einer Grundgesamtheit entsprechen.

62   Dieses Ergebnis gilt auch für mögliche folgende Perioden, so weit die Prämisse statistisch unabhängiger Kostenparameter beibehalten wird.

158

in Höhe der fixen Kosten, gerade sein Reservationsnutzen von Null zugestanden und diese Zahlung hat keine Konsequenzen auf die insgesamt zu erzielende Wohlfahrt.[63] In der zweiten Periode kann somit das First-Best-Ergebnis erzielt werden.

Dieses auf den ersten Blick kontraintiutive Ergebnis wird dadurch erzielt, daß sich der Emittent bei der Bekanntgabe von θ_1 nicht strategisch verhalten kann. Ex ante verfügen beide Parteien über den gleichen Informationsstand bezüglich θ_2, denn beide kennen nur das Intervall, auf dem θ_2 verteilt ist und die dazugehörige Dichte- und Verteilungsfunktion. Da der Emittent gegenüber dem Regulierenden somit über keinen Informationsvorsprung verfügt, ist es dem Regulierenden möglich, die gesamte Rente abzuschöpfen, obwohl der Emittent im Zeitpunkt t=2 über private Informationen verfügen wird. Folgende Gleichungen stellen demnach unter den getroffenen Prämissen eine optimale Regulierungspolitik dar:

$$\bar{p}_1(\theta_1) = \theta_1 + (1-\alpha)\ \frac{F_1(\theta_1)}{f_1(\theta_1)}\ = \theta_1 + \bar{z}_\alpha(\theta_1) \tag{23}$$

$$\bar{q}_1(\theta_1) = \Psi[\bar{p}_1(\theta_1)] \tag{24}$$

$$\bar{s}_1(\theta_1) = \Pi_1(\theta_1) - [\bar{p}_1(\theta_1) - \theta_1]\bar{q}_1(\theta_1) + K_1 - \beta \cdot E[\pi_2(\theta_1, \tilde{\theta}_2)] \tag{25}$$

$$\bar{p}_2(\theta_1, \theta_2) = \theta_2 \tag{26}$$

$$\bar{q}_2(\theta_1, \theta_2) = \Psi[\bar{p}_2(\theta_1, \theta_2)] \tag{27}$$

$$\bar{s}_2(\theta_1, \theta_2) = \pi_2(\theta_1, \theta_2) + K_2. \tag{28}$$

Auf der Grundlage dieser Parameter bestimmen sich der Periodengewinn der zweiten Periode

---

[63]   Vgl. Baron/Besanko (1984), S. 283.

$$\pi_2(\theta_1,\theta_2) = \int\limits_{\theta_2}^{\theta_2^+} q_2(\theta_1,\varphi)d\varphi \qquad (29)$$

und darauf aufbauend der Gesamtgewinn

$$\Pi(\theta_1) = \int\limits_{\theta_1}^{\theta_1^+} \bar{q}_1(\varphi)d\varphi. \qquad (30)$$

Die Wirkungsweise dieser flexiblen Auflagenlösung wird anhand der Transferzahlung $\bar{s}_1(\theta_1)$ und dem erwarteten Periodengewinn $\pi_2(\theta_1,\theta_2)$ deutlich. Der Emittent erzielt in der zweiten Periode aufgrund seines Informationsvorsprunges ex post Informationsrenten. Der Erwartungswert dieser Größe wird ihm allerdings seitens der Umweltbehörde ex ante abgezogen, so daß diese nicht entscheidungsrelevant sind und eine First-Best-Allokation erzielt werden kann.

Dieser Schritt ist nur für die Erfüllung der Anreizbedingung in der zweiten Periode notwendig.[64] Der erzielbare Gesamtgewinn der Unternehmung entspricht dem Gewinn des Grundmodells von Baron/Myerson. Anhand dieser optimalen Regulierungspolitik wird der aus der Verpflichtung zu einem langfristigen Vertrag zu erzielende Vorteil für den Regulierenden deutlich. Wäre kein Commitment möglich, würde ein neuer Vertragsabschluß nach Periode 1 stattfinden, wenn die Unternehmung bereits über private Informationen hinsichtlich θ_2 verfügt. Die Situation würde der des Einperiodenmodells entsprechen.

Für die Umweltregulierung ist festzuhalten, daß eine First-Best-Lösung erzielt werden kann, wenn die in den jeweiligen Perioden relevanten Vermeidungskosten des Emittenten unkorreliert sind. Durch die dann unabhängig von distributiven Überlegungen mögliche Grenzkostenpreissetzung wird in der zweiten Periode sowohl das effiziente Vermeidungsniveau realisiert als auch eine Zusatzlast vermieden. Diese Lösung kann

---

[64] Vgl. Baron/Besanko (1984), S. 283.

erzielt werden, wenn die Unternehmung in der zweiten Periode eine neue Technologie verwendet, die unabhängig von der bisherigen ist. In bezug auf die Art der neuen Technologie zur Emissionsreduktion oder -vermeidung sind keine Restriktionen erforderlich. Da die Unternehmung in diesem Fall ebensowenig wie die Umweltbehörde auf Erfahrungswerte durch den Einsatz dieser neuen Technologie zurückgreifen kann, herrscht ex ante ein symmetrischer Informationsstand bezüglich θ_2. Für alle Perioden nach der Wahl der neuen Technologie könnte die Umweltbehörde somit den Stückpreis für die zu transferierenden Property-Rights in Höhe der zukünftig zu realisierenden variablen Kosten und eine Transferzahlung in Höhe der Fixkosten festsetzen. Für die erste Periode gelten die Ausführungen im statischen Modell. Diesem aus gesamtwirtschaftlicher Sicht anzustrebendem Ergebnis kann allerdings für die Untersuchung realer Problemstellungen und somit auch im Umweltbereich nur geringe Bedeutung zugemessen werden. Dies folgt daraus, daß man i. d. R. davon ausgehen kann, daß die Kosten für Emissionsreduktionen im Zeitablauf korrelieren.

2) θ_1 beinhaltet Informationen über θ_2

Korrelieren die beiden Kostenparameter, so beinhalten die Vermeidungskosten θ_1 Informationen über die Höhe von θ_2. Dies kann bspw. darin begründet sein, daß die Unternehmung private Informationen über ihre eingesetzte Technologie besitzt, die die variablen Kosten θ_t in jeder Periode beeinflußt. Formal resultiert hieraus, daß Gleichung (22) nicht mehr gilt. Sowohl die Transferzahlung als auch die Preispolitik der zweiten Periode beeinflussen die Bedingungen individueller Rationalität und die Anreizbedingung des Emittenten in der ersten Periode. Dies gilt, da die Unternehmung bereits zu Beginn der Kooperationsbeziehung zusätzlich zu der Kenntnis von θ_1 über unvollkommene Informationen hinsichtlich θ_2 verfügt.

Die Umweltbehörde hat dem Emittenten zum Vergleich statischer Unabhängigkeit eine zusätzliche Informationsrente zu zahlen, um Anreizverträglichkeit zu gewährleisten. Die durch die Preisgabe von θ_1 erzielten Informationen bezüglich θ_2 muß der Regulierende durch die Zugestehung zusätzlicher Informationsrenten in Periode 2 abgelten. In Anlehnung an das statische Modell wird der regulierte Preis nun, im Vergleich zum unkorrelierten Fall, auch in der folgenden Periode durch den Preisaufschlag $\bar{y}_\alpha(\theta_1,\theta_2)$ nach oben verzerrt und es gilt Gleichung (21). Hiermit verbunden ist die entsprechende Verzerrung des effizienten Verschmutzungsniveaus in der zweiten Periode, um die Informationsrente zugunsten der Unternehmung zu minimieren.

Im Gegensatz zum Fall voneinander unabhängiger Kostenparameter ist der regulierte Preis in der zweiten Periode sowohl von θ_1 als auch von θ_2 abhängig. Anhand der Gleichungen (31) und (33) wird deutlich, daß die Informationsrente und damit verbunden auch der erwartete Gesamtgewinn des Emittenten, mit dem Grad der Korrelation zwischen den Kostenparametern wächst. Dies entspricht dem intuitiven Ergebnis, daß die Unternehmung in Abhängigkeit von der Güte ihrer privaten Information entlohnt wird. Die Regulierungspolitik für die erste Periode entspricht wiederum dem statischen Ergebnis (Gleichungen (23)-(25)). Für die zweite Periode gilt[65]:

$$\bar{p}_2(\theta_1,\theta_2) = \theta_2 - (1-\alpha)\,\frac{\partial F_2(\theta_2\,|\,\theta_1)/\partial\theta_1}{f_2(\theta_2\,|\,\theta_1)}\,\frac{F_1(\theta_1)}{f_1(\theta_1)} \tag{31}$$

$$= \theta_2 + \dot{y}_\alpha(\theta_1,\theta_2)$$

$$\bar{q}_2(\theta_1,\theta_2) = \Psi[\bar{p}_2(\theta_1,\theta_2)] \tag{32}$$

$$\bar{s}_2(\theta_1,\theta_2) = \pi_2(\theta_1,\theta_2)-[\bar{p}_2(\theta_1,\theta_2)-\theta_2]\bar{q}_2(\theta_1,\theta_2)-K_2. \tag{33}$$

Hieraus resultiert für die erzielbaren Informationsrenten des Emittenten

$$\pi_2(\theta_1,\theta_2) = \int_{\theta_2}^{\theta_2^+} q_2(\theta_1,\upsilon)d\upsilon \text{ und} \tag{34}$$

$$\Pi(\theta_1) = \int_{\theta_1}^{\theta_1^+} \bar{q}_1(\varphi)d\varphi - \beta \int_{\theta_1}^{\theta_1^+} \int_{\theta_2^-}^{\theta_2^+} \bar{q}_2(\varphi,\theta_2)\,\frac{\partial F_2(\theta_2\,|\,\varphi)}{\partial\varphi}\,d\theta_2 d\varphi. \tag{35}$$

---

[65] Die Autoren weisen darauf hin, daß das erzielbare Ergebnis nicht eindeutig globale, sondern nur lokale Maxima sicherstellt, vgl. Baron/Besanko (1984), S. 285.

162

Aus den Ausführungen wird deutlich, daß bei einer positiven Korrelation der Kosten-parameter die Möglichkeit zum Commitment seitens der Umweltbehörde für beide Kooperationspartner vorteilhaft ist. Die zusätzlich zu erzielende Konsumentenrente ist jedoch aufgrund der zu zahlenden Informationsrente geringer als im Fall unabhängiger Kostenparameter.

3) θ_1 ist vollständig informativ in bezug auf θ_2

Gilt dagegen, daß θ_1 und θ_2 vollständig positiv korreliert sind, so beinhaltet θ_1 alle möglichen Informationen über θ_2. In diesem Fall verfügen die kooperierenden Parteien nach der Offenbarung von θ_1 über symmetrische Informationen, hinsichtlich der Aus-prägung des Kostenparameters θ_2 in der Folgeperiode. Um Anreizverträglichkeit sicher-zustellen, muß der Regulierende unabhängig von θ_1 den gleichen statischen Mecha-nismus erneut in der zweiten Periode implementieren,[66] da das statische Modell jedes andere Anreizschema dominiert.[67] Hieraus ergibt sich für die Preisfestsetzung

$$p_2(\theta) = \theta_1 + \bar{z}_\alpha(\theta_1).^{[68]} \tag{36}$$

Der Unternehmung wird somit im Vergleich zum statischen Modell ihre Informations-rente verdoppelt.[69] An diesem Resultat wird erneut die Bedeutung des Commitments deutlich, denn die Institution verpflichtet sich, die ihr bekannte Information in bezug auf θ_2 nicht zu nutzen, obwohl sie in der zweiten Periode eine Grenzkostenpreisfestset-zung vornehmen könnte.[70] Da der Emittent dieses Verhalten bereits ex ante antizipiert, würde die zur Informationsoffenbarung erforderliche Informationsrente entsprechend angepaßt werden. Diese Anpassung übersteigt jedoch die unter einer First-Best-Politik

---

[66]   Auf die ausführliche Darstellung der gesamten Regulierungspolitik wird verzichtet, da diese einer doppelten Ausführung der statischen Betrachtung entspricht.

[67]   Vgl. Caillaud et al. (1988), S. 18.

[68]   Diese Lösung basiert darauf, daß der aufgrund der Degenerierung der Verteilungsfunktion nicht definierte Quotient $[\partial F_2(\theta_2|\theta_1)/\partial\theta_1]/f_2(\theta_2|\theta_1)$ durch -1 ersetzt wird.

[69]   Die zu zahlenden Subventionen weichen zwar aufgrund der notwendigen Anreizsetzung im Zeitablauf von dem wiederholten statischen Fall ab, doch muß der Barwert der zu erzielenden Unternehmensgewinne in beiden Fällen gleich hoch sein.

[70]   Siehe Baron (1989), S. 1405 ff., für Ergebnisse, bei denen diese Annahme aufgehoben wurde,

in der zweiten Periode gestiegene Konsumentenrente, so daß ein ex ante Commitment zu einem mehrperiodigen Vertrag für den Regulierenden individuell rational ist.[71]

Abschließend ist zu beachten, daß bei allen drei hier vorgestellten Fällen in der ersten Periode jeweils das statische Anreizschema gewählt wird. Durch die Transferzahlung in der ersten Periode soll der für die Unternehmung bestehende Anreiz der Über-präsentation der wahren Kosten für beide Perioden korrigiert werden. Dieses für beide Perioden bestehende Problem ist jedoch separierbar, so daß die Preispolitik der zweiten Periode die der ersten nicht beeinträchtigt. Dagegen bestimmt der Kostenparameter der ersten Periode die zu regulierenden Parameter in der zweiten Periode in der dargestell-ten Weise.

Aus gesamtwirtschaftlicher Sicht ergeben sich vergleichbare Ergebnisse wie im Ein-periodenfall. Durch die Wahl des Gewichtungsparameters α hat der Regulierende Ein-fluß auf das erzielbare Allokationsergebnis. Während die Konsumentenrente bei $\alpha=0$ maximiert wird, ist dies aus gesamtwirtschaftlicher Sicht das schlechtestmögliche Ergebnis, so daß der in Kapitel IV.2.1.2 aufgezeigte Trade Off besteht. Insbesondere gilt, daß das First-Best-Allokationsergebnis nur bei $\alpha=1$ oder dem Grenzfall, daß die Kostenparameter beider Perioden jeweils die geringstmögliche Ausprägung haben, erzielt werden. Darüber hinaus ist im Mehrperiodenfall die Korrelation der Vermei-dungskosten im Zeitablauf für die Allokation relevant. Sind die Kostenparameter nicht korreliert, ist für die zweite Periode unabhängig von dem gewählten Gewichtungs-parameter α und der Ausprägung von θ_1, eine First-Best-Allokation möglich. Anderen-falls besteht eine Informationsasymmetrie zugunsten des Emittenten in der zweiten Periode, die wiederum in den bekannten Allokationsverzerrungen resultiert. Während der Unternehmensgewinn in der Korrelation steigt, sinkt die Konsumentenrente und als Konsequenz auch die Gesamtwohlfahrt. Dies ergibt sich für Gewichtungsparameter $\alpha<1$, da zusätzlich zur Umverteilung von Produzenten- zu Konsumentenrente, eine weitere Zusatzlast entsteht. Die Ergebnisse sind wiederum in der nachfolgenden Tabelle zusammengefaßt.

---

[71] Vgl. zu einer Darstellung Baron (1989), S. 1389 ff., und Baron/Besanko (1984), S. 290 f.

Variable		Funktionsverlauf in Abhängigkeit von der Korrelation
Preis	$\bar{p}_2(\theta_1,\theta_2)$	steigend
Menge	$\bar{q}_2(\theta_1,\theta_2)$	fallend
Subvention	$\bar{s}_2(\theta_1,\theta_2)$	steigend
erwartete gesamte Produzentenrente	$\Pi_1(\theta_1)$	steigend
Preisaufschlag	$\bar{y}_\alpha(\theta_1,\theta_2)$	steigend
Konsumentenrente	$V(\bar{q}(\theta_1,\theta_2))$	fallend
Gesamtwohlfahrt	$W(\theta_1,\theta_2)$	fallend
Zusatzlast[72]	$\pi_2(\theta_1,\theta_2)$	steigend

Abbildung 11: Funktionsverläufe der regulierten
Variablen in Abhängigkeit von der gegebenen Korrelation
zwischen den Kostenparametern

---

[72] Die sich in der ersten Periode ergebende Zusatzlast $(1-\alpha)\pi_1$ ist ausschließlich von dem vorliegenden Kostenparameter der Unternehmung und von dem gewählten distributiven Faktor α abhängig. Sie ist jedoch unabhängig von der bestehenden Korrelation, so daß an dieser Stelle nur die auftretende Zusatzlast der zweiten Periode berücksichtigt wird.

IV.2.2.2   Beurteilung anhand des Krititerienkataloges

Untersucht man die im Modell von Baron/Besanko erzielten Ergebnisse wiederum anhand des zuvor abgeleiteten Kriterienkataloges zur Bewertung von Umweltinstrumenten, ergeben sich folgende Resultate:

1   statische Allokationseffizienz

Analog zur Argumentation im vorherigen Kapitel IV.2.1.3 unter statischen Rahmenbedingungen, gilt auch in einem dynamischen Kontext, daß flexible Auflagenlösungen dem Kriterium statischer Allokationseffizienz genügen, da durch sie eine Minimierung der Summe von Vermeidungskosten und Informationsrenten erzielt wird. Grundsätzlich sind die Lösungen, die durch den Einsatz dynamischer anreizkompatibler Verträge erzielt werden, den sogenannten klassischen Auflagenlösungen hinsichtlich dieses Kriteriums überlegen.

2   dynamische Allokationseffizienz

Dynamische Effizienz wurde zuvor als die Eignung eines Instrumentes definiert, technischen Fortschritt im Umweltbereich zu initiieren. Im Rahmen der isolierten Betrachtung doppelter vorvertraglicher Informationsasymmetrie wurde wiederum von der expliziten Modellierung von Forschungs- und Entwicklungsinvestitionen abstrahiert, so daß dieses Kriterium zur Beurteilung weiterhin entfällt. Allgemein hat die zuvor getroffene Aussage, daß durch die gewählte Entlohnungsstruktur Anreize zu Emissionsvermeidungsaktivitäten bestehen, jedoch weiterhin Bestand.

3   ökologische Effektivität

In bezug auf die Erreichung ökologischer Effektivität durch den Einsatz anreizkompatibler Regulierung gelten auch hier die Anmerkungen zum statischen Modell, so daß dieses Kriterium in jedem Fall unabhängig von der Wahl des Gewichtungsparameters und der bestehenden Korrelation der Kostenparameter erzielt wird.

166

4 politische Durchsetzbarkeit

Hinsichtlich des Kriteriums der politischen Durchsetzbarkeit ergeben sich ebenfalls keine Änderungen gegenüber der statischen Betrachtung.

Notwendige Voraussetzung für diese Ausführungen und somit die Anwendung anreizkompatibler Regulierung im Umweltbereich ist jedoch immer die Möglichkeit der Umweltbehörde, sich glaubhaft zu verpflichten (Commitment). Die Dominanz von Verträgen, in denen eine Selbstbindung möglich ist, gegenüber einer Folge kurzfristiger Vertragsbeziehungen wurde bereits im Rahmen der Modelldiskussion aufgezeigt, da eine höhere Gesamtwohlfahrt erzielt wird.

Ebenso wie bei den bisherigen umweltpolitischen Instrumenten ist der Einsatz anreizkompatibler Verträge dahingehend flexibel, als daß jeder mögliche Planungszeitraum betrachtet werden kann. Die Notwendigkeit, unterschiedlich lange Vertragslaufzeiten zu berücksichtigen, ergibt sich bspw. im politischen Prozeß daraus, daß die Fähigkeit einer Regierung zum Commitment, auf die Restlaufzeit der Legislaturperiode beschänkt ist.[73] Problematisch in dieser Diskussion ist, daß der Staat ebenfalls die Legislative umfaßt und über das Recht verfügt, Gesetze zu ändern. Was resultiert hieraus für die Diskussion anreizkompatibler Regulierung im Umweltbereich?

Bezöge man die Möglichkeit des "Vertragsbruches" seitens der Umweltbehörde bei langfristigen Kooperationsbeziehungen ein, und würde dies die Unternehmung bereits ex ante antizipieren, so wäre eine Separierung hinsichtlich der Vermeidungskosten nicht mehr möglich. Als Folge würden nur noch Pooling-Lösungen erzielt.[74] Ist eine Selbstbindung seitens der Umweltbehörde nicht möglich, so bietet die anreizkompatible Regulierung keine Vorteile gegenüber den bisherigen Instrumenten, da sowohl eine endogene Bestimmung als auch Durchsetzung des effizienten Emissionsvermeidungsniveaus nicht praktikabel ist. Aus gesamtwirtschaftlicher Sicht, mit dem Ziel der ef-

---

[73] Vgl. hierzu und zum folgenden Baron/Besanko (1987), S. 413, und Baron (1989), S. 1405 f.

[74] Siehe Laffont/Tirole (1988).

fizienten Umweltregulierung, ist daher eine Selbstbindung seitens der Umweltbehörde zur Einhaltung von Verträgen sinnvoll.

Im folgenden wird trotz der angeführten Bedenken weiter von der Annahme der Selbstbindung ausgegangen. Dies gilt insbesondere, da aufgrund der Langfristigkeit des politischen Prozesses von den vorwiegend in der spieltheoretischen Literatur geäußerten Bedenken abstrahiert werden kann.

Nachfolgend soll in einem letzten Schritt der beschriebene Modellkontext von Baron/ Besanko um nachvertragliche Informationsasymmetrie erweitert werden.

IV.3   Umweltregulierung von Monopolen unter vor- und nachvertraglicher
          Informationsasymmetrie

IV.3.1   Das Regulierungsmodell von Baron/Besanko mit Investitions-
          möglichkeit

Neben der betrachteten Ausprägung der Vermeidungskosten, die modelltechnisch durch
die Realisierung des exogenen Kostenparameters θ modelliert wurde, verfügen
Unternehmen in der Realität über Möglichkeiten, die Höhe der relevanten Vermeidungskosten zu senken. Diese Einflußnahme erfolgt durch Forschungs- und
Entwicklungsinvestitionen in Technologien zur Emissionsvermeidung und ermöglicht
so eine partielle Endogenisierung der Kostenparameter. Durch die Forschungstätigkeit,
die für die Umweltbehörde nicht beobachtbar ist, erfolgt eine Fortentwicklung des
unternehmensinternen idiosynkratischen Wissens bei exogen gegebener Technologie.
Aus Agency-theoretischer Sicht eröffnet sich somit für die Unternehmung ein
nachvertraglicher Handlungsparameter. Insbesondere bei mehrperiodigen Kooperationsbeziehungen im Umweltbereich kann daher davon ausgegangen werden, daß die um die
nachvertragliche Informationsasymmetrie erweiterte Betrachtung für die Umweltregulierung relevant ist.

Gegenstand dieses Kapitels ist es, die oben vorgenommene Dynamisierung der Kooperationsbeziehung um den Aspekt nachvertraglicher asymmetrischer Informationsverteilung zu erweitern. Diese zweite Dynamisierung wird wiederum anhand des Modell-
ansatzes von Baron/Besanko gezeigt.[75] Da die ausführliche Darstellung des dynamischen Modellkontextes bereits in Kapitel IV.2.2.1 erfolgte, wird im weiteren nur auf
die spezifischen Modelländerungen durch den Einbezug nachvertraglicher Handlungsmöglichkeiten auf Seiten des Emittenten eingegangen. Die Autoren führen die For-
schungs- und Entwicklungsinvestition I ein, die von der Unternehmung im Laufe der
ersten Periode durchgeführt wird. Die getätigte Investition hat einen vermeidungskosten-
senkenden Charakter, d. h. sie beeinflußt die Verteilungsfunktion des Kostenparameters
der zweiten Periode dahingehend, daß höhere Investitionsvolumina die Wahrschein-

---

[75]   Vgl. Baron/Besanko (1984).

lichkeit des Vorliegens des effizienten Kostenparameters θ_2^- erhöhen. Technisch wird diese Verschiebung der Verteilungsfunktion durch die stochastische Dominanz erster Ordnung $\partial F_2(\theta_2 | \theta_1, I)/\partial I \geq 0$ ausgedrückt. Ohne auf die formale Ableitung der First-Best-Lösung unter symmetrischer Informationsverteilung einzugehen, sei an dieser Stelle festgestellt, daß die First-Best-effiziente Investitionshöhe dann erreicht ist, wenn der Erwartungswert der Grenzvermeidungskostensenkung den Grenzinvestitionskosten des Emittenten entspricht.

Die Höhe des Kostenparameters θ_2 bestimmt sich neben der Realisation der Zufalls-variable ε und der Höhe der Vermeidungskosten der ersten Periode, aus der gewählten Investitionshöhe I

$$\theta_2(\theta_1, \varepsilon, I) \qquad\qquad \theta_2 \in [\theta_2^+, \theta_2^-]. \qquad\qquad (1)$$

Hinsichtlich der von der Unternehmung zu wählenden Investitionshöhe lassen sich die Fälle unterscheiden, daß diese entweder nur von der Unternehmung beobachtbar ist, oder auch dem Regulierenden ex post als Information zur Verfügung steht. Im folgenden wird lediglich der Fall der Nichtbeobachtbarkeit der Investitionshöhe seitens des Regulierenden untersucht, da eine ökonomisch relevante Informationsasymmetrie im anderen Fall nicht gegeben ist. Aus dieser Beschränkung folgt, daß die Umweltbehörde nicht zwischen den unterschiedlichen Einflüssen differenzieren kann, die die tatsächliche Höhe des Kostenparameters θ_2 bestimmen. Dem Regulierenden ist es wiederum nur möglich, das aus der Kooperationsbeziehung resultierende Periodenergebnis zu beobachten, so daß er mit einem doppelten Adverse Selection und einem einfachen Moral Hazard Problem konfrontiert wird. Durch den Einbezug einer neuen Quelle der Informationsasymmetrie verändert sich der Ablauf der Kooperationsbeziehung wie folgt.

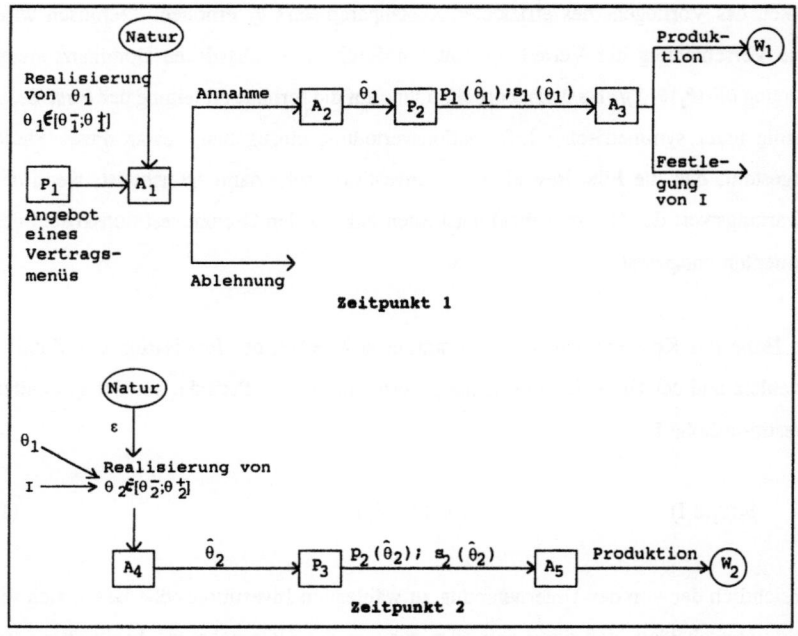

Abbildung 12: Ablauf der Regulierung im Modell von
Baron/Besanko unter vor- und nachvertraglicher
Informationsasymmetrie

Annahmegemäß betragen die Investitionskosten $D(I)$, die eine in I steigende und konvexe Funktion $\partial D(I)/\partial I > 0$, $\partial^2 D(I)/\partial I^2 > 0$ mit $D(0)=0$ darstellen.[76] Die Kosten senken in der ersten Periode den Gewinn der Unternehmung, so daß sich folgende Gleichungen für den ersten Perioden- und den Gesamtgewinn des Unternehmens ergeben:

$$\pi_1(\theta_1, I(\theta_1)) \quad = [p_1(\theta_1) - \theta_1]q_1(\theta_1) - K_1 - D(I) + s_1(\theta_1) \qquad (2)$$

$$\Pi_1(\theta_1) = \pi_1(\theta_1, I(\theta_1)) + \max_{I \geq 0}\{-D(I) + \beta E[\pi_2(\theta_1, \hat{\theta}_2) \,|\, \theta_1, I]\}. \qquad (3)$$

---

[76]   Siehe Baron/Besanko (1984), S. 274.

Gleichung (3) beschreibt das effiziente intertemporale Investitionskalkül der Unternehmung, mit dem sie ihren Gesamtgewinn maximiert.[77] Die optimale Investitionshöhe ist aus unternehmerischer Sicht dann erreicht, wenn der erwartete Grenznutzen aus der Kostensenkung und damit verbunden die erwartete gestiegene Informationsrente, den aus der Investition anfallenden Grenzkosten entspricht.[78] Die erwarteten Grenzerträge hängen wiederum von der produzierten Menge ab, so daß die Unternehmung eine höhere Stückzahl gegenüber einer niedrigeren präferiert. Die Investitionshöhe steigt demnach in der erwarteten Emissionsvermeidung, d. h. mit einem erwarteten fallenden Kostenparameter in der zweiten Periode. Da bei der Nullinvestition keine Kosten anfallen und der erwartete zweite Periodengewinn für alle (θ_1, θ_2)-Kombinationen nicht negativ ist, gilt dies auch für den geschweiften Klammerausdruck, wodurch abgebildet wird, daß dem Emittenten durch den zusätzlichen Handlungsparameter ein nichtnegativer Nutzenzuwachs entsteht.

Im Rahmen der Festlegung der Regulierungspolitik muß der Regulierende nun neben der Anreizsetzung zur Offenbarung des wahren Kostenparameters die Unternehmung ebenfalls dahingehend beeinflussen, daß diese das effiziente Investitionsniveau I^* wählt.[79] Die Berücksichtigung der nachvertraglichen Informationsasymmetrie beeinflußt die Maximierungsfunktion des Regulierenden in der folgenden Weise[80]

---

[77] Die mit der Investition verbundenen Kosten werden nicht abdiskontiert, da sie bereits in der ersten Periode anfallen.

[78] Dieses Grenznutzenkalkül entspricht der dargestellten Abwägung in Kapitel IV.1.2.2.2, in der der Emittent im Rahmen seiner Entscheidung bezüglich der zu tätigenden Aktion sein Grenzarbeitsleid mit dem Grenznutzen der Entlohnung vergleicht. Voraussetzung für diese Formulierung des Nutzenkalküls des Emittenten ist erneut dessen Risikoneutralität, die es ermöglicht sich auf die Erwartungswerte der relevanten Parameter zu beschränken.

[79] Vgl. Baron/Besanko (1984), S. 293.

[80] Die Gleichung entspricht der Wohlfahrtsfunktion aus Kapitel IV.2.2 im Fall ohne nachvertragliche Informationsasymmetrie Gleichung (15). Die Investitionskosten finden nur in dem ersten Periodengewinn der Unternehmung und der Dichtefunktion Berücksichtigung.

172

$$W(\theta) = \max_{p,s} \int_{\theta_1^-}^{\theta_1^+} \{V_1[q_1(\theta_1)]-p_1(\theta_1)q_1(\theta_1)-s_1(\theta_1)+ \alpha \, \pi_1(\theta_1,I(\theta_1))$$

$$+ \beta \int_{\theta_2^-}^{\theta_2^+} [V_2[q_2(\theta_1,\theta_2)]-p_2(\theta_1,\theta_2)q_2(\theta_1,\theta_2)-s_2(\theta_1,\theta_2)$$

$$+ \alpha \, \pi_2(\theta_1,\theta_2)] \, f_2(\theta_2|\theta_1,I(\theta_1))d\theta_2\} \, f(\theta_1)d\theta_1 \tag{4}$$

u. d. N. Gleichungen (16)-(19) aus Kapitel IV.2.2.1 und

$$I(\theta_1) \in \arg \max\{\pi_1(\theta_1,I(\theta_1)+ \beta E[\pi_2(\theta_1,\dot\theta_2|\theta_1,I]\}. \tag{5}$$

Hieraus ergeben sich für die regulierten Preise der beiden Perioden:[81]

$$\bar{p}_1(\theta_1) = \theta_1 + (1-\alpha) \frac{F_1(\theta_1)}{f_1(\theta_1)} = \theta_1 + \bar{z}_\alpha(\theta_1) \tag{6}$$

$$\bar{p}_2(\theta_1,\theta_2) = \theta_2 - (1-\alpha) \frac{F_2[\theta_2|\theta_1,\bar{I}(\theta_1)]/\partial\theta_1}{f_2[\theta_2|\theta_1,\bar{I}(\theta_1)]} \frac{F_1(\theta_1)}{f_1(\theta_1)}$$

$$+ \mu(\theta_1) \frac{\partial F_2[\theta_2|\theta_1,\bar{I}(\theta_1)]/\partial I}{f_2[\theta_2|\theta_1,\bar{I}(\theta_1)]} \tag{7}$$

wobei $\bar{I}(\theta_1)$, das von der Unternehmung gewählte Investitionsniveau kennzeichnet.

Vergleicht man die regulierte Preisfestsetzung mit der in Kapitel IV.2.2.1 abgeleiteten unter doppelter vorvertraglicher Informationsasymmetrie, so wird deutlich, daß hier die Investition über die Beeinflussung der Verteilungsfunktion $F_2(\theta_2|\theta_1,I)$ Eingang in die

---

[81]   Zu der Ableitung des Ergebnisses wird auf Baron/Besanko (1984), S. 295, verwiesen.

Festlegung der regulierten Preise in der zweiten Periode hat. Dagegen bestimmt sich der Preis in der ersten Periode weiterhin analog zum Grundmodell. Um die Effizienzauswirkungen der Berücksichtigung nachvertraglicher Informationsasymmetrie zu untersuchen, sind wiederum in Abhängigkeit von der Korrelation der beiden Kostenparameter die drei zuvor angeführten Fälle zu unterscheiden.

1) θ_1 und θ_2 sind unabhängig voneinander

Die Unternehmung entscheidet über die zu tätigende Investitionshöhe nach der Bekanntgabe von θ_1, jedoch <u>bevor</u> θ_2 realisiert wird, so daß beide Kooperationspartner, analog zu den Ausführungen der isolierten Betrachtung vorvertraglicher Informationsasymmetrie, über symmetrische Informationen in bezug auf θ_2 verfügen. Da die flexible Auflagenlösung bereits ex ante durch den Regulierenden festgelegt wird, ist für ihn in der zweiten Periode nur die nachvertragliche Informationsasymmetrie relevant. Diese kann aufgrund der getroffenen Annahme der Risikoneutralität der Kooperationspartner durch eine anreizkompatible Vertragsausgestaltung gelöst werden.

In Anlehnung an die einführende Darstellung in Kapitel IV.1.2.2.2 zur Problematik nachvertraglicher Informationsasymmetrie gestaltet der Regulierende einen anreizkompatiblen Vertrag dergestalt, daß sich der Emittent in der Position wiederfindet, das Residuum der Investitionsentscheidung zu vereinnahmen. Dieser Vertragsentwurf basiert auf zwei grundlegenden Prämissen: Erstens der Annahme, daß beide Kooperationspartner risikoneutral und somit indifferent zwischen sicheren und erwarteten Nutzen in gleicher Höhe sind und zweitens der, daß ex ante Informationssymmetrie über die Wirkungsweise der Investition besteht, so daß das Investitionsverhalten des Emittenten bei der Vertragsausgestaltung antizipiert werden kann. Da der Emittent durch dieses Kooperationsdesign das gesamte Grenzprodukt seiner Investitionstätigkeit vereinnahmt, wird das First-Best-effiziente Investitionsniveau I^* induziert. Hieraus folgt, daß die Moral Hazard Problematik unter den betrachteten Bedingungen überwunden werden kann.[82] Es ist jedoch zu beachten, daß der Emittent aus dem zusätzlich verfügbaren nachvertraglichen Handlungsparameter keinen Zusatznutzen erzielen kann, da der

---

[82] Zum mathematischen Beweis siehe Baron/Besanko (1984), S. 294.

174

Erwartungswert dieses Zusatznutzens von dem Regulierenden in der ersten Periode abgeschöpft wird. Dies kann formal anhand der Gleichung (7) für den regulierten Preis in der zweiten Periode verdeutlicht werden. Der Preisaufschlag $\bar{y}_\alpha$ entfällt aufgrund der Unabhängigkeit der Kostenparameter.[83] Über den dritten Term werden die Auswirkungen einer Variation der Investitionshöhe auf den Preis erfaßt.[84] Der Quotient ist aufgrund des stochastischen Zusammenhanges größer Null, so daß die Preisanpassung von dem Vorzeichen des Lagrange-Multiplikators abhängt. Dieser ist im Fall unkorrelierter Kostenparameter gleich Null, da die Nebenbedingung nicht bindet und somit der dritte Term der Gleichung (7) ebenfalls entfällt.[85]

Zur Beurteilung des Ergebnisses kann der Fall ohne Investitionsmöglichkeit herangezogen werden. Da in der zweiten Periode unter beiden Prämissenkonstellationen eine Grenzkostenpreisfestsetzung erfolgt, erzielt der Emittent in dieser Periode jeweils keinen Gewinn. Die erste Periode gleicht ebenfalls dem statischen Grundmodell, so daß analoge Ergebnisse wie unter doppelter vorvertraglicher Informationsasymmetrie erzielt werden.

2+3) θ_1 beinhaltet Informationen über θ_2
Korrelieren die beiden Kostenparameter, so verfügt die Unternehmung bereits ex ante über private Informationen hinsichtlich der Ausprägung von θ_2 und kann diesen darüber hinaus durch die Investition senken. In diesem Fall ist zusätzlich zu dem bereits bekannten zweiten Term auch der dritte Term der Gleichung (7) relevant, da die Nebenbedingung bindet.

In Anlehnung an die Autoren wird angenommen, daß der Lagrange-Multiplikator positiv ist.[86] Dies bedeutet, daß der regulierte Preis in der zweiten Periode geringer ist als der

---

[83] Vgl. die Ausführungen zu IV.2.2.1.

[84] Zu einer Herleitung siehe Baron/Besanko (1984), S. 295.

[85] Vgl. hierzu die Theoreme 2, 6 und 7 bei Baron/Besanko (1984).

[86] Baron/Besanko (1984), S. 295, zeigen keine Allgemeingültigkeit für die nachfolgenden Ausführungen auf, sondern merken an "if the adjusted marginal cost is non-increasing in I for all θ as would seem natural, then $\mu(\theta_1) > 0$."

Preis bei der isolierten Betrachtung vorvertraglicher Informationsasymmetrie. Über die Preisanhebung wurde jeweils in den zuvor dargestellten Modellen die Informationsrente des Agent gesenkt. Dieser Effekt mindert jedoch die Investitionstätigkeit. Es besteht für den Regulierenden somit ein Trade Off zwischen den beiden Zielsetzungen.

Der optimale Preis wird so gewählt, daß in der nun erfolgenden Verzerrung gegenüber den Grenzkosten dem preissteigernden Faktor der Informationsrentenbegrenzung ein preissenkender Faktor gegenübergestellt wird, der auf das Interesse des Emittenten an einer ceteris paribus großen Menge abzielt. Integrierte der Regulierende diesen zweiten Effekt nicht in das Vetragsdesign, wäre die Vertragsausgestaltung zwar immer noch anreizkompatibel, ließe jedoch (unerwünschte) Überrenten auf Seites des Emittenten zu, der den Nutzen aus den kostensenkenden Investitionen vereinnahmen könnte. Diese Lösung wäre aus Sicht der Umweltbehörde aus zwei Gründen suboptimal. Erstens würden extrahierbare Renten bei dem Emittenten verbleiben. Zweitens würde aufgrund der zu hohen Preisfestsetzung ceteris paribus eine suboptimale Umweltqualität realisiert.

Da der Preis durch den zweiten Term in Gleichung (7) unter Einbeziehung distributiver Überlegungen ($\alpha < 1$) in jedem Fall nach oben verzerrt wird und der dritte Term diesen Effekt nicht vollständig aufhebt, liegt der regulierte Preis oberhalb der Grenzkosten und es wird ein zu geringes Investitionsvolumen getätigt. Dieser Effekt steigt in der Korrelation der Kostenparameter.[87]

Erfolgt dagegen eine Gleichgewichtung der Unternehmensinteressen ($\alpha = 1$), wird eine effiziente Grenzkostenpreisfestsetzung erzielt. Dieses liegt darin begründet, daß analog zur Argumentation im vorhergehenden Kapitel die Renten zugunsten des Emittenten nicht als sozial unerwünscht angesehen werden und der Emittent somit erneut in die Lage versetzt werden kann, das gesamte Grenzprodukt aus seiner Investitionstätigkeit zu vereinnahmen. Formal argumentiert, spiegelt sich diese Gleichgewichtung von Konsumenten- und Produzentenrente ($\alpha = 1$) darin wider, daß in Gleichung (7), sowohl

---

[87]   Siehe Baron/Besanko (1984), S. 295.

der zweite als auch der dritte Term entfallen. Aus gesamtwirtschaftlicher Sicht wird so die effiziente Investitionshöhe getätigt und die First-Best-Menge produziert.

Darüber hinaus ist zu berücksichtigen, daß die Wahrscheinlichkeit der Erzielung von First-Best-Lösungen durch die Einbeziehung von Forschungs- und Entwicklungsinvestitionen erhöht wird. Dieses Ergebnis wird dadurch erzielt, daß die von dem Emittenten gewählte Investition einen kostensenkenden Effekt in bezug auf den Kostenparameter der zweiten Periode hat. Mit dieser verbesserten Kostenstruktur steigt auch die Wahrscheinlichkeit, daß der Kostenparameter der Unternehmung die kleinstmögliche Ausprägung (untere Intervallgrenze) erfährt, was neben einer Gleichgewichtung der Interessen die alternative Voraussetzung zur Erzielung einer First-Best-Allokation war.

Obwohl, in der hier gewählten Modellierung, die Einbeziehung einer zusätzlichen Quelle der Informationsasymmetrie erfolgt, wird gegenüber der isolierten Betrachtung wiederholter vorvertraglicher Informationsasymmetrie eine Verbesserung der gesamtwirtschaftlichen Lösung erzielt.

IV.3.2   Beurteilung anhand des Kriterienkataloges

Untersucht man die abgeleiteten Lösungen wiederum anhand des obigen Kriterienkataloges, so können folgende Resultate festgehalten werden.

1   statische Allokationseffizienz

Statische Effizienz wird durch die Anwendung anreizkompatibler Verträge unter den bereits in Kapitel IV.2.2.2 angeführten Prämissenkonstellationen auch bei Einbeziehung von Forschungs- und Entwicklungsinvestitionen in jedem Fall erreicht.

2   dynamische Allokationseffizienz

Hinsichtlich des Kriteriums der dynamischen Effizienz kann konstatiert werden, daß im Rahmen dieser Modellierung erstmals dynamische Aspekte explizit Berücksichtigung finden. Gegenüber den vorherigen Betrachtungen unter der Annahme eines gegebenen Technologiestandes wird eine Wohlfahrtssteigerung erzielt, da die gleiche Umweltqualität zu geringeren Kosten oder eine höhere Qualität bei gleichen Kosten erreicht werden kann. Auch wenn bei dem Vorliegen korrelierter Kostenparameter im Zeitablauf ein ineffizientes Investitionsniveau gewählt wird, ist das Kriterium erfüllt. Hierbei ist zu beachten, daß diese Schlußfolgerung darauf beruht, daß die Definition der dynamischen Effizienz von der Eignung eines Instrumentes zur Initiierung technischen Fortschritts nicht aber von der Wahl des effizienten Investitionsniveaus ausgeht. Diese Festlegung wurde gewählt, da eine Analyse des effizienten Investitionsniveaus im Rahmen der klassischen umweltpolitischen Instrumente nicht möglich gewesen wäre.

In bezug auf die beiden Kriterien der ökologischen Effektivität und der politischen Durchsetzbarkeit ergeben sich keine Änderungen zu den Ausführungen im statischen Modell, so daß auf eine erneute Wiederholung verzichtet und auf Kapitel IV.2.1.2 verwiesen wird.

V   Zusammenfassung und Ausblick

Ziel der vorliegenden Arbeit war es, einen Beitrag zur Integration der auf Pigou zurückgehenden Umweltökonomik und der Neuen Institutionenökonomik zu leisten. Ausgehend von dem Marktversagen für die Bereitstellung des öffentlichen Gutes Umweltqualität wurde die Notwendigkeit eines regulierenden Staatseingriffes abgeleitet. Zentraler Untersuchungsgegenstand war die Analyse staatlicher Umweltregulierung aus Sicht der Property-Rights-Theorie und der Principal-Agent-Theorie.

Im Rahmen dieser Arbeit wurde die Umwelt als ein Gut interpretiert, über dessen Bereitstellung entschieden werden muß. Bei der Untersuchung der Property-Rights-theoretischen Aspekte wurde deutlich, daß staatliche Umweltpolitik, unabhängig von dem jeweils gewählten Instrument, eine Schaffung oder Veränderung von Property-Rights an dem zu bewirtschaftenden Umweltmedium bedingt. Für jede Form der elementaren Funktionen, die von der Umwelt erfüllt werden (Standortfaktor, Vorrat natürlicher Ressourcen, qualitatives Konsumgut und Aufnahmemedium), ist direkt oder indirekt eine Bewirtschaftung möglich. Innerhalb dieses institutionellen Rahmen agieren die Wirtschaftssubjekte und bestimmen somit die Allokation der natürlichen Ressourcen. Voraussetzung dieser dezentralen Allokationsentscheidungen ist der Transfer von Property-Rights mit Hilfe umweltpolitischer Instrumente.

Um die Vergleichbarkeit der zu diskutierenden Umweltinstrumente zu ermöglichen, wurde ein Kriterienkatalog zur Beurteilung der umweltpolitischen Instrumente formuliert. Dieser bestand aus statischer und dynamischer Allokationseffizienz, ökologischer Effektivität und politischer Durchsetzbarkeit. Anhand dieses Kataloges wurden die klassischen umweltpolitischen Instrumente Auflagen, Steuern und Zertifikate hinsichtlich ihrer spezifischen Vor- und Nachteile diskutiert.

Es wurde deutlich, daß die theoretisch überlegenen marktorientierten Instrumente auf kaum überwindbare Hindernisse bei der politischen Durchsetzung stoßen. Ein zentrales Problem der Umweltregulierung sind die asymmetrischen Informationsstände zwischen der Umweltbehörde und den Konsumenten einerseits sowie zwischen der Umweltbehörde und dem Emittenten andererseits. Hieraus leitete sich die Frage ab, ob nicht durch einen, auf einem verbesserten Informationsstand aufbauenden Auflagenansatz Wohlfahrtsgewinne erzielbar sind.

Notwendige Voraussetzung für eine effiziente Form der Umweltpolitik ist die Kenntnis der Umweltbehörde über die Präferenzen der Gesellschaft. Nur wenn der Regulierende weiß, welchen Nutzen die Individuen aus dem Konsum oder der Existenz natürlicher Ressourcen haben, kann eine marktendogene Bestimmung des Umweltzieles und somit eine effiziente Bewirtschaftung seitens der Umweltbehörde erfolgen. Für die Ableitung der Nachfragefunktion nach Umweltqualität wurde die Kontingenzwertmethode diskutiert. Auch wenn dieses Verfahren spezifische Probleme beinhaltet, kann davon ausgegangen werden, daß eine Nachfragefunktion aus den geäußerten Willingness-To-Pay-Angaben der Individuen ableitbar ist, die dem Regulierenden als Information zur Verfügung steht.

Den Schwerpunkt der vorliegenden Untersuchung bildete die Ableitung der Angebotsfunktion für Emissionsminderungen, bei deren Ermittlung das Problem besteht, daß die Emittenten über private Informationen hinsichtlich ihrer Vermeidungskosten verfügen. Zur Analyse der asymmetrischen Informationsverteilung zwischen der Umweltbehörde und den Emittenten wurde die neuere Regulierungstheorie gewählt, deren Untersuchungsmethode auf der Principal-Agent-Theorie basiert. Es wurde gezeigt, daß im Rahmen der Umweltpolitik bilaterale Kooperationsbeziehungen zwischen der regulierenden Umweltbehörde und den einzelnen Emittenten bestehen und die der Agency-Theorie zugrundeliegenden Annahmen auch auf den Umweltbereich zutreffen. Da die Grundproblematik asymmetrischer Informationsverteilung im Umweltbereich unabhängig von der Anzahl der Emittenten gegeben ist und mithin analoge Ergebnisse erzielt werden, beschränkte sich die Arbeit auf die Untersuchung des bilateralen Monopols.

Kooperationsbeziehungen im Umweltbereich sind sowohl durch vor- als auch durch eine Kombination von vor- und nachvertraglichen Informationsasymmetrien zugunsten der Unternehmung gekennzeichnet. Zur Überwindung der Informationsasymmetrie wurde eine flexible Auflagenlösung in Form anreizkompatibler Verträge abgeleitet, die auf monetären Anreizen zur wahrheitsgemäßen Informationsangabe beruht. In Abhängigkeit von den signalisierten Vermeidungskosten des Emittenten wird dann aus dem Menü angebotener Verträge ein spezifischer, auf die Charakteristika der Unternehmung zugeschnittener Vertrag ausgewählt. Als Schwierigkeit bei der Ausgestaltung dieser flexiblen Auflagenlösung wurde dabei jeweils der Trade Off zwischen Anreizstruktur und Informationsrentenminimierung aufgezeigt.

Die verschiedenen Regulierungsstrukturen zwischen der Umweltbehörde und dem Emittenten wurden innerhalb der Regulierungstheorie mittels unterschiedlicher Prämissenkonstellationen abgebildet und auf ihre spezifischen Anreizbeziehungen untersucht. Grundsätzlich ist sowohl für das statische Modell von Baron/Myerson als auch die dynamische Erweiterung von Baron/Besanko festzuhalten, daß bei der Beschränkung auf allokative Aspekte eine First-Best-Umweltqualität trotz privater Informationen der Emittenten erreichbar ist. Finden dagegen auch distributive Faktoren Eingang in die Zielfunktion des Regulierenden, resultiert hieraus eine Second-Best-Lösung, die durch eine Verzerrung des effizienten Umweltzieles charakterisiert ist. Vergleicht man diese Ergebnisse mit denen der klassischen Auflagenlösung, so zeigt sich, daß eine flexibler Auflagenansatz ersterem überlegen ist, da er im Gegensatz zu diesem geeignet ist, sowohl statische als auch dynamische Effizienz zu induzieren.

Zur Relativierung dieses optimistischen Ergebnisses bleibt festzuhalten, daß das Ergebnis auf mehreren kritischen Annahmen basiert, die zur Vereinfachung der Modellierung gewählt wurden. In diesem Zusammenhang sind insbesondere die unterstellte Meßbarkeit der Nachfragefunktion, die Risikoneutralität des Emittenten, die Abstraktion von Transaktionskosten und die Annahme des wohlwollenden Planers hervorzuheben.

Des weiteren wurde im Rahmen dieser Arbeit nur eine Verbesserung des Umweltniveaus und damit verbunden ein Rückkauf von Property-Rights seitens der Gesellschaft unterstellt. Die Diskussion kann jedoch auch unter umgekehrten Vorzeichen geführt werden. Liegt das effiziente Emissionsniveau unterhalb des bisherigen, werden aus gesamtwirtschaftlicher Sicht Ressourcen für die Emissionsvermeidung einer falschen

Verwendung zugeführt. Ausgehend von dem Status quo wäre hiermit ein Verkauf zusätzlicher Property-Rights an die emittierende Unternehmung im Umfang der Abweichung von dem derzeitigen zum effizienten Emissionsniveau möglich.

Abschließend ist anzumerken, daß die hier vorgenommene Kombination der Property-Rights- und der Principal-Agent-Theorie als Erklärungsansatz für bestimmte Phänomene in der Umweltpolitik herangezogen werden kann. Darüber hinaus bietet insbesondere die Agency-Theorie Mechanismen zur Lösung bestehender Fehlallokationen im Umweltbereich, die in dieser Untersuchung ihre konkrete Ausgestaltung in einer flexiblen Auflagenlösung fand. Hinsichtlich der praktischen Verwendung anreizkompatibler Verträge kann auf die Untersuchung von Reichelstein[1] verwiesen werden. Anhand einer empirischen Analyse zeigte dieser auf, daß die Entwicklung derartiger Verträge seitens des Principal in Beschaffungsbeziehungen im Verteidigungsbereich möglich und durchsetzbar ist. Auch wenn es sich formal um eine Kooperationsbeziehung mit anderem Vertragsgegenstand handelt ist die Grundproblematik vergleichbar, so daß von einer grundsätzlichen praktischen Relevanz anreizkompatibler Verträge für die Allokation öffentlicher Güter ausgegangen werden kann.

Die vorliegende Arbeit versteht sich dennoch nicht als direkte Handlungsempfehlung für Umweltökonomen oder Politiker. Vielmehr ist diese theoretische Abhandlung als Diskussionsbeitrag für eine Flexibilisierung der bestehenden, ordnungspolitisch ausgerichteten Umweltregulierung anzusehen, in der Erkenntnisse der beiden vorgestellten Theoriezweige integriert werden.

---

[1]   Vgl. Reichelstein (1991).

Literaturverzeichnis

Akerlof, George A. (1970),
The Market for "Lemons", in: Quality Uncertainty and the Market Mechanism, in: Quarterly Journal of Economics, Vol. 84, pp. 488-500.

Arrow, Kenneth J. (1985),
The Economics of Agency, in: Principals and Agents: The Structure of Business, edited by John W. Pratt and Richard J. Zeckhauser, pp. 37-51.

Arrow, Kenneth J./Solow, Robert/Portney, Paul R./Leamer, Edward E./Radner, Roy/Schuman, Howard (1993),
Report of the NOAA Panel on Contingent Valuation.

Baron, David P. (1985),
Regulation of Prices and Pollution under Incomplete Information, in: Journal of Public Economics, Vol. 28, pp. 211-231.

Baron, David P. (1989),
Design of Regulatory Mechanisms and Institutions, in: Handbook of Industrial Organization, Vol. II, edited by Richard Schmalensee and Robert D. Willig, pp. 1347-1447.

Baron, David P./Besanko, David (1984),
Regulation and Information in a Continuing relationship, in: Information Economics and Policy, Vol. 1, pp. 267-302.

Baron, David P./Besanko, David (1987),
Commitment and fairness in a dynamic regulatory relationship, in: Review of Economic Studies, Vol. 54, pp. 413-436.

Baron, David P./Myerson, Roger B. (1982),
Regulating a monopolist with unknown costs, in: Econometrica, Vol. 50, No. 4, pp. 911-930.

Baumol, William J./Oates, Wallace, E. (1971),
The Use of Standards and Prices for Protection of the Environment, in: Swedish Journal of Economics, Vol. 73, pp. 42-54.

Baumol, William J./Oates, Wallace, E. (1989),
The Theory of Environmental Policy, 2nd Edition.

Berg, Sanford V./Tschirhart, John (1989),
Natural monopoly regulation: principles and practice.

Bester, Helmut (1985),
Screening vs. Rationing in Credit Markets with Imperfect Information, in: The American Economic Review, Vol. 75, pp. 850-855.

Bishop, Richard C./Heberlein, Thomas A. (1979),
Measuring Values of Extra-Market Goods: Are Indirect Measures Biased?, in: American Journal of Agricultural Economics, Vol. 61, No. 5, pp. 926-930.

Bishop, Richard C./Heberlein, Thomas A. (1980),
Simulated Markets, Hypothetical Markets, and Travel Cost Analysis: Alternative Methods of Estimating Recreation Demand, Staff Paper Series no. 187, Department of Agricultural Economics, University of Wisconsin, Madison.

Bishop, Richard C./Heberlein, Thomas A. (1990),
The Contingent Valuation Method, in: Economic Valuation of Natural Ressources: Issues Theory, and Applications, edited by Gary V. Johnson, pp. 81-104.

Bishop, Richard C./Heberlein, Thomas A./Kealey, Mary J. (1983),
Hypothetical Bias in Contingent Valuation, Results from a Simulated Market, in: Natural Resources Journal, Vol. 23, No. 3., pp. 619-633.

Boadway, Robert/Bruce, Neil (1984),
Welfare Economics.

Bössmann, Eva (1979a),
Externe Effekte (I), in Das Wirtschaftsstudium, 8. Jg., Heft 2, S. 95-98.

Bössmann, Eva (1979b),
Externe Effekte (II), in: Das Wirtschaftsstudium, 8. Jg., Heft 3, S. 15-19.

Bössmann, Eva (1981),
Weshalb gibt es Unternehmungen - Der Erklärungsansatz von Ronald H. Coase, in: Zeitschrift für die gesamte Staatswissenschaft, 137. Jg., Heft 4, S. 667-674.

Bössmann, Eva (1983),
Unternehmungen, Märkte, Transaktionskosten: Die Koordination ökonomischer Aktivitäten, in: Wirtschaftswissenschaftliches Studium, 12. Jg., Heft 3, S. 105-111.

Bonus, Holger (1972),
Über Schattenpreise von Umweltressourcen, in: Jahrbuch für Sozialwissenschaften, Band 23, S. 342-354.

Bonus, Holger (1980a),
Öffentliche Güter und der Öffentlichkeitsgrad von Gütern, in: Zeitschrift für die gesamte Staatswissenschaft, 136. Jg., S. 50-81.

Bonus, Holger (1980b),
Emissionsrechte als Mittel der Privatisierung öffentlicher Ressourcen aus der Umwelt, Finanzwissenschaftliches Arbeitspapier, Serie B, Nr. 10.

Bonus, Holger (1981),
Wettbewerbspolitische Implikationen umweltpolitischer Instrumente, in: Umweltpolitik und Wettbewerb, hrsg. von Helmut Gutzler, S. 103-121.

Bonus, Holger (1984a),
Zwei Philosophien der Umweltpolitik: Lehren aus der amerikanischen Luftreinhaltepolitik, in: LIST Forum, Heft 5, Band. 12, S. 323-340.

Bonus, Holger (1984b),
Marktwirtschaftliche Instrumente im Umweltschutz, in: Wirtschaftsdienst, 64. Jg., Heft 4, S. 169-172.

Bonus, Holger (1986a),
Eine Lanze für den "Wasserpfennig", Wider die Vulgärform des Verursacherprinzips, in: Wirtschaftsdienst, 66. Jg., Nr. IX, S. 451-455.

Bonus, Holger (1986b),
Don Quichotte, Sancho Pansa und der Wasserpfennig, in: Wirtschaftsdienst, 66. Jg., Nr. XII, S. 625-629.

Boyce, Rebecca R./Brown, Thomas C./McClelland, Gary H./Peterson, George L./Schulze, William D. (1992),
An Experimental Examination of Intrinsic Values as a Source of the WTA-WTP-Disparity, in: The American Economic Review, Vol. 82, pp. 1366-1373.

Bromley, Daniel W. (1989),
Economic Interests and Institutions, The Conceptual Foundation of Public Policy.

Bromley, Daniel W. (1990),
The Ideology of Efficiency: Searching for a Theory of Policy Analysis, in: Journal of Environmental Economics and Management, Vol. 19, pp. 86-107.

Bromley, Daniel W. (1991),
Environment and Economy: Property Rights and Public Policy.

Bromley, Daniel W. (1992),
The Commons, Common Property, and Environmental Policy, in: Environmental and Resource Economics, Vol. 2, pp. 1-17.

Brookshire, David S./Coursey, Don L./Schulze, William D. (1986),
Experiments in the Solicitation of Public and Private Values: An Overview, in: Advances in Behavioral Economics, edited by L. Green and J. Kasel.

Buchanan, James (1984),
The Limits of Liberty.

Buttgereit, Reinhold (1992),
Die Klimaschutzpolitik der Europäischen Gemeinschaft im Lichte weltweiter Umweltpolitik, in: Zeitschrift für angewandte Umweltforschung, Nr. 2, S. 266-275.

Caillaud, Bernard/Guesnerie, Roger/Rey, Patrick/Tirole, Jean (1988),
Government intervention in production and incentives theory: a review of recent contributions, in: Rand Journal of Economics, Vol. 19, pp. 1-26.

Caillaud, Bernard/Hermalin, Benjamin B. (1993),
The Use of an Agent in a Signalling Model, in: Journal of Economic Theory, Vol. 60, pp. 83-113.

Carson, Richard T./Mitchell, Robert C./Hanemann, W. Michael/ Kopp, Raymond J./Presser, Stanley/Ruud, Paul A. (1992),
A Contingent Valuation Study of Lost Passive Use Values resulting from The Exxon Valdez Oil Spill, A Report to the Attorney General of the State of Alaska.

Cheung, Steven (1974),
The Structure of a Contract and the Theory of a Non-Exclusive Resource, in: The Economics of Property Rights, edited by Eirik G. Furubotn and Svetozar Pejovich, pp. 11-30.

Clean Air Act Amendments (1990).

Coase, Ronald H. (1960),
The Problem of Social Costs, in: Journal of Law and Economics, Vol. 3, pp. 1-44.

Commons, John R. (1931),
Institutional Economics, in: The American Economic Review, Vol. 21. pp. 648-657.

Crocker, Thomas D. (1966),
The Structuring of Atmospheric Pollution Control Systems, in: The Economics of Air Pollution, edited by H. Wolozin.

Crocker, Thomas D./Shogren Jason F. (1991),
Preference Learning and Contingent Valuation Methods, in: Environmental Policy and the Economy, edited by F. Dietz, F. van der Ploeg and J. van der Straaten, pp. 77-93.

Cummings, Ronald G./Brookshire, David S./Schulze, William D. (Eds.) (1986),
Valuing Environmental Goods: A State of the Arts Assessment of the Contingent Method.

d'Arge, Ralph C. (1973),
The Coase Theorem: Assumptions, Applications and Ambiguities, in: Economic Inquiry, pp. 203-213.

Dales, John Harkness (1968a),
Pollution, Property and Prices.

186

Dales, John Harkness (1968b),
Land, Water, and Ownership, in: Canadian Journal of Economics, Vol. I, No. 4, pp. 791-804.

Demsetz, Harold (1967),
Towards a Theory of Property Rights, in: The American Economic Review, Vol. 57, pp. 347-359.

Desvousges, William H./Johnson, F. Reed/Dunford, Richard W./Boyle, Kevin J./Hudson, Sara P./Wilson, K. Nicole (1992),
Measuring Natural Resource Damages with Contingent Valuation: Tests of Validity and Reliability; Paper presented at the Cambridge Economics, Inc., Symposium, Contingent Valuation: A Critical Assessment, Washington, D. C., April.

Diamond, Peter A./Hausman, Jerry A./Leonard, G. K./Denning, Mike A. (1992),
Does Contingent Valuation Measure Preferences? Experimental Evidence, Paper presented at the Cambridge Economics, Inc., Symposium, Contingent Valuation: A Critical Assessment, Washington, D. C., April.

Endres, Alfred (1985),
Umwelt- und Ressourcenökonomie.

Endres, Alfred (1988),
Der "Stand der Technik" in der Umweltpolitik, in: Wirtschaftswissenschaftliches Studium, 17. Jg., Heft 2, S. 83-84.

Endres, Alfred (1993),
Die Ökonomie natürlicher Ressourcen. Eine Einführung.

Endres, Alfred (1994),
Umweltökonomie. Eine Einführung.

Feldman, Allan M. (1980),
Welfare Economics and Social Choice Theory.

Fogel, Robert W./Engerman, Stanley L. (1974),
Time on the Cross. The Economics of American Negro Slavery.

Franke, Günter/Hax, Herbert (1990),
Finanzwirtschaft des Unternehmens und Kapitalmarkt, 2. verb. Aufl.

Fudenberg, Drew/Tirole, Jean (1991),
Game Theory.

Furubotn, Eirik G./Pejovich, Svetozar (1972),
Property Rights and Economic Theory: A Survey of Recent Literature, in: Journal of Economic Literature, Vol. 10, pp. 1137-1162.

187

Furubotn, Eirik G./Pejovich, Svetozar (1974),
The Economics of Property Rights.

Furubotn, Eirik G./Richter, Rudolf (1984),
The New Institutional Economics, in: Zeitschrift für die gesamte Staatswissenschaft, 140. Jg., S. 1-6.

Gabler Wirtschaftslexikon (1988).

Gawel, Erik (1991),
Umweltpolitik durch gemischten Instrumenteneinsatz: allokative Effekte instrumentell diversifizierter Lenkungsstrategien für Umweltgüter.

Gawel, Erik (1993),
Vollzug als Problem ökonomischer Theoriebildung, in: Zeitschrift für Wirtschafts- und Sozialwissenschaften, 113. Jg., S. 597-627.

Grossman, Sanford J./Hart, Oliver D. (1983),
An Analysis of the Principal-Agent Problem, in: Econometrica, Vol. 51, pp. 7-46.

Groves, Theodore (1973),
Inventives in Teams, in: Econometrica, Vol. 41, pp. 617-631.

Hanemann, W. Michael (1991),
Willingness To Pay and Willingness To Accept: How Much Can They Differ?, in: American Economic Review. Vol. 81, pp. 635-647.

Hansmeyer, Karl-Heinrich, (1993),
Das Spektrum umweltpolitischer Instrumente, in: Umweltverträgliches Wirtschaften als Problem von Wissenschaft und Politik, hrsg. von Heinz König, Schriften des Verein für Socialpolitik, Band 224, S. 63-86.

Hardin, Garrett (1968),
The Tragedy of the Commons, in: Science, Vol. 162, pp. 1243-1248.

Harris, Milton/Raviv, Artur (1979),
Optimal Incentive Contracts with Imperfect Information, in: Journal of Economic Theory, Vol. 20, pp. 231-259.

Harris, Milton/Raviv, Artur (1991),
The Theory of Capital Structure, in: The Journal of Finance, Vol. XLVI, pp. 297-355.

Hart, Oliver/Holmström, Bengt (1987),
The theory of contracts, in: Advances in economic theory, edited by Truman F. Bewley.

Hartmann-Wendels, Thomas (1989)
Principal-Agent-Theorie und asymmetrische Informationsverteilung, in: Zeitschrift für Betriebswirtschaft, 59. Jg., S. 714-734.

Hax, Herbert (1991),
Theorie der Unternehmung - Information, Anreize und Vertragsgestaltung, in: Betriebswirtschaftslehre und Ökonomische Theorie, hrsg. von Dieter Ordelheide, Bernd Rudolph und Elke Büsselmann, S. 51-72.

Hax, Herbert (1993),
Unternehmsethik - Ordnungselement der Marktwirtschaft?, in: Zeitschrift für betriebswirtschaftliche Forschung, 45. Jg., S. 769-779.

Hermalin, Benjamin E./Katz Michael L. (1991),
Moral Hazard and Verifiability, The Effects of Renegotiation in Agency, in: Econometrica, Vol. 59, pp. 1735-1753.

Holländer, Heinz (1990),
A Social Exchange Approach to Voluntary Cooperation, in: The American Economic Review, Vol. 80, No. 5, pp. 1157-1167.

Holmström, Bengt (1979),
Moral Hazard and Observability, in: Bell Journal of Economics, Vol. 10, pp. 74-91.

Holmström, Bengt (1982),
Moral Hazard in teams, in: Bell Journal of Economics, Vol. 13, pp. 324-340.

Jensen, Michael/Meckling, William H. (1976),
Theory of the firm: Managerial Behavior, Agency Costs and Ownership Structure, in: Journal of Financial Economics, pp. 306-360.

Kabelitz, Klaus Robert (1977),
Abgaben als Instrument der Umweltschutzpolitik, in: Beiträge zur Wirtschafts- und Sozialwissenschaften, 43. Jg., Heft 4, hrsg. vom Institut der deutschen Wirtschaft.

Karl, H. (1987),
Ökonomie öffentlicher Risiken in Marktwirtschaften, in: Das Wirtschaftsstudium, 16. Jg., Heft 5, S. 217-223.

Kemper, Manfred (1989),
Umweltprobleme in der Marktwirtschaft: Wirtschaftstheoretische Grundlagen und vergleichende Analyse umweltpolitischer Instrumente in der Luftreinhalte- und Gewässerschutzpolitik, Diss..

Keppler, Jan (1991),
Wieviel Geld für wieviel Umwelt? Entschädigungskonzepte und ihre normativen Grundlagen, in: Zeitschrift für Umweltpolitik und Umweltrecht, 14. Jg., Heft 4, S. 397-410.

Kete, N. (1991),
The Acid Rain Control Allowance Trading System, Case Study, OECD Environment Directorate Workshop on Tradable Permits to Reduce Greenhouse Gas Emissions.

Kölle, Christian (1992),
Zertifikate in der Energie- und Umweltpolitik, in: Zeitschrift für Energiewirtschaft, 16. Jg., Heft 4, S. 293-302.

Kommission der Europäischen Gemeinschaft (1991),
Vorschlag für die Richtlinie des Rates zur Einführung einer Steuer auf Kohlendioxidemissionen und Energie, KOM (92), S. 226 endg., 30. Juni 1992.

Kreps, David M. (1990a),
A course in microeconomic theory.

Kreps, David M. (1990b),
Game Theory and Economic Modelling.

Laffont, Jean-Jacques/Tirole, Jean (1988),
The dynamics of incentive contracts, in: Econometrica, Vol. 56, pp. 1153-1175.

Laffont, Jean-Jacques/Tirole, Jean (1990),
Adverse Selection and Renegotiation in Procurement, in: Review of Economic Studies, Vol. 57, pp. 597-625.

Laffont, Jean-Jacques/Tirole, Jean (1993),
A Theory of Incentives in Procurement and Regulation.

Lewis, Tracy L./Sappington, David E. M. (1989),
Countervailing Incentives in Agency Problems, in: Journal of Economic Theory, Vol. 49, pp. 294-313.

Loeb, Martin/Magat, Wesley A. (1979),
A decentralized method for utility regulation, in: Journal of Law and Economics, Vol. 22, pp. 399-404.

Lyon, Randolph M. (1982),
Auctions and Alternative Procedures for Allocating Pollution Rights, in: Land Economics, Vol. 58, pp. 16-32.

Macauly, Stewart (1963),
Non-contractual Relations in Business: A Preliminary Study, in: American Sociological Review, Vol. 28, pp. 55-69.

Marwell, Gerald/Ames, Ruth E. (1981),
Economists Free Ride, does Anyone Else?, in: Journal of Public Economics, Vol. 15, pp. 295-310.

Milgrom, Paul (1981),
Good News and Bad News, Representation Theorems and Applications, in: Bell Journal of Economics, Vol. 12, pp. 380-391.

Milgrom, Paul/Roberts, John (1992),
Economics, Organization and Management.

Milliman, Scott R./Prince, Raymond (1989),
Firm Incentives to Promote Technological Change in Pollution Control, in: Journal of Environmental Economics and Management, Vol. 17, pp. 247-265.

Mitchell, Robert C./Carson, Richard T. (1981),
An Experiment in Determining Willingness to Pay for National Water Quality Improvements, draft report to the US Environmental Protection Agency.

Mitchell, Robert C./Carson, Richard T. (1989),
Using Surveys to Value Public Goods: The Contingent Valuation Method.

Mueller, Dennis C. (1989),
Public Choice.

Musgrave, Richard A./Musgrave, Peggy B./Kullmer, Lore (1984),
Die öffentlichen Finanzen in Theorie und Praxis, Band 1, 3. völlig überarb. Aufl.

Myerson, Roger B. (1979),
Incentive Compatibility and the bargaining problem, in: Econometrica, Vol. 47, pp. 61-74.

Neus, Werner (1989a),
Ökonomische Agency-Theorie und Kapitalmarktgleichgewicht.

Neus, Werner (1989b),
Die Aussagekraft von Agency-Costs, in: Zeitschrift für betriebswirtschaftliche Forschung, 41. Jg., S. 472-490.

Nippel, Peter (1994),
Die Struktur von Kreditverträgen aus theoretischer Sicht.

Noth, Michael (1994),
Regulierung bei asymmetrischer Informationsverteilung.

North, Douglass C. (1989),
Institutional Change and Economic History, in: Zeitschrift für die gesamte Staatswissenschaft, 145. Jg., S. 238-245.

Oates, Wallace E./Cropper, Maureen L. (1992),
Environmental Economics: A Survey, in: Journal of Economic Literature, Vol. 30, pp. 675-740.

191

Olson, Mancur (1965),
The Logic of Collective Action. Public Goods and the Theory of Groups. Dt. Übersetzung (1968), Die Logik des kollektiven Handelns - Kollektivgüter und die Theorie der Gruppen.

Picot, Arnold (1991),
Ökonomische Theorien der Organisation - Ein Überblick über neuere Ansätze und deren betriebswirtschaftliches Anwendungspotential, in: Betriebswirtschaftslehre und Ökonomische Theorie, hrsg. von Dieter Ordelheide, Bernd Rudolph und Erika Büsselmann, S. 143-170.

Picot, Arnold/Dietl, Helmut (1990),
Transaktionskostentheorie, in: Wirtschaftswissenschaftliches Studium, 19. Jg., Heft 4, S. 178-184.

Pigou, A. C. (1932),
The Economics of Welfare, 4. Edition.

Pratt, John W./Zeckhauser, Richard J. (1985),
Principals and Agents: The Structure of Business.

Prosi, Gerhard (1989a),
Umweltressourcen und ihre Nutzungsgrenzen, in: Das Wirtschaftsstudium, 18. Jg., Heft 10, S. 572-577.

Prosi, Gerhard (1989b),
Statische und dynamische Effizienz der Umweltpolitik, in: Bayerisches Landwirtschaftliches Jahrbuch.

Randall, Alan (1974),
Coaseian Externality Theory in a Policy Context, in: Natural Resources Journal, Vol. 14, pp. 35-54.

Randall, Alan/Stoll, John R. (1983),
Existence Value in a Total Valuation Framework, in: Managing Air Quality and Scenic Resources at National Parks and Wilderness Areas, edited by Robert D. Rowe and Lauraine G. Chestnut, pp. 265-274.

Rasmusen, Eric (1990),
Games and Information: an introduction to game theory.

Ressing, Werner (1993),
Die CO_2-/Energiesteuer - Chance oder Risiko für die Wettbewerbsfähigkeit der deutschen Wirtschaft?, in: Energiewirtschaftliche Tagesfragen, Nr. 5, S. 299-306.

Richter, Rudolf (1990),
Sichtweise und Fragestellungen der Neuen Institutionenökonomik, in: Zeitschrift für Wirtschafts-und Sozialwissenschaften, 110. Jg., Heft 4, S. 571-591.

192

Richter, Rudolf (1991),
Institutionenökonomische Aspekte der Theorie der Unternehmung, in: Betriebswirtschaftslehre und Ökonomische Theorie, hrsg. von Dieter Ordelheide, Bernd Rudolph und Erika Büsselmann, S. 395-429.

Richter, Wolfram F./Wiegard, Wolfgang (1993),
Zwanzig Jahre "Neue Finanzwissenschaft", Teil 1: Überblick über Theorie und Marktversagen, in: Zeitschrift für Wirtschafts- und Sozialwissenschaften, 113. Jg., S. 169-224.

Riordan, Michael/Sappington, David E. M. (1987),
Awarding Monopoly Franchises, in: The American Economic Review, Vol. 77, pp. 375-387.

Ross, Stephen A. (1973),
The Economic Theory of Agency: The Principal's Problem, in: The American Economic Review, Vol. 63, Papers and Proceedings, pp. 134-139.

Rückle, Dieter/Terhart, Klaus (1986),
"Die Befolgung von Umweltschutzauflagen als betriebswirtschaftliches Entscheidungsproblem", in: Zeitschrift für betriebswirtschaftliche Forschung, 38. Jg., S. 393-424.

Sappington, David E. M. (1983),
Limited Liability Contracts between Principal and Agent, in: Journal of Economic Theory, Vol. 29, pp. 1-21.

Sappington, David E. M. (1991),
Incentives in Principal-Agent Relationships, in: Journal of Economic Perspectives, Vol. 5, No. 2, pp. 45-66.

Schüller, Alfred (1985),
Zur Ökonomik der Property Rights, in: Das Wirtschaftsstudium, 14. Jg., Heft 5, S. 259-265.

Schüller, Alfred (1988),
Ökonomik der Eigentumsrechte in ordnungstheoretischer Sicht, in: Ordnungspolitik, hrsg. von Dieter Cassel, Bernd-Thomas Ramb und H. Jörg Thieme, S. 155-183.

Schulze, William/d'Arge, Ralph C. (1974),
The Coase Proposition. Information Constraints and Long Run Equilibrium, in: The American Economic Review, Vol. 64, pp. 763-772.

Seidel, Eberhard (1991),
Anreize zu ökologisch verpflichtetem Wirtschaften, in: Handbuch Anreizsysteme in Wirtschaft und Verwaltung, hrsg. von G. Schanz, S. 171-189.

Shavell, Steven (1979),
Risk Sharing and incentives in the principal and agent relationship, in: Bell Journal of Economics, Vol. 10, pp. 55-73.

Siebert, Horst (Ed.) (1991),
Environmental Scarcity: The International Dimension.

Siebert, Horst (1992),
Economics of the Environment: Theory and Policy, 3. revised and enlarged Edition.

Simon, Herbert A. (1972),
Theories of Bounded Rationality, in: Decision and Organization, edited by C. B. McGuire and Roy Radner.

Simon, Herbert A. (1976),
Administrative Behavior. A Study of Decision-Making Processes in Administrative Organization. 3rd. Edition.

Spence, A. Michael (1973),
Job Market Signalling, in: Quarterly Journal of Economics, Vol. 87, pp. 355-374.

Spremann, Klaus (1987a),
Agent and Principal, in: Agency Theory, Information and Incentives, edited by Günter Bamberg und Klaus Spremann, S. 3-37.

Spremann, Klaus (1987b),
Zur Reduktion von Agency-Kosten, in: Kapitalmarkt und Finanzierung, hrsg. von Dieter Schneider, S. 341-350.

Spremann, Klaus (1990),
Asymmetrische Information, in: Zeitschrift für Betriebswirtschaft, 60. Jg., S. 561-586.

Stiglitz, Joseph E./Schönfelder Bruno (1989),
Finanzwissenschaft, 2. Aufl.

Ströbele, Wolfgang J. (1992),
The Economics of Negotiations on Water Quality - An Application of Prinicpal-Agent-Theory, in: Conflicts and Cooperation in Managing Environmental Resources, edited by Rüdiger Pethig, pp. 221-239.

Terhart, Klaus (1986),
Die Befolgung von Umweltschutzauflagen als betriebswirtschaftliches Entscheidungsproblem.

Thakor, Anjan V. (1991)
Game Theory in Finance, in: Financial Management, Vol. 20, pp. 71-94.

194

Tietenberg, Thomas H. (1984),
Environmental and Natural Ressource Economics.

Tietenberg, Thomas H. (1985),
Emissions Trading, an exercise in reforming pollution policy, Recources For The Future.

Tietzel, Manfred (1991),
Die Ökonomie der Property-Rights: Ein Überblick, in: Zeitschrift für Wirtschaftspolitik, 30. Jg., S. 207-243.

Townsend, Robert M. (1979),
Optimal Contracts and Competitive Markets with Costly State Verification, in: Journal of Economic Theory, Vol. 21, pp. 265-293.

Varian, Hal R. (1991),
Grundzüge der Mikroökonomik, 2. überarb. und erw. Aufl.

Wagner, Gerd Rainer (1990),
"Unternehmensethik" im Lichte der ökologischen Herausforderung, in: Unternehmensstrategien im sozio-ökonomischen Wandel, hrsg. von Hans Czap, S. 294-316.

Weber, Martin (1993),
Besitztumseffekte. Eine theoretische und experimentelle Analyse, in: Die Betriebswirtschaft, 53. Jg., Heft 4, S. 479-490.

Wegehenkel, Lothar (1980),
Coase-Theorem und Marktsystem.

Weimann, Joachim (1990),
Soziale Dilemmata, in: Wirtschaftswissenschaftliches Studium, 19. Jg., Heft 2, S. 83-85.

Weimann, Joachim (1991),
Umweltökonomik: Eine theorieorientierte Einführung. 2. verbesserte Aufl..

Weizsäcker, Carl Christian von (1982),
Staatliche Regulierung - positive und normative Theorie, in: Schweizerische Zeitschrift für Volkswirtschaft und Statistik, 118. Jg., Heft 3, S. 325-343.

Weizsäcker, Carl Christian von (1993),
Strategien der Energienutzung zwischen Ökonomie und Ökologie, in: Umweltverträgliches Wirtschaften als Problem von Wissenschaft und Politik, hrsg. von Heinz König, Schriften des Vereins für Socialpolitik, Band 224, S. 133-143.

Wicke, Lutz/Haasis, Hans-Dietrich/Schafhausen, Franzjosef/ Schulz, Werner (1992),
Betriebliche Umweltökonomie, Eine praxisorientierte Einführung.

Williamson, Oliver E. (1975),
Markets and Hierarchies: Analysis and Antitrust, Implications. A Study in the Economics of Internal Organization.

Williamson, Oliver E. (1985),
The Economic Institutions of Capitalism.